청소년학총서 6

청소년육성제도론

The Law, Administration and Institution for Youth Policy

(사)청소년과 미래 편
배정수·노자은·이혜경 공저

학지사

청소년학총서 시리즈를 내며

우리는 그 어느 때보다 미래를 예측하기 힘들 정도로 빠른 변화의 시대에 살고 있습니다. 청소년들 역시 이러한 시대의 한가운데에 살고 있으며, 특히 이들은 인간의 발달 단계 중 변화가 빠른 시기를 보내고 있는 중이기도 합니다. 이처럼 급변하는 세상 속에서 미래를 준비하는 청소년들과 이들을 둘러싼 환경을 글로써, 이론으로써 다룬다는 것은 쉬운 일이 아닙니다. 더군다나 청소년학의 역사가 그리 길지 않은 것을 감안하면 청소년학의 이론서를 쓰는 것은 더더욱 고민이 되는 일이기도 합니다.

청소년현장에서 일을 하고 청소년학을 전공하면서 청소년학의 정체성, 청소년학의 현장 기여도 등에 대해 여러 생각과 고민이 있었고, 특히 청소년학을 전공으로 하는 이들을 위한 교재가 안팎으로 좀 더 풍부해야 한다는 생각을 늘 갖고 있었습니다. 이러한 고민은 청소년, 청소년지도사, 청소년현장 등을 좀 더 구체적으로, 제대로 알릴 수 있는 풍부한 고민의 장이 마련되어야 한다는 작은 결론에 이르게 되었습니다. 그래서 나름대로는 야심 찬 계획을 세웠고 청소년학을 전공한 박사님들을 한 분 한 분 만나기 시작했습니다.

박사님들의 공통적인 견해는 청소년 분야를 두루 아우르면서 각 영역의 이론과 지식을 전달할 수 있는 교재가 필요하다고 하였고, 특정 교재 한 권 정도로 한정 짓지 말자는 것이었습니다. 그래서 우선 현재 대학에서 청소년지도사 양성을 위한 전공 교과목을 중심으로 집필하기로 하였습니다.

교재를 집필하기 전에 8종 모두 청소년학을 전공한 박사학위 소지자들을 집필진으로 세웠고, 전 집필진이 모여서 워크숍을 개최하고 의견을 공유하였으며, 집필 중

간중간에 모임을 갖고 교재의 통일성을 위해 논의를 하기도 하였습니다. 집필진 나름대로는 기존의 교재들을 조금이라도 보완하기 위하여 애를 쓰기는 하였지만 막상 다 완성된 시점에서 들여다보니 너무 많이 부족하다는 말씀을 전하셨는데, 독자 여러분은 어떻게 보실지 모르겠습니다.

이 교재들은 청소년지도사 2급 자격 검정을 위한 8개 과목, '청소년활동' '청소년문화' '청소년복지' '청소년문제와 보호' '청소년심리 및 상담' '청소년육성제도론' '청소년지도방법론' '청소년 프로그램 개발과 평가'로 시리즈 형식으로 구성하였습니다. 청소년지도사 2급의 경우, 다른 급수에 비해 많이 배출되었을 뿐 아니라 청소년활동 현장에서도 2급 청소년지도사들을 많이 볼 수 있습니다. 실제로 여성가족부(2018)에 따르면, 우리나라 청소년지도사는 청소년지도사 양성 계획에 따라 1993년부터 2018년까지 1급 청소년지도사 1,730명, 2급 청소년지도사 35,425명, 3급 청소년지도사 12,691명 등 총 49,846명의 국가 공인 청소년지도사를 배출한 것으로 보고하고 있습니다.

이와 같이 청소년지도사가 5만 명에 이르고 있으나 기존에 예비 청소년지도사를 포함한 청소년지도사들을 위한 교재는 그리 많다고 볼 수 없으며, 자격 검정을 준비하는 이들이나 대학에서 강의하는 교수님들 역시 관련 교재가 충분하지 않음을 토로하기도 합니다. 이러한 상황 역시 저희 법인에서 더욱 청소년지도사를 위한 교재를 준비해야겠다고 생각하게 된 계기가 된 지점이기도 합니다.

본 법인이 이 교재를 기획하긴 하였지만 신규 법인이다 보니 집필진 여러분에게 큰 힘이 되어 드리지 못한 것 같아 송구스럽기도 합니다. 그럼에도 불구하고 저희 법인에서 용기를 낸 것은 기존에 출판되어 있는 청소년학 교재들이 단권이나 몇몇 교재에 한정하여 출판하는 경우가 많아 시리즈로 구성되는 사례가 많지 않고, 집필진 전원을 청소년학을 전공한 이들로 구성하는 경우 또한 흔치 않아 이 부분을 지원하면 좋겠다는 판단이 들었기 때문입니다.

이 책을 접하는 독자의 입장에서는 전체 교재가 나름의 일관성을 지니게 되어 책을 보는 데 좀 더 수월하지 않을까 하는 기대와, 집필진의 입장에서는 책의 내용에 있어서 최대한 청소년학 전공자의 관점을 유지할 수 있지 않을까 하는 생각을 하게 되었기 때문이기도 합니다.

이러한 고민들을 모으고 논의를 거쳐서 책을 내놓게 되었습니다. 집필진의 말씀처럼 나름의 노력과 고민을 담았으나 여전히 부족함이 눈에 보이고 부끄러운 마음도 없지 않지만, 조금이나마 청소년지도사를 꿈꾸는 후배 청소년지도사들에게 도움이 되기를 바랍니다.

앞으로도 저희 사단법인 청소년과 미래는 청소년들과 청소년지도사들을 위한 다양한 연구와 사업에 매진할 것입니다. 여러분의 많은 관심과 응원 부탁드립니다.

2019년 청소년의 달, 5월에

사단법인 청소년과 미래 대표 진은설

머리말

청소년지도사로 청소년현장에서 23년을 살았습니다. 아무것도 모르던 얼치기 초보는 어느덧 1급 청소년지도사가 되었고, 중년이 되었고, 기관장이 되었습니다. 오래지 않은 역사에도 불구하고 청소년활동 현장은 비약적으로 발전하고 있습니다. 한국청소년지도사협회가 창립되었고, 한국청소년수련시설협회와 청소년단체협의회 등이 활동하고 있으며, 한국청소년정책연구원이 든든하게 뒷받침해 오고 있습니다. 그러나 청소년활동의 근간이 되는 정책과 제도 부문에 있어서는 아쉬움이 많습니다.

지금 시점에 이미 「청소년 기본법」 전면개정, 「청소년활동 진흥법」 등의 부분개정 발의가 이루어졌지만, 청소년지도사나 청소년현장과의 소통이나 공감 없이 이루어져 문제가 되고 있는 것이 현실입니다. 제도는 지도와 같고 정책은 그 제도의 바탕 위에서 목적지를 안내하는 내비게이션의 역할을 한다고 생각합니다. 우리가 제도와 정책의 생성과 변화에 관심을 가지고 적극적인 관여를 해야 할 필요성이 여기에서 비롯한다고 봅니다. 청소년육성제도론을 학습하는 것은 단순히 어떤 제도나 정책이 있음을 아는 것이 아니라, 이러한 제도와 정책이 어떻게 청소년현장에 영향을 미치는지 이해하고, 우리가 무엇을 할 것인지를 고민하고 확인하며, 궁극적으로 어떻게 변화시킬지를 모색하는 데 있다고 봅니다.

이 책은 청소년학을 학습하는 전공자들을 위한 교재이며, 아울러 '사단법인 청소년과 미래'의 2급 청소년지도사 자격검정과목 교재 시리즈 8종 중 한 권입니다. 청소년육성제도의 이해부터 청소년육성제도의 과제와 발전 방안까지 총 12장으로 이루어져 있으며, 관련 법과 행정, 역사에 대해 다루었습니다. 기본서의 역할에 충실하기 위

하여 깊이 있는 이론을 다루기보다 이해가 쉽도록 집필하는 데 주안점을 두었습니다.

1장부터 3장까지는 청소년육성제도에 대한 개괄적인 이해를 돕는 부분입니다. 제도와 정책의 개념부터 정책이 수립되는 과정에 대한 이론, 청소년정책의 역사와 제6차까지 이어진 청소년정책기본계획에 대해 다루었습니다. 4장과 5장은 행정과 관련된 내용을 다루면서, 청소년 행정과 청소년 재무행정의 개념과 내용, 개선방안에 대해 논하였습니다.

6장부터 11장까지는 「청소년 기본법」을 시작으로 청소년과 관련된 대표적인 법을 다루었습니다. 각 법률의 제정 배경과 주요 내용을 다루고 개선방안에 대해서도 고민해 보았습니다. 마지막으로 12장은 청소년육성제도가 가지는 한계와 개선 방향에 대해 논한 장입니다. 청소년을 둘러싼 성장환경의 변화와 이에 따른 대응 방안을 정리해 보았습니다.

1 · 2 · 3 · 12장은 배정수 박사가 집필하였고, 4 · 5 · 10 · 11장은 이혜경 박사가, 6 · 7 · 8 · 9장은 노자은 박사가 집필하였습니다. 쉽고 간결하게, 그러나 고민할 수 있게 집필하고자 하였으나 부족한 점이 많으리라 생각됩니다. 그럼에도 꼭 말씀드리고 싶었던 내용을 적어 두었습니다. 집필의 기회를 주신 (사)청소년과 미래 진은설 이사장님, 바쁘신 가운데 함께 노력해 주신 이혜경, 노자은 박사님께 감사의 말씀을 드립니다.

봄을 채 느끼기도 전에 겨울이 되었습니다. 코로나-19의 확산은 청소년과 청소년현장을 멀어지게 하였고, 사회 곳곳에 코로나 블루라는 우울감을 던져 주고 있습니다. "처음으로 여행이 우리 곁을 떠났습니다."로 시작하는 모 기업의 광고 문구가 새삼 가슴에 사무치는 요즘입니다. 일상으로의 복귀가 너무나 그립습니다. 그러나 "모든 여행의 마지막은 제자리로 돌아왔듯이, 우리를 떠난 여행도 그리고 일상도 곧 되돌아올 것"을 희망합니다. 그리고 그 자리에 청소년의 꿈이, 청소년지도사의 열정이 멋지게 피어나기를 희망합니다.

2020년 12월, 세 번째 눈이 내린 날 저녁

저자를 대표하여 배정수 씀

차례

제1장

청소년육성제도의 이해

학습개요

제도는 규범의 복합체이다. 제도는 긍정적인 측면이든 부정적인 측면이든 필연적으로 개인의 권한이나 행동을 제약하는 특성을 가지고 있기 때문에 인간의 보편적인 삶에 큰 영향을 미친다. 정책은 그 제도의 한 방편이며 공공기관이 바람직하다고 판단하는 사회적 목표를 세우고 이를 달성하는 데 필요한 공공적 수단을 확보하여, 해당 대상을 향해 적용해 나갈 수 있도록 권위를 가지고 결정한 기본방침이다. 공공에 의해 수립되고, 달성하고자 하는 특정한 목표가 있고, 수단이 수반되며 법률 근거를 가진다는 측면을 고려하면 청소년 분야에서 정책이 가지는 의미는 적지 않다.

이 장에서는 중요성에 기초하여 정책의 의미를 살피고 정책형성에 대한 개괄적인 이론과 정책의 구성요소, 정책형성과정을 살피고 그 과정에 청소년현장이 어떻게 관여할 것인지에 대해 다룬다. 아울러 청소년정책과 청소년육성정책의 차이 등 용어의 정의를 통해 청소년육성제도에 대한 기초적인 이해수준을 높이고자 한다.

01 제도와 정책

사회적 동물인 인간은 사회생활을 하는 데 있어 반드시 따르도록 강요되는 일정한 행동양식이 있으며 이를 규범(norm, 規範)이라 한다. 규범은 오랜 기간 사회생활의 관행에 입각해서 형성된 관습 등 비정형적인 것에서부터 법(法)이라는 구체성을 띤 정형적인 것까지 그 범위가 매우 넓다. 이러한 규범들의 복합체를 제도(institution, 制度)라 한다. 제도라는 용어가 매우 광범위하게 사용되어 친숙하게 들리지만, 그 의미와 범위를 간단하게 정의하기는 매우 어렵다. 제도에는 우리가 흔히 말하는 교육제도, 가족제도, 정치제도, 종교제도 등에서부터 언어와 관습까지 포함된다. 제도가 존재함으로써 사회를 구성하는 개인의 행동은 방향성을 부여받게 되며 시행착오를 줄일 수 있다. 흔히 제도와 혼용되어 사용되는 법(law)은 제도의 한 형태로서 강제 집행력을 국가로부터 부여받은 것을 말한다. 제도가 제도로서 그 영향력을 발휘하기 위해서는 지속성을 가져야 하며, 더불어 무형이든 유형이든 일정한 요식을 갖추어 외부의 인식이 가능해야 한다. 또한 제도 내의 구성원들에게 미치는 일정 범위의 구속력이 있어야 한다. 제도의 범위를 엄격하게 한정하면 명확성을 찾을 수 있으나 이미 널리 통용되어 사회 운용의 규준이 되고 있는 사적제도를 포함시키지 못하는 단점이 있고, 지나치게 넓게 해석하면 제도인 것과 제도 아닌 것의 경계가 불분명해질 수 있다. 방향성이 부여된 제도를 수용함으로써 사회구성원은 큰 불안 없이 사회질서를 유지하며 생활을 영위하게 되나, 제도는 어떤 형태로든 개인의 자유를 다소나마 제한하거나 속박하게 되므로 갈등의 원인이 되기도 한다.

한편, 정책(policy, 政策)은 제도의 한 방편이며 관점에 따라 여러 해석이 있으나, 대체로 "공공기관이 바람직하다고 판단하는 사회적 목표를 세운 후 이를 달성하는 데 필요한 공공적 수단을 확보하고, 확보된 수단을 해당하는 대상을 향하여 적용해 나갈 수 있도록 권위를 가지고 결정한 기본방침"(한국청소년개발원, 2003)으로 정의할 수 있다. 우리는 이 정의를 통해 정책의 중요한 특성 몇 가지를 확인할 수 있다.

첫째, 정책은 공공에 의해 수립된다. 즉, 정부활동과 관련이 되어 있다. 정부가 아닌 기업에서도 정책을 만들고 시행할 수 있으나, 그 정책은 보편적인 국민을 위한 것이 아닌 그 기업의 구성원들을 향한 것이므로 우리가 다루는 정책의 범주에서 벗어난다.

둘째, 정책에는 달성하고자 하는 특정한 사회적 목표가 있다. 목표는 복합적일 수도 있고 단일할 수도 있으나 미래에 달성되어야 할 것이라는 점에서 계획을 필요로 하며, 평가의 기준이 된다. 정책에서의 목표는 당연하게도 공공의 가치를 담고 있으며, 그로 인해 국민에게 권위 있는 것으로 받아들여지고 강제성과 구속성을 띤다.

셋째, 정책은 그 실현을 위해 동원 가능한 수단이 수반된다. 정책은 사회가 가지는 문제에 대한 단순한 제기가 아니라 행동 수단을 동원하여 해결하고자 하는 실제적인 행동 지침이라고 할 수 있다.

넷째, 정책에는 그 대상이 있다. 대상의 범위가 한정된 경우도 있고 전 국민을 대상으로 하는 경우도 있다. 대상과 관련하여 주목할 것은 정책이 그 대상에게 꼭 혜택만을 부여하는 것은 아니라는 점이다. 때로 정책은 그 대상의 자유를 일정부분 제한하거나 대상에게 희생을 요구하는 경우도 있다.

다섯째, 정책은 권위 있는 결정의 과정을 거쳐 책정된다. 공공의 결정이 모두 정책이 되는 것이 아니라 행정부의 각 부처가 그 직무 범위 내에서 해당 사항에 대해 필요한 절차를 거쳐 결정되어야 비로소 정책이 된다.

여섯째, 정책은 법률 근거와 요건을 따른다. 법률의 요건이 매우 정확하고 구체적이면 정책은 이를 그대로 실천하는 형태를 띠게 되고, 법률이 불명확하거나 추상적이면 정책에서의 재량권이 커지게 된다. 이미 사회적으로 문제가 되는 이슈들이 정책에 반영되지 못한 것들을 보면 대부분 그 법률 근거나 요건이 갖춰지지 않은 경우이다.

일곱째, 정책은 기본방침으로서 기능한다. 현대 사회에서 정책수립을 필요로 하는 사회문제는 매우 복잡하여 전문적이면서도 구체적이고 신속한 대처를 요구하는 경우가 많다. 정책은 집행할 세부적인 사항을 포함하고 있어야 하지만 정책의 수립에 지나치게 많은 시간이 소요되면 시기를 놓쳐 자칫 정책목표 달성에 어려움이 생길 수 있다. 따라서 정책은 많은 부분에 있어 기본방침의 기능을 하고 집행과정에서 구체화되는 경우가 많다.

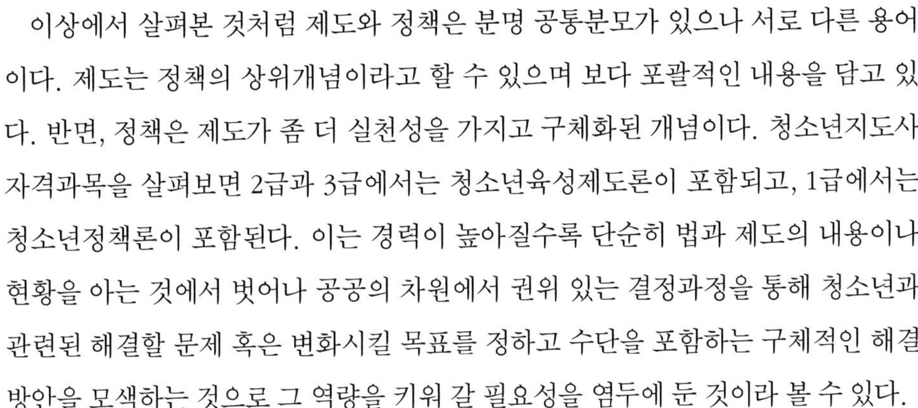

이상에서 살펴본 것처럼 제도와 정책은 분명 공통분모가 있으나 서로 다른 용어이다. 제도는 정책의 상위개념이라고 할 수 있으며 보다 포괄적인 내용을 담고 있다. 반면, 정책은 제도가 좀 더 실천성을 가지고 구체화된 개념이다. 청소년지도사 자격과목을 살펴보면 2급과 3급에서는 청소년육성제도론이 포함되고, 1급에서는 청소년정책론이 포함된다. 이는 경력이 높아질수록 단순히 법과 제도의 내용이나 현황을 아는 것에서 벗어나 공공의 차원에서 권위 있는 결정과정을 통해 청소년과 관련된 해결할 문제 혹은 변화시킬 목표를 정하고 수단을 포함하는 구체적인 해결방안을 모색하는 것으로 그 역량을 키워 갈 필요성을 염두에 둔 것이라 볼 수 있다.

02 청소년정책과 청소년육성정책

모든 국민을 위한 일반적인 의미의 정책에서 이제 그 범위를 청소년과 관련된 영역으로 좁혀 보기로 하자. 청소년정책의 개념은 분야와 학자, 주장하고자 하는 논제를 따라 매우 다양하게 정의되어 왔다. 청소년정책을 가장 단순하게 표현하면 '청소년에 대한 국가의 정책'이다. 그러나 이 정의는 지나치게 단순하고 광범위하다. 국내외 학자들의 청소년정책에 대한 정의를 살펴보면, 우선 이스턴(Easton)은 청소년에 대한 가치의 권위 있는 배분이라고 하였고, 라스웰(Lasswell)과 카플란(Kaplan)은 청소년정책의 목적이나 가치를 지향하는 의사결정 행위로 정의하였으며, 더브닉(Dubnick)과 바데스(Bardes)는 청소년문제 해결을 위한 정부의 활동으로 정의하였다(강병연 · 황수주, 2016에서 재인용). 앞서 정책의 개념을 공공의 영역에서 성취 혹은 개선하고자 하는 구체적인 사회적 목표를 달성하기 위하여 인적 · 물적 · 사회적인 공공적 수단을 대상에게 적용시키는 것을 포함한 실행계획을 권위적인 절차를 통해 구체화한 기본지침이라고 하였다. 이 정의에 따른다면 청소년정책은 '국가에 의해서 바람직한 청소년의 성장을 지원하기 위하여 혹은 이와 비슷한 목적을 위하여 이를 달성할 수 있는 인적 · 물적 · 사회적 · 경제적 자원을 동원하여 공식적으로 결정한 기본방침' 정도로 정의될 수 있다. 그렇다면 청소년의 바람직한 성장을 지원하는 정책은 모두 청소년정책으로 보아야 할 것인가의 문제가 남는다. 청소년현장에서

많이 쓰여 온 단어로 '청소년육성정책'이 있다. '청소년육성'이란 용어는 1990년대 초반 학교교육제도와 구별되면서도 청소년을 대상으로 하는 별도의 독자적인 정책적 영역을 확보하고 이를 제도화하기 위해 전략적으로 등장시킨 개념이다. 즉, 이론적 · 학문적 논의를 통해 도입된 용어가 아니라 학교정책과의 충돌은 피하면서 학교 이외의 공간에서의 활동이 청소년의 균형 있는 성장과 발달을 지원한다는 부분을 강조하여 국가정책의 영역을 확보하기 위해 의도적으로 만든 전략적 개념인 것이다(전희일 외, 2018).

매년 발행되고 있는 청소년백서는 청소년정책의 범주를 청소년정책 개념 및 정의에 따라 광의적 범주와 협의적 범주로 나누고 있다(여성가족부, 2019). 광의적 범주의 청소년정책은 청소년을 대상으로 하는 모든 국가 정책으로서 여성가족부뿐만 아니라 중앙정부 각 부처의 청소년 관련 정책과 사업을 모두 청소년정책으로 포괄하는 개념이다. 그러나 각 부처가 독립적인 의사결정 체계를 갖추고 있는 관료들 사이에서 부처 이기주의를 극복하고 동일한 목적과 목표를 가진 통일된 정책을 만들어 내기는 쉽지 않다. 이런 점을 보완하고자 「청소년 기본법」은 여성가족부 장관에게 다양한 기관에 산재한 청소년정책을 총괄 조정하는 권한을 주었으나, 실제로 그 조정의 내용과 범위는 그리 크지 않다. 좁은 의미에서의 청소년정책은 「청소년 기본법」과 그 관련법을 근간으로 하며 주로 여성가족부의 주도하에 놓인 청소년정책들을 말한다. 이때 협의의 청소년정책은 청소년육성정책이라는 용어와 동의어로 사용된다.

「청소년 기본법」은 청소년정책과 청소년육성정책을 명확히 구분하고 있지 않다. 「청소년 기본법」 제1조(목적)는 "이 법은 청소년의 권리 및 책임과 가정, 사회, 국가, 지방자치단체의 청소년에 대한 책임을 정하고 청소년정책에 관한 기본적인 사항을 규정함을 목적으로 한다."라고 명시하여 매우 포괄적인 입장을 취하는 것처럼 보이나, 제4조(다른 법률과의 관계)를 보면 "이 법은 청소년육성에 관하여 다른 법률보다 우선하여 적용한다." "청소년육성에 관한 법률을 제정하거나 개정할 때에는 이 법의 취지에 맞도록 하여야 한다."라고 적혀 있으며, 제3조(정의)와 제5조(청소년의 권리와 책임)에서 '청소년육성'을 청소년활동, 청소년복지, 청소년보호 등으로 규정하고 있어 그 범위가 '청소년육성정책'에 한정되는 느낌이 있다. 또 제9조(청소년정책의 총괄 · 조정)와 제10조(청소년정책위원회)를 보면 주무부처인 여성가족부 장관에게 청소년정책의 총괄 · 조정의 역할을 담당하도록 하고 기획재정부를 비롯한 제 정부부처의 차관이 포함된 청소년정책위원회를 구성하여 청소년정책에 관한 주요 사항을 심의 · 조정하도록 하여 전반적인 청소년정책에 그 영향을 미치는 것처럼 기술되어 있으나 제13조(청소년육성에 관한 기본계획의 수립)와 제11조(지방청소년육성위원회의 설치)에서는 또 '청소년육성'으로 한정하여 말하고 있다. 학계에서도 청소년정책과 청소년육성정책을 엄격하게 혹은 의도적으로 구분하여 사용하는 경우도 있고, 혼용하는 경우도 많이 발견된다.

청소년정책과 관련하여 또 살펴야 할 부분은 정책대상에 대한 것이다. 즉, 청소년정책의 대상이 되는 '청소년'의 정의를 어떻게 내리느냐에 관한 것이다. 청소년정책의 대상자는 당연히 청소년이지만, 청소년에게 유해한 환경을 제공한 성인을 처벌하는 청소년보호정책의 대상은 성인이 된다. 이처럼 정책의 대상이 되는 청소년의 범위는 법률이 지향하는 입법의 취지와 그 목적에 따라 다르게 나타난다. 「청소년 기본법」은 9세부터 24세까지, 「청소년 보호법」은 19세 미만, 「근로기준법」은 상황에 따라 13세 미만(취업금지)과 18세 미만(직종에 따른 취업금지), 「소년법」은 19세 미만 등을 청소년으로 정의한다. 한편, 「아동복지법」과 UN아동권리협약은 0세에서 18세 미만까지를 아동으로 구분하여 그 정책대상으로 삼는다. 이 책에서는 청소년백서의 시각을 따라 청소년정책의 대상은 9세부터 24세까지의 청소년, 청소년정책의 범주 역시 청소년백서의 입장을 따라 협의적 범주에서 청소년육성정책과 동일하게 사용하고자 한다.

03 정책이론

학문으로서의 정책학은 라스웰(H.D. Lasswell)이 1951년에 발표한 논문 「정책지향(the policy orientation)」으로부터 시작되었다고 한다(주재현, 2016). 그는 이 논문에서 계량화만을 강조한 논리실증주의[1]적인 연구만을 통해서는 사회문제를 제대로

1) 논리실증주의(logical positivism)는 과학 활동의 중심을 논리와 경험적 증거에 의해 입증될 수 있는 영역에서만 수행되어야 하며 일제의 가치판단으로부터 자유로운 가치중립적 활동이어야 한다는 주장이다.

해결하기 어렵다고 보고, 사실(fact)도 중요하지만 어떤 가치(value)를 지향해야 하는지에 대한 성찰도 중요하다고 역설하면서 정책과학의 중요성과 필요성을 강조하였다. 당시에는 크게 주목받지 못하였으나 이로부터 촉발된 정책학에 대한 논의들은 정책학 발전에 큰 기여를 하였다. 사실 정책학의 영역은 매우 방대하고도 깊어 짧은 시간에 적은 지면으로 다루기에는 어려움이 있다. 여기에서는 청소년정책의 수립과 이해의 측면에서 그 개념에 대한 몇 가지 주장과 정책의 구성요소, 형성과정에 대해서 개략적으로만 다룬다.

1) 정책형성에 대한 이론

정책이 형성되는 과정을 설명하는 이론(모델)은 매우 다양하며, 어떤 이론이 더 타당한지에 대해 논하기는 매우 어렵다. 또한 정책학자가 아닌 입장에서 각각의 이론(모델)이 포함하는 방대한 내용을 모두 살피는 것 또한 어렵고 필요성이 높지 않다. 여기에서는 여러 모델 중 제도주의모델과 잔여모델, 정책과정모델, 이익집단 정치모델, 합리주의모델, 점증주의모델, 게임이론모델, 엘리트모델을 중심으로 각 모델의 의미와 적용과정, 청소년정책과의 연관성 등에 대해 간략히 이야기하고자 한다.

(1) 제도주의모델과 잔여모델

제도주의모델과 잔여모델은 정책수립에 관여하는 정부의 입장에 따라 구분된 개념이다. 우선 제도주의모델(institutional model)은 정책을 정부제도에 의해 권위적으로 결정, 집행되는 것으로 보는 입장이다. 정부만이 공공정책에 반대하는 집단이나 개인에게 강제력을 합법적으로 행사할 수 있다고 하며 정부기관의 공식적 조직, 법적기관, 절차와 규정, 기능 등 공식적이고 법적인 측면의 정부제도를 우선시한다. 즉, 미리 정해져 있는 정부의 제도적 기구와 절차가 정책의 핵심이라는 견해이다. 더불어 정책은 정당한(legitimate) 기능을 수행하는 것으로 위기적인 상황에서만 나타나는 임시적인 것이 아니라 집합적 책임(collective responsibility)을 지는 기본적인 안전망의 역할을 한다고 본다.

한편, 잔여모델(residual model)은 국민 개인이 추구하는 다양한 욕구 충족의 정상적인 통로는 자율과 시장경제이지만, 공황이나 집단 감염병 등 예기치 않은 상황에 따라 그 욕구 충족에 문제가 발생할 때 정책이 제3의 제도로 작동하게 되고, 그 상황이 정상으로 회복되고 자율과 시장이 자기 기능을 회복하면 정책이 그 작동을 멈춘다고 보는 것이다.

청소년정책의 측면에서 보면 제도주의모델은 국가가 청소년의 성장을 지원하는 일은 당연하고 정당한 일이기에 모든 청소년에게 영향을 미치는 정책들을 수립하고 집행하여 최소한의 안전망 역할을 하여야 한다는 입장이고, 잔여모델은 가정과 사회가 청소년성장을 지원하는 정상적인 통로이나 결손, 경제적 궁핍, 예기치 않은 사고 등으로 그 통로가 제 기능을 못하는 부분에 대해 정상기능을 하기까지 정책으로써 이를 보조해야 한다는 입장으로 볼 수 있다.

(2) 정책과정모델

정책과정모델(policy process model)은 정책이 정책적 행위자들이 행하는 정치적 행위들의 일정한 과정을 통하여 결정된다고 보는 입장이다. 제도주의모델이 정책을 정치제도나 구조의 산물로 보고 정책에 영향받는 관계자들의 정치적 행위에 대해 관심을 두지 않는 반면, 정책과정모델은 선거에서의 투표자, 다양한 이익집단, 관료, 정치가, 노인 등 정치적 행위자들의 행동이 정책을 결정한다고 본다. 정치행위를 정책의 주요한 결정요인으로 보는 관점에서 이익집단 정치모델과 유사한 측면이 있지만 이익집단 정치모델이 개별 이익집단들의 영향력 경쟁을 주요 요인으로 보는 것과 달리 정책과정모델은 정치적 행위 그 자체를 주요 요인으로 본다.

청소년정책의 입장에서 보면 청소년정책에 영향을 받는 청소년, 청소년지도자, 청소년단체와 기관의 정치적 행위들이 모여 정책을 형성하게 된다는 관점이다. 아쉽게도 청소년 분야에서는 아직 이러한 정치적 활동들이 매우 미흡한 형편이다.

(3) 이익집단 정치모델

이익집단 정치모델(interest group politics model)은 국가정책에 수많은 개별 국민들의 광범위하고 분산된 요구들을 직접 반영하는 것이 어렵기 때문에 사회의 다른 집단이나 정부에 특정한 주장을 하는 것을 공유하는 이익집단들이 각 집단의 이익

추구를 위해 발휘하는 영향력들의 경쟁에서 정책이 산출된다고 보는 입장이다. 이익집단의 영향력을 결정하는 요인은, ① 집단구성원의 수, ② 조직의 인적 · 물적 자원, ③ 집단의 동질성, 조직력, 응집력, ④ 리더십과 정책결정자들에의 접근성을 들 수 있다. 현대에 들어서 이익집단들의 영향력이 점차 증가하고 있는데, 이는 선거에서 득표에 힘을 써야 하는 입법가(정치가), 정책을 통해 그 영향력의 증가를 원하는 정부관료, 그리고 이 두 부류의 이익을 보장해 주고 그 반대급부로 자기 집단의 이익을 추구하는 이익집단 간에 철의 삼각관계(iron triangle)가 형성되기 때문이다. 그러나 이러한 이익집단 정치모델을 통해 마련된 정책들은 단기적인 이익추구의 경향으로 인해 불완전하며 안정적이지 못한 경우가 많다. 더불어 정치적으로 연대하지 못하는 사회적 약자들을 위한 정책이 약화될 가능성도 크다.

청소년정책은 연대하지 못한 사회적 약자의 측면이 강하다. 청소년 분야를 대신해 줄 마땅한 이익집단이나 단체가 없고, 사회복지 등 유사분야의 관계자들이 연대해서 발휘하는 영향력을 부러워하는 수준에 그치고 있다. 막강한 영향력까지는 아니더라도 목소리를 낼 수 있는 조직의 구성은 매우 필요해 보인다.

(4) 합리주의모델

합리주의모델(rational model)은 정책결정자들이 비용(cost)과 편익(benefit)을 비교하여 사회 전체에 가장 큰 이익을 가져다주는 정책을 찾는 것으로 정책이 결정된다고 보는 것이다. 즉, 정책결정자들은 개별적 이익집단의 요구나 압력에 상관하지 않고 사회가 정한 목표를 이룰 수 있는 여러 대안들 가운데 가장 적은 비용으로 가장 큰 편익을 얻을 수 있는 효율성(efficiency)이 큰 것을 정책으로 만들어 간다는 것이다. 좁은 의미에서의 합리적 정책은 측정 가능한 비용과 편익만을 분석하여 비용 대비 편익이 높은 정책을 취하는 입장이고, 넓은 의미에서의 합리적 정책은 측정할 수는 없지만 사회, 경제, 정치적 측면의 가치까지 고려하여 효율성을 따지는 입장이다. 그러나 합리주의모델은 문제의 명확성을 전제하지만, 대부분의 경우 정책입안자들이 구체적이며 명확하게 규정된 문제만 당면하는 것은 아니며 정책결정자들의 이념이나 성향, 우선시하는 가치가 비용과 편익의 계산에 미치는 영향을 통제하지 못할 가능성이 많고 비용과 편익을 실제로 계산하는 것도 어렵다는 한계가 있다. 또한 문제 해결이 가능한 모든 정책대안을 실제로 비교 분석하는 것은 현실적으로 불가능에 가깝다.

합리적이라는 단어가 주는 긍정적 의미가 분명 있지만 이를 구현해 내는 것은 쉬운 일이 아니다. 청소년정책의 측면에서 본다면 청소년과 관련된 활동의 결과는 매우 더디게 나타나며, 아예 겉으로 드러나지 않는 경우도 있다. 비용과 편익을 측정해 보려는 노력은 필요하지만 지나치게 합리성 여부만을 강조하는 것은 좋은 접근이 아니다.

(5) 점증주의모델

점증주의모델(incrementalism model)은 정책은 없는 것이 갑자기 나타나는 것이 아니라 기존에 있던 어떤 정책이 수정과 보완을 거쳐 개선된 상태의 정책대안을 선택한다는 것이다. 즉, 기존의 정책과 예산 등을 기초로 하여 약간의 변화를 주는 것이 새로운 정책이라는 입장이다. 점증주의모델은 인간의 인지적 한계를 인정하고 합의 과정에서 집단이 참여하며, 상황의 변화를 고려하기 때문에 어떤 의미에서 현재 정책이 결정되는 모습을 가장 잘 반영한 모델이라고 할 수 있다. 그러나 한번 잘못된 결정이 이루어지면 그 잘못이 개선되지 않고 반복될 가능성이 있으며, 사회가 불안정하거나 짧은 시간에 새로운 정책결정을 해야 하는 상황에서는 적용이 어렵다. 또한 한번 만들어진 정책은 기존 정책 대상자들의 압력으로 취소하거나 축소하기 어렵다는 한계가 있다.

이 모델은 청소년정책뿐 아니라 다른 분야의 정책에서도 일상적으로 적용되고 있는 모델이라고 생각된다. 사회의 변화와 요구에 따라 새로운 정책이 만들어져야 하므로 모든 정책이 점증주의를 따를 수는 없다. 그러나 잘못 입안된 정책이라도 없어지지 않고 상당히 오랫동안 영향을 미칠 수 있다는 점을 고려하여 처음으로 시도되는 정책을 만들 때 더 신중해야만 한다.

(6) 게임이론모델

게임이론모델(game theory model)은 기본적으로 상호 의존적인 의사결정에 관한 이론이다. 여기서 게임이란 효용 극대화를 추구하는 행위자들이 일정한 전략을 가

지고 최고의 보상을 얻기 위해 벌이는 행위를 말한다. 이 이론에 따르면, 정책은 정책결정자들이 독립적으로 합리적인 결정을 하는 것이 아니라 상대방이나 타인의 결정을 고려하는 상호의존적인 상황에서 만들어진다. 즉, 각 정책결정자들이 비용과 편익을 고려하여 독립적으로 의사결정을 하는 것으로 보는 합리주의모델과는 다른 입장이다. 둘 이상의 선택 가능한 제안이 제시될 때 한쪽의 선택이 다른 한쪽의 선택에 영향을 주는 상황에서 정책결정자들은 독립적으로 합리성을 찾기보다 다른 한쪽에서 어떻게 하느냐를 고려해야만 합리적인 정책결정이 된다는 이론이다. 아쉽게도 청소년정책은 아직 게임의 당사자가 되기에는 영향력이 크지 않은 것이 사실이다. 아동정책, 교육정책, 청년정책, 노인정책 등 여러 정책의 결정에 청소년정책의 선택을 반드시 고려해야 하는 힘을 가질 수 있도록 노력해야 한다.

(7) 엘리트모델

엘리트모델(elite model)은 정책결정과정에서 엘리트의 주도적 역할을 강조하는 이론이다. 즉, 정책은 일반 대중의 요구가 정책결정자를 움직여 정책으로 결정되는 것이 아니라 소수 엘리트가 선호하고 주도하는 가치가 대중의 추종을 얻어 만들어지는 것이라는 입장이다. 엘리트모델은 대중을 소극적이고 무관심하며 무지(無知)한 존재로 본다. 따라서 대중의 정서는 엘리트에 의해 조작되며 엘리트와 대중 간의 의사소통은 하향성을 띤다고 본다. 이 이론에서는 정책을 대중의 요구를 수용하는 것이 아니라 엘리트의 이익과 가치관을 반영하는 것으로 본다. 선거는 하나의 절차적 형식일 뿐 대중을 대표하는 인물을 선출하는 것은 아니라는 인식이 깔려 있다.

2) 정책의 구성요소

정책의 개념을 영역과 사회적 목표, 공공적 수단과 대상, 권위적인 절차를 모두 포함한 구체화된 기본지침이라고 하였다. 여기서 사회적 목표(정책목표), 공공적 수단(정책수단), 대상(정책대상)을 흔히 정책의 3대 요소라고 한다. 이 정책의 3대 요소를 청소년정책으로 치환하여 살펴보고자 한다.

(1) 정책의 목표

정책의 목표란 '정책을 통해 달성하고자 하는 바람직한 상태'를 의미한다(강병연 · 황수주, 2006). 목표는 바람직한 상태를 실현하고자 하는 것이기 때문에 미래지향적이고 가치 판단적이다(한국청소년개발원, 2003). 또한 목표는 목적을 달성하기 위한 나침반 혹은 등대의 역할을 한다. 따라서 정책의 목표 수립에 관여하는 사람들이 가치관과 안목, 미래지향적인 사고를 가지고 있느냐의 여부는 정책수립에 매우 큰 영향을 미친다. 예컨대, 앞서 살폈던 청소년정책과 청소년육성정책에 대한 개념 정의에 있어 초기의 정책입안자들이 청소년정책의 범위를 학교교육을 포함한 청소년의 전인적 성장에 두었다면 어떻게 되었을까? 목표는 하나만 있는 것이 아니라 무수히 많은 하위목표를 가지게 되는데, 정책의 목표는 하위목표의 수준과 방향을 결정하는 매우 중요한 요소이다. 현재의 시점을 기준으로 보면 대외적으로 가장 잘 알려진 정책의 목표는 '제6차 청소년정책기본계획'의 목표이다. 2018년부터 2022년까지 5년을 기한으로 수립된 이 기본계획은 '현재를 즐기는 청소년, 미래를 여는 청소년, 청소년을 존중하는 사회'를 비전으로 하여 4개의 정책목표를 제시하고 있다. 여기에서 비전은 최종목표, 정책목표는 중간목표, 각각의 중간목표에 따르는 중점과제는 하위목표로 볼 수 있다. 이러한 체계를 따라 지방자치단체는 각각의 여건에 맞는 정책목표를 수립하고 그 실행계획을 수립하게 된다. 한편, 제6차 청소년정책기본계획의 정책목표는, ① 청소년 참여 및 권리증진, ② 청소년주도의 활동 활성화, ③ 청소년 자립 및 보호지원 강화, ④ 청소년정책 추진체계 혁신이다.

정책목표는 정책을 수립하는 단계에서만 중요한 것이 아니라 정책수단을 확보하는 기준이 되며, 집행방향을 제시하고, 평가의 기준이 된다(한국청소년개발원, 2003).

(2) 정책의 수단

정책은 목표를 달성하기 위한 수단을 동반하지 않으면 선언이나 발표에 그치고 만다. 정책의 수단으로 가장 쉽게 생각할 수 있는 것들은 인력, 물자, 예산 등이다. 실제 이 요소들은 매우 중요한 수단이 된다. 그러나 이것들만으로 충분할까? 정책의 대상자나 이해관계자들이 정책의 취지나 목표에 대해 충분히 인지하는 상태에서 정책이 수립되는 것이 가장 바람직하지만, 그렇지 않은 경우가 대부분이다. 또한

많은 경우 정책은 대립되는 이해관계자가 존재한다. 즉, 정책의 수립으로 한쪽이 이익을 본다면 손해를 보는 쪽도 있기 마련이다. 건강한 청소년환경 조성이 정책목표가 되면 성인오락실, 유흥주점 등의 설치나 운영 조건을 까다롭게 만드는 수단이 동원될 수 있다. 청소년이나 부모의 입장에서는 환영할 일이지만 업체 운영자의 입장에서는 사업권을 침해받는다고 느낄 수 있다. 사교육 감소가 정책목표가 될 때 학원 운영자들의 이익이 영향을 받는 것과도 같다. 이런 면에서 홍보와 설득의 수단도 매우 중요한 요소가 되며, 가장 강력한 수단은 법적 근거를 통해 강제력을 확보하는 것일 수 있다.

정책수단은 정책목표와 밀접한 연관성을 갖는다. 정책목표를 상위목표, 중위목표, 하위목표로 구분해 보면, 중위목표는 상위목표의 수단이 되고, 하위목표의 정책목표가 된다. 제6차 청소년정책기본계획을 예로 보면, 비전으로 제시된 '현재를 즐기는 청소년, 미래를 여는 청소년, 청소년을 존중하는 사회'에 대한 수단은 중위목표인 청소년 참여 및 권리증진 등 4개의 정책목표가 된다. 또 이 4개의 정책목표에 대한 수단은 각 정책목표의 하부에 제시된 12개의 중점과제가 된다. 한 집단의 이익이 다른 집단의 손해를 수반하는 속성 때문에 수단이 구체화될수록 저항이 커질 수 있다. 청소년 참여 및 권리증진을 예로 들 때 정책목표로서의 참여와 권리증진에 반대할 사람은 거의 없을 것이다. 그러나 그 수단으로 모든 시군구에 의무적으로 청소년의회를 설치한 후 매월 회의를 진행하고 그 결과를 보고하는 방안이 제시된다면, 이를 부담해야 하는 공무원이나 시설의 담당자는 부담을 느끼게 될 것이고 실행과정이 부실화되거나 거부될 가능성이 있다. 목표의 수립과 마찬가지로 수단의 강구에도 담당자의 지식과 안목, 경험과 가치관이 매우 중요하게 작용하는 이유가 바로 이것이다.

(3) 정책의 대상

정책의 대상은 정책으로 인해 영향을 받는 이해관계자를 말한다. 청소년정책을 예로 들면, 가장 쉽게 생각할 수 있는 대상은 청소년이다. 물론 그 청소년을 어떻게 정의하느냐에 따라 적용범위가 달라지겠지만 가장 기본적인 청소년정책의 대상이 청소년인 것은 분명하다. 그러나 조금만 깊게 생각하면 청소년정책의 대상이 단순히 청소년만은 아닌 것을 금방 알 수 있다. 청소년주도의 활동 활성화라는 정책목표의 수단인 하위목표 중 청소년 진로교육 지원체계 강화를 예로 들면 정책의 대상은 청소년도 포함되지만 지역의 수많은 직업인, 진로멘토가 정책의 대상이 된다. 또 자유학기제를 연계한 진로체험활동 프로그램의 운영이 수단으로 결정되면 각급 학교의 진로상담교사도 정책의 대상이 된다. 청소년정책으로 인해 피해를 감수해야 하는 사람들도 있으며, 예를 들면 청소년보호정책의 대상이 되는 사람들이다. 그러나 이러한 경우도 공익의 실현이라는 목적이 있지만 법이 정한 한도에서 최소화하여야 할 것이다.

3) 정책의 형성과정

정책이 결정되어 그 본래의 목적을 달성하기까지는 의제의 형성, 정책의 결정, 정책의 집행, 결과에 대한 평가, 평가에 기반한 피드백 등 여러 과정을 거치게 되는데 이러한 일련의 과정을 정책과정 혹은 정책의 형성과정이라고 한다. 그러나 정책은 시작부터 평가 및 피드백에 이르기까지 단계가 명확한 것이 아니어서 '이음매 없는 천(seamless web)'에 비유되기도 하고 학자에 따라 단계 구분에 대한 입장이 다르기도 하다(한국청소년개발원, 2003). 라스웰(Lasswell)은 ① 정보의 수집 및 처리(intelligence), ② 관심유발(promotion), ③ 처방(prescription), ④ 행동화(invocation), ⑤ 적용(application), ⑥ 종결(termination), ⑦ 평가(evaluation)의 7단계를 제시하였고, 드로어(Yehezkel Dror)는 ① 기본방침결정단계(meta-policy-making stage), ② 정책결정단계(policy-making stage), ③ 정책결정이후단계(post-policy-making stage) 등과 같이 3단계를 제시하였으나(곽정길, 2002; 한국청소년개발원, 2003에서 재인용), 통상적으로 ① 정책의제의 형성(설정), ② 정책결정, ③ 정책집행, ④ 정책평가의 4단계로 나누는 것이 일반적이다. 이 책에서는 통상적인 4단계의 절차를 따라 정책의 형성과정을 살펴보기로 한다.

(1) 정책의제의 형성

통상적으로 사회가 안고 있는 문제나 쟁점사항은 그 사회가 일시에 처리할 수 있는 것보다 많은 경우가 일반적이다. 정책형성 이론에서 살펴본 것처럼 수많은 이해집단은 자신들에게 유리한 주장을 정책의 의제로 올려놓기 위해 경쟁할 수밖에 없다. 정책의제의 설정(policy agenda setting)은 이렇게 우리를 둘러싼 다양한 이슈들 중 특정한 문제가 공공기관이나 정책입안자의 진지한 검토대상으로 전환되어 가는 과정을 말한다. 정책의제의 설정단계는 여러 견해가 있으나 여기서는 아이스톤의 견해와 콥의 견해를 중심으로 살펴본다.

먼저 아이스톤(Eyestone)은 정책의제설정단계를 9단계[2]로 설명하고 있으나 조금 단순화시키면, ① 사회문제 인지, ② 사회적 이슈, ③ 공중의제, ④ 공식의제의 과정으로 줄일 수 있다. 사회문제의 인지란 사회적으로 도출된 어떤 문제가 개인이나 집단에 의해 사회문제로 부각되는 것을 말하며, 다음으로 사회적 이슈(혹은 사회적 쟁점화) 단계란 사회문제로 부각된 문제에 대한 다양한 이익집단과 의견이 서로 다른 개인들이 나타나 해결 방법의 도출에 합의가 이루어지지 않아 갈등이 야기되는 단계를 말한다. 세 번째 공중의제 단계는 갈등이 야기된 이 문제가 정부 등 공공의 영역에서 해결하는 것이 타당하다는 인정이 이루어지는 단계를 말하며, 마지막 공식의제의 단계는 공중의제로 부각된 문제가 정부의 공식적인 의사결정에 의해 해결방법을 모색하는 것으로 결정되는 것을 말한다. 물론 공식의제로 채택된 모든 문제가 정책결정의 대상이 되는 것은 아니며, 네 단계를 모두 거쳐 의제설정이 이루어지는 것도 아니다.

한편, 콥(Cobb)과 그의 동료들이 제시한 의제설정모형은 아이스톤의 모형이 설명하지 못하는 부분을 보완해 준다. 콥 등은 정책의제의 설정과정을 외부주도모형, 동원모형, 내부접근모형으로 설명하고 있다. 외부주도모형(outside initiative model)은 갈등이 기본적 사회과정이라고 보는 견해에서 시작한다. 쟁점이 되는 사안에 대해 많은 사람이 관심을 갖게 되어 공식적인 대책을 필요로 하게 될 때 공식의제가 된

2) 아이스톤은 정책의제설정모형을 사회문제 태동, 사회문제 인지, 타 집단 관여, 사회쟁점 표출, 공중의제 형성, 쟁점 창안자의 활동, 공식의제 채택, 정책결정, 정책집행의 9단계로 나누고 있다(한국청소년개발원, 2003).

다고 말한다. 아이스톤의 의제설정과정과 흡사한 모형이다. 동원모형(mobilization model)은 정책결정자들이 쟁점을 미리 선정하고 이를 확산하여 공식의제로 채택한다고 설명하는 것으로 계층적 사회구조에서 자주 나타나는 모형이다. 마지막으로 내부접근모형(inside access model)은 제시된 사안들이 공식의제로 가장 많이 채택되는 모형으로, 정부의 특정 부처나 집단이 제안한 정책안이 별도의 수정 없이 바로 공식의제로 선정되는 형태이다. 이는 공중의제 과정을 거치지 않으며 매우 은밀하게 이루어지는 특성이 있다.

한국의 청소년정책에서 의제설정이 과거에는 동원모형이나 내부접근모형에 가까웠다면 현재는 점차 외부주도모형으로 전환 중인 것으로 보인다. 과거에는 어떤 사회문제가 발생되어도 공유가 잘 이루어질 수 없는 구조였기 때문에 정책입안자나 행정부가 선택하고 이끄는 형태의 의제설정이 많았다. 그러나 인터넷과 정보통신의 발달로 정보에 대한 개인 접근성이 강화되면서 시간과 공간의 한계를 넘어서는 의제 확산이 가능하게 되어 정부와 입법부를 움직이는 동인이 되고 있다.

(2) 정책결정

다양한 경로를 통해 정책의제가 설정되면 해당 의제를 해결하기 위해 목표를 세우고 수단을 강구하게 된다. 이렇게 정책목표와 정책수단 간의 여러 조합을 정책대안이라고 하며, 정책대안을 개발하고 비교 분석하여 목표 달성에 가장 적합하다고 판단되는 정책을 선택하는 일련의 활동 또는 행위를 정책결정이라고 한다(전희일 외, 2018). 정책결정의 과정도 의제설정과 비슷하게 무조건 따라야 하는 절차가 존재하는 것은 아니다. 다만, 통상적으로, ① 문제정의와 목표설정, ② 정책목표들 사이의 우선순위 결정, ③ 정책대안의 탐색, 개발 및 설계, ④ 대안결과의 비교 평가 및 미래 예측, ⑤ 최적대안의 선택이라는 절차를 따른다. 각 단계를 간략히 설명하면 다음과 같다.

① 문제정의와 목표설정: 정책의제로 선정된 문제의 본질을 정확히 인지하고 효율성, 효과성, 능률성, 공정성, 실현가능성 등 여러 요건을 감안하여 문제해결을 위한 정책목표를 설정하는 단계

② 정책목표들 사이의 우선순위 결정: 하나의 의제에 다양한 해결방안, 즉 정책목표가 도출될 수 있으므로 이 정책목표들 사이의 여러 요건을 검토하여 선행할 것과 배제할 것 등 우선순위를 정하는 단계

③ 정책대안의 탐색, 개발, 설계의 단계: 우선순위가 결정된 정책목표를 합리적, 효율적으로 달성할 수 있는, 동원 가능한 모든 정책대안을 탐색하고 개발하는 단계

④ 대안결과의 비교 평가 및 미래 예측: 개발된 대안을 비교, 분석하는 단계. 비용–편익분석, 계량분석, 정책실험 등을 통해 정책의 결과를 예측해 보는 단계

⑤ 최적대안의 선택: 도출된 대안들을 비교하고 분석하여 목표달성을 위한 가장 효과적인 대안을 선택하는 단계

그러나 이러한 절차에도 한국에서의 청소년 관련 정책결정은 사회를 떠들썩하게 만든 큰 사건들이 그 원인이 되었던 적이 많다. 1983년 대구 향촌동 디스코홀 화재 사건,[3] 1984년 서울 석관동 맥주홀 화재 사건[4]에서부터 1999년 씨랜드 화재 사건,[5] 2013년 사설 해병대 캠프 사건[6] 등이 그 예이다. 특히 2013년 사설 해병대 캠프에서 고등학생 5명이 숨지는 사고가 발생하자 그해 말 「청소년활동 진흥법」(제9조의 2)에 '숙박형등 청소년수련활동 계획의 신고' 조항이 생겨났다. 이 조항은 오히려 청소년수련활동을 위축시키는 역기능이 커서 그 이후 지속적인 비판을 받고 있다. 사건이나 사고를 뒤따라가는 정책은 이미 발생한 것들에 대한 면피성 정책이 될 뿐,

3) 1983년 4월 18일 새벽 대구 향촌동의 디스코클럽 초원의 집에서 원인 모를 화재가 발생하여 24명이 숨지고 68명이 중화상을 입은 사고. 여고 1년생을 포함 25명이 사망하고 70명이 중경상을 입었으며 70명 중에서도 청소년이 42명으로 나타남. 그들 대부분이 학교에서 예의 바른 모범생이었던 것으로 알려져 사회적으로 큰 충격을 주었음.

4) 1984년 2월 3일 새벽 4시경 서울 성북구 석관1동의 맥주홀 '보통사람들'에서 손님들 간 시비 도중 석유난로가 넘어져 화재가 발생, 청소년 10명이 사망한 사건.

5) 1999년 6월 30일 새벽 경기도 화성군에 있는 놀이동산 '씨랜드'에서 원인을 알 수 없는 화재가 발생하여 잠자고 있던 유치원생 19명과 인솔교사 및 강사 4명 등 23명이 숨지고 5명이 부상당한 사건.

6) 2013년 7월 18일, 충청남도 태안군 안면도에서 열린 사설 해병대 캠프에 참가했던 공주대학교 사범대학 부설고등학교 학생들이 구명조끼를 벗고 바다로 들어가라는 교관의 지시를 따르다가 깊은 갯골에 빠진 뒤 그 중 5명의 학생들이 파도에 휩쓸려 실종, 사망한 사건.

앞으로 일어날 가능성이 있는 문제들에 대한 선제적 대응이 될 수는 없다.

(3) 정책집행

정책집행이란 일련의 과정을 통해 결정된 정책의 내용을 실행하고 적용하는 것을 말한다. 정책의 내용을 실행한다는 것의 핵심은 곧 정책수단을 실현시키는 것을 의미한다. 정책수단이 채택되어 적용되는 것이 반드시 정책목표 달성에 이르는 것은 아니다. 그럼에도 수단이 적용되면 정책은 집행된 것으로 간주된다. 정책이 집행된 후에도 목표 달성이 이루어지지 않는 것은 애초에 수단의 선택이 잘못되었거나 집행의 과정에서 문제가 있어 정책효과가 나타나지 않은 것으로 생각할 수 있다. 전술하였던 청소년수련활동 사전신고제의 경우가 대표적이다. 애초에 그 목적은 청소년체험활동 시 안전사고를 방지하자는 차원이었으나 실제 집행과정에서는 안전한 활동 보장보다는 담당공무원의 업무 기피나 지연, 숙박형 수련활동의 축소, 활동참여 인원의 인위적 조정, 청소년수련시설에 대한 역차별 논란 등 오히려 청소년활동프로그램의 축소와 기피로 나타났다. 이는 문제는 진단이 잘못되어 처방이 잘못 내려진 대표적인 사례라 할 수 있다.

(4) 정책평가

정책평가란 정책의 결과에 관해 알게 하는 것, 정책집행의 결과로 무엇이 발생하였는가를 파악하기 위해 과학적 방법을 적용하는 것, 정책이나 사업이 의도하는 목표가 어느 정도 효과적으로 달성되었는가에 대해 객관적·체계적·경험적으로 연구하는 것, 정책결과의 가치에 관한 정보를 제공하는 것 등으로 정의할 수 있다(한국청소년개발원, 2003). 정책의 평가는 환류를 기본 전제로 한다. 즉, 정책의 강점은 키우고 부족한 점은 보완하여 정책의 실효성을 높이는 데 그 기본 목적이 있다. 그러나 많은 경우 형식적인 평가에 그치고 만다. 실효성이 없는 정책은 새로운 의제의 설정, 선택과정에서 축소되거나 마땅히 탈락하여야 하지만, 앞서 살펴보았던 내부접근모형을 따를 가능성이 농후해진다. 청소년활동 현장의 전문가들이 정책에 대한 평가를 하는 경우가 거의 없다. 그 이유는 정책의 개념이 국가 또는 공공이 행하는 일이기 때문이다. 물론 정책의 시행 이후 정책을 주관하는 부처나 기관에서 간단

한 설문이나 평가회를 통해 일부 의견을 확인하는 경우는 있으나, 이는 여기서 논하는 정책평가와는 결이 다르다. 즉, 정책평가는 현장의 일이 아니라 정부의 일인 것이다. 다만 청소년현장을 대표하는 직능단체나 기관이 생긴다면 정책의 평가에 능동적으로 참여할 수 있을 것으로 본다.

04 청소년육성제도의 이해 소결

제도와 정책의 개념을 시작으로 정책이론에 대해 개괄적으로 살펴보았다. 제도는 오랜 기간을 두고 생성된 유·무형의 규범의 집합체이기 때문에 변화에 많은 시간이 걸린다. 그러나 정책은 제도의 한 영역으로서 사회적 목표를 따라 공공(정부)에 의해 수립되므로 상대적으로 생성이나 변화의 가능성이 크다. 청소년육성제도와 정책도 이와 같아서, 기존에 이미 시행되고 있는 청소년정책을 평가하고 그 결과를 토대로 어떻게 변화시킬지를 고민하는 것과 청소년의 삶에 영향을 미칠 새로운 정책이 바람직한 방향으로 수립되도록 요구하는 것으로부터 변화를 유도해야 한다.

이 장에서 살펴본 다양한 정책수립모델과 수립과정에 대한 이해를 통해서 우리는 정책수립에 영향을 미칠 수 있는 경로와 방법을 알게 되었다. 어떤 모델이 합당한지를 따지고 어느 과정에서 영향력을 발휘할 것인지를 논의하는 것도 필요하지만, 무엇보다 우선되어야 할 것은 청소년현장의 전문가들이 청소년과 관련된 정책의제의 선정과 정책 수립에 영향력을 미칠 수 있는 집단이 되어야 한다는 것이다.

청소년지도자들이 청소년육성제도를 학습하는 이유는 단순히 제도와 정책의 역사를 이해하고 관련법의 내용을 아는 것에 있지 않다. 전문가 집단으로서 국가의 정책 수립에 영향력을 미쳐 청소년을 둘러싼 과제들이 국가정책의 목표에 더 많이, 더 명확하게 반영되고 그 목표를 달성하기 위한 수단이 확보되도록 하며, 더불어 국가가 정책의 대상인 청소년에 대해 더 많이 고민하고 지원하게 만들 방법을 찾는 데 있다.

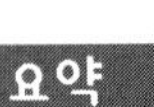

요약

1. 제도는 규범의 복합체이며 그 의미를 한마디로 정의하기는 쉽지 않다. 정책은 제도의 한 형태로 '공공기관이 바람직하다고 판단하는 사회적 목표를 세우고 이를 달성하는 데 필요한 공공적 수단을 확보하여 이를 해당하는 대상을 향하여 적용해 나갈 수 있도록 권위를 가지고 결정한 기본방침'으로 정의된다.

2. 정책은 ① 공공에 의해 수립되고, ② 달성하고자 하는 특정한 목표가 있으며, ③ 실현을 위한 수단이 동원되며, ④ 반드시 대상이 있고, ⑤ 권위 있는 결정의 과정을 거치며, ⑥ 법률에 근거한 요건을 따르고, ⑦ 기본방침으로 기능하는 특징이 있다.

3. 청소년정책은 넓게 보면 청소년을 위한 국가의 모든 정책으로 해석될 수 있으나 제한적으로 해석하면 「청소년 기본법」「청소년활동 진흥법」「청소년복지 지원법」에 근거하여 여성가족부가 수립하고 시행하는 청소년육성정책으로 해석될 수 있다.

4. 학문으로서의 정책학은 라스웰(Lasswell)이 1951년에 발표한 논문 「정책지향(The policy orientation)」에서 시작되었다고 전해진다.

5. 정책이 형성되는 과정을 설명하는 이론(모델)은 매우 다양하며, 제도주의모델, 정책과정모델, 이익집단 정치모델, 합리주의모델, 점증주의모델, 게임이론모델, 엘리트모델 등이 있다.

6. 사회적 목표(정책목표), 공공적 수단(정책수단), 대상(정책대상)을 흔히 정책의 3대 요소라고 한다.

7. 정책이 결정되어 그 본래의 목적을 달성하기까지는 의제의 형성, 정책의 결정, 정책의 집행, 결과에 대한 평가, 평가에 기반한 피드백 등 일련의 과정을 거치게 되는데, 이러한 일련의 과정을 정책과정 혹은 정책의 형성과정이라고 한다.

8. 일반적으로 정책과정은 ① 정책의제의 형성(설정), ② 정책결정, ③ 정책집행, ④ 정책평가의 4단계로 나뉜다.

강병연 · 황수주(2016). 청소년육성제도론. 경기: 양성원.

여성가족부(2019). 2019 청소년백서. 서울: 여성가족부.

전희일 · 신명철 · 류기덕 · 신용식 · 유영주 · 정남환 · 최은규(2018). 청소년정책 및 육성제도론. 경기: 양서원.

조영승 · 이효경(2002). 수원시 청소년육성정책의 발전방향에 관한 연구. 수원: 수원시.

주재현(2016). 정책과정론. 서울: 대영문화사.

천정웅 · 김윤나(2013). 청소년육성제도론. 서울: 도서출판 신정.

한국청소년개발원(2003). 청소년정책론. 서울: 교육과학사.

제2장

한국 청소년정책의 역사

학습개요

제2장에서는 한국 청소년정책의 변천과정에 대해 다룬다. 변천과정을 어떻게 나누는지는 학자에 따라 다르다. 중요한 사건, 법률의 제정, 정부조직의 변화 등을 반영하여 나름대로 기준을 설정하고 이 기준에 맞춰 각 단계를 설명한다. 이 책에서는 매년 발행되는 청소년백서의 기준을 따라 총 7단계로 구분하되, 1단계의 앞에 정책 이전의 단계를 추가하여 총 8단계로 기술하였다. 각 단계의 기간이 동일하지 않고 포함되는 내용의 정도도 많은 차이가 있다. 정책의 변천과정을 살피는 것은 청소년정책의 변화에 영향을 주는 요인이 무엇인지를 아는 중요한 단서가 되며, 이후 정책의 수립에 관여할 때 어떤 점을 고려해야 하는지를 알려 준다. 총 8단계의 변천과정을 나열하면서 각 단계의 기간과 의의, 주요한 법률과 제도의 변화, 중요하게 영향을 미친 사건이나 사고, 정책입안자들의 고민과 정책수립과정에 대해서도 기술하였다. 이 장을 통해 단순히 어느 시기에 어떤 정책이나 법률이 생겨났는지를 아는 것을 넘어 지금까지의 청소년정책의 본질을 이해하고, 향후의 청소년정책 발전방향에 대해 고민할 수 있었으면 한다.

01 한국 청소년정책의 변천과정

법령	행정조직	계획	정책기조 및 과제	주요 성과
1987 「청소년육성법」 제정	1983 문교부 청소년과 1988 체육부 청소년국	청소년문제 개선 종합대책 (1985~1987)	• 문제대응에서 건전육성 중심으로 전환 • 정서적 · 문화적 공간 제공 • 빈곤 세습화 방지	• 종합적 청소년정책과 관련 법령 및 추진체계 기획 • 청소년이용시설 확충과 활용대책 마련 • 대통령 주재 청소년 대책 확대회의 매년 개최
1991 「청소년 기본법」 제정	1991 체육청소년부 청소년정책조정실 1993 문화체육부 청소년정책실	한국 청소년 기본계획 (1992~2001)	• 일반 청소년의 자질 함양을 위한 수련활동 체제 마련 • 청소년 수련활동 중심의 청소년육성제도 기반 조성	• 청소년수련거리, 수련시설, 청소년지도사 등 수련활동 인프라 기반 • 청소년수련활동 중심의 청소년육성 고유영역 마련
1997 「청소년 보호법」 제정 2000 「청소년 성보호법」 제정	1998 문화관광부 청소년국 1997 국무총리실 청소년 보호 위원회	제1, 2차 청소년 육성 5개년 계획 (1993~2002)	• 미래 준비를 위한 청소년활동 기반 • 동반자적 청소년 지위부여와 청소년 참여 기초 마련 • 청소년보호정책 강화	• 청소년정책 범주 확대 및 기능 현실화 • 청소년을 대상에서 참여주체로 인정 • 지역, 현장 중심의 자율과 열린 운영
2004 「청소년활동 진흥법」 · 「청소년복지 지원법」 제정	2005 국가청소년 위원회	제3차 청소년육성 5개년계획 (2003~2007)	• 주5일제 대비 창의적 청소년활동 기반 조성 • 참여, 인권과 복지의 지속적 확대 • 청소년정책과 사업 범국민적 인식 제고	• 청소년 행정 체계의 통합 일원화 • 위기청소년 통합지원 등 청소년복지 기반 조성 • 청소년정책과 사업 추진체계 정비
	2008 보건복지가족부 청소년정책실	제4차 청소년정책 기본계획 (2008~2012)	• 아동정책과 청소년정책 통합 추진 • 보편적 · 통합적 청소년정책 추진	• 청소년체험활동 기반 확충 • 청소년의 정책 참여기회 확대 • 지역사회 청소년 안전망 기능강화 • 인터넷게임 중독 예방법 · 제도개선
	2010 여성가족부 청소년가족 정책실 청소년정책관	제5차 청소년정책 기본계획 (2013~2017)	• 가족 · 여성정책과 연계발전 전략 지향 • 모든 청소년으로 대상 확대 • 선제적 · 균형적 청소년정책 추진	• 학교 밖 청소년지원을 위한 법적 근거 마련 및 인프라 구축 • 청소년수련활동 신고 인증 및 수령 사실 종합 안전점검 평가 의무화 • 청소년정책 분석평가 기반 마련을 통한 정책실효성 제고
2014 「학교 밖 청소년 지원에 관한 법률」 제정		제6차 청소년정책 기본계획 (2018~2022)	• 청소년 참여를 확대하고 청소년을 존중하는 사회적 기반 강화 • 청소년 주도 활동 활성화를 위한 정책 패러다임 전환 • 차별 없이 성장할 수 있는 사회적 안전망 강화	

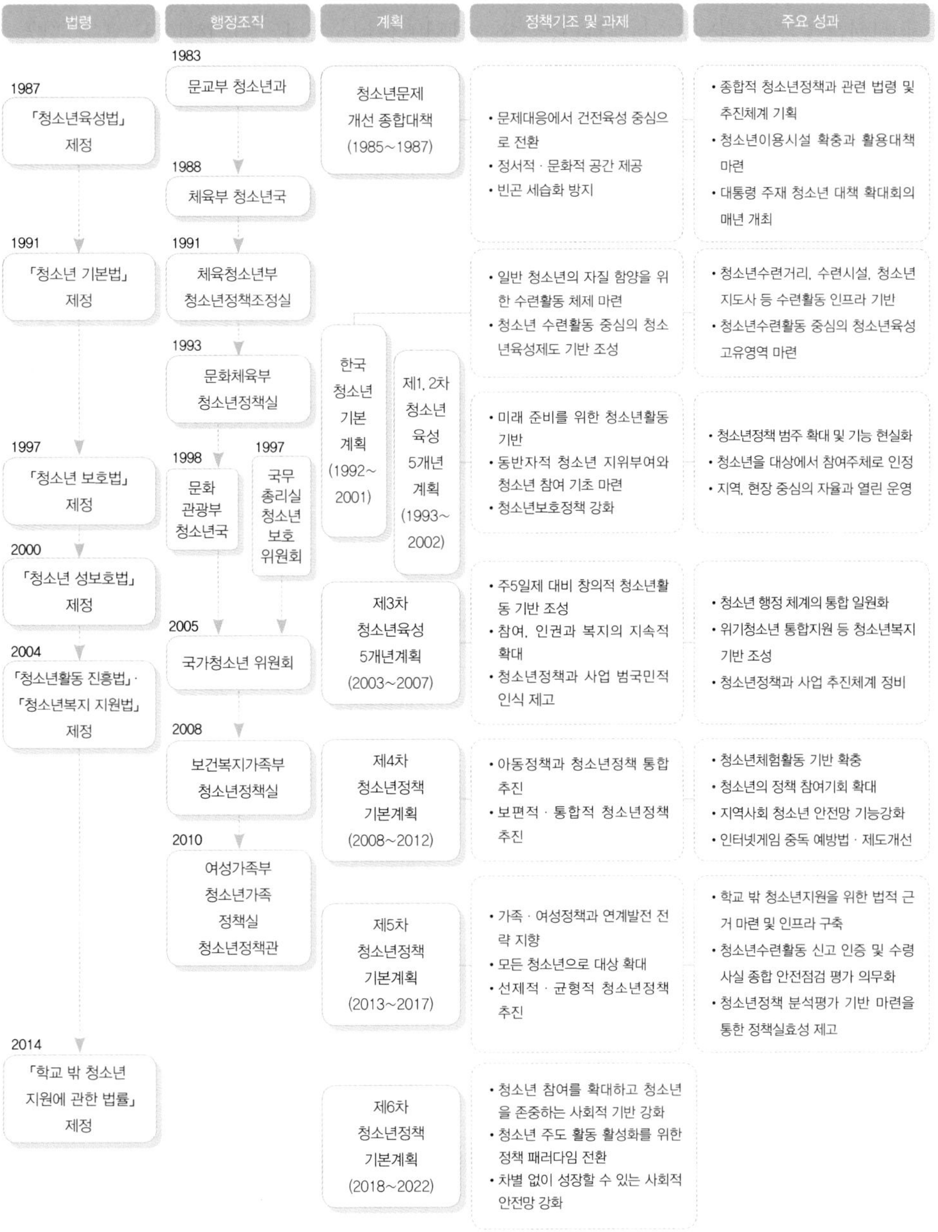

[그림 2-1] 청소년정책의 변천과정

*출처: 여성가족부(2019).

청소년정책의 역사를 시기나 단계별로 구분하는 방법은 학자에 따라 다르다. 각자 나름대로의 기준과 원칙을 따르기 때문에 어떤 학자의 주장이 옳은지를 따지는 것은 실익이 없다. 이 책에서는 청소년백서(여성가족부, 2019)의 기술에 따라 정부 수립부터 현재까지를 7단계로 구분하여 살펴보되 1948년 이전을 0단계, 정책 이전(以前)기로 추가하여 적고자 한다.

표 2-1 한국 청소년정책의 변천과정

단계	시기	특성	명칭	주무부처(기구)	주요 관계 법령
0	~1948. 8.	정부 수립 이전 정책 수립 불가능	민간 주도의 청소년활동		
1	1948. 8.~ 1964. 9.	부처별 산발 추진	부처별 관련 업무 추진	각 부처	「미성년자 보호법」 「아동복리법」
2	1964. 9.~ 1977. 8.	부처차원의 조정	청소년보호 대책위원회	내무부 무임소장관실	「스카우트 활동에 관한 육성법」
3	1977. 8.~ 1988. 6.	정부차원의 조정	청소년 대책위원회	국무총리실 문교부	청소년문제개선 종합대책 「청소년육성법」
4	1988. 6.~ 2005. 4.	정부차원의 조정, 부처차원의 총괄집행	청소년육성 위원회, 청소년보호 위원회	체육부/ 체육청소년부/ 문화체육부/ 문화관광부/ 문화관광부–국무총리실 [청소년보호위원회]	「청소년 기본법」 「청소년 보호법」 「청소년성보호법」 「청소년활동 진흥법」 「청소년복지 지원법」
5	2005. 4.~ 2008. 2.	청소년조직 통합, 단일청소년 전담 조직 출범	청소년위원회/ 국가청소년 위원회	국무총리실	
6	2008. 3.~ 2010. 2.	아동정책과 청소년정책의 통합	보건복지 가족부	보건복지가족부	
7	2010. 2.~ 현재	여성가족부 개편 및 이관	여성가족부	여성가족부	「학교 밖 청소년 지원에 관한 법률」 제정

*출처: 여성가족부(2019)를 기반으로 재구성.

02 각 단계별 주요 변화와 내용

1) 0단계: 정책 이전(以前)의 시기(~1948. 8. 정부수립)

0단계, 정책 이전의 시기는 고대로부터 1948년 대한민국 정부수립까지의 기간을 말한다. 삼한시대, 고구려시대의 경당(扃堂), 신라시대의 화랑도부터 고종의 교육입국조서, 3·1 독립운동, 왜관소년회(1919), 천도교소년회(1921), 어린이날 제정(1922), 조선소년군(1922), 색동회 창립(1923), 4-H활동 도입(1947)에 이르기까지의 시기이며, 현대적 의미의 청소년정책이 수립되거나 시행되기 어려웠던 시기이다. 특히 1919년 이후에는 왜관소년회, 천도교소년회, 기독교청년회(YMCA), 사각소년회 등 주로 민간에서 지역을 중심으로 꾸준한 활동이 전개되었으며 정부 수립 이전의 시기에 청소년 교육에서 중요한 역할을 담당하였다.

2) 1단계: 정부수립부터 청소년보호대책위원회 설립 전까지 (1948. 8.~1964. 9.)

1단계는 1948년 대한민국 정부가 수립된 이후부터 1964년 청소년보호대책위원회가 설치되기 직전까지를 말하며, 청소년문제에 대한 산발적 규제·보호단계(한국청소년개발원, 2003)로 분류하는 학자도 있다. 이 시기에는 특별히 청소년정책을 조정하는 행정기구나 전담기구 없이 부처별로, 산발적으로 청소년과 관련된 정책을 수립, 시행하는 시기이다. 이 시기는 우리나라가 일본 군국주의 통치를 벗어나 미국군정을 거쳐 최초로 현대적 헌법과 정치구조를 가지는 정부를 수립하였지만, 청소년을 중심에 둔 교육이나 활동에 대한 논의를 진행하기 어려운 시기였다. 1961년 제정된 「미성년자 보호법」과 「아동복리법」의 내용을 살펴보면, 이 시기 청소년에 대한 관점이 무엇이었는지를 잘 알 수 있다.

「미성년자 보호법」은 "미성년자의 끽연과 음주 및 선량한 풍속을 해하는 행위를 제한 또는 금지함으로써 미성년자의 건강을 보호하고 선도 육성함을 목적(제1조)"

으로 하고 있으며 청소년들의 흡연행위 금지, 음주행위 금지 등 일반적 행동자유권을 제한하는 금지사항과 청소년을 대상으로 하는 담배판매, 주류판매를 금지하는 등 사회적 책임에 관한 사항을 포함하고 있다.

「아동복리법」은 "아동이 그 보호자로부터 유실, 유기 또는 이탈되었을 경우, 그 보호자가 아동을 양육하기에 부적당하거나 양육할 수 없는 경우, 아동의 건전한 출생을 기할 수 없는 경우 또는 기타의 경우에 아동이 건전하고 행복하게 육성되도록 그 복리를 보장함을 목적(제1조)"으로 하고 있다.

이처럼 「미성년자 보호법」과 「아동복리법」 모두가 전체 청소년을 위한 긍정적 성장을 지원하는 관점보다는 사회질서 유지의 일환으로 청소년의 행위를 규제하고 단속하는 등 청소년을 보호와 규제의 대상 정도로 치부하는 경향을 보인다. 이에 따라 이 법을 관장하는 부서도 내무부였으며, 두 법 모두 특별한 실효성을 가지지 못하다가 「미성년자 보호법」은 1998년 「청소년 보호법」으로 흡수 · 폐지되었고, 「아동복리법」은 1981년 「아동복지법」으로 전면개정되었다.

3) 2단계: 청소년보호대책위원회 설립부터 청소년대책위원회의 설립 시까지(1964. 9.~1977. 8.)

청소년육성정책의 역사 2단계는 청소년보호대책위원회를 설치하는 대통령령인 청소년보호대책위원회규정이 제정된 1964년 9월부터 1977년, 청소년보호대책위원회에서 보호를 뗀 청소년대책위원회가 설립되기까지의 시기를 말한다.

청소년보호대책위원회는 국무총리 자문기관으로서 중앙청소년보호대책위원회와 지방청소년보호대책위원회로 구성되었다. 중앙청소년보호대책위원회는 위원장인 내무부장관과 부위원장인 내무부차관과 민간인 1명, 협조기관의 차관급과 민간인 등 31명으로 구성되었다. 국무총리의 행정에 대한 종합조정 기능을 염두에 두고 국무총리 산하에 설립하여 부처차원의 조정을 시도하였으나, 실제 업무를 내무부의 치안국 보안과가 담당하여 법규의 내용과 기능이 규제와 보호에 그칠 수밖에 없는 한계가 있었다.

청소년보호대책위원회의 규정과 위원회의 활동을 살펴보면 청소년의 달로 지정

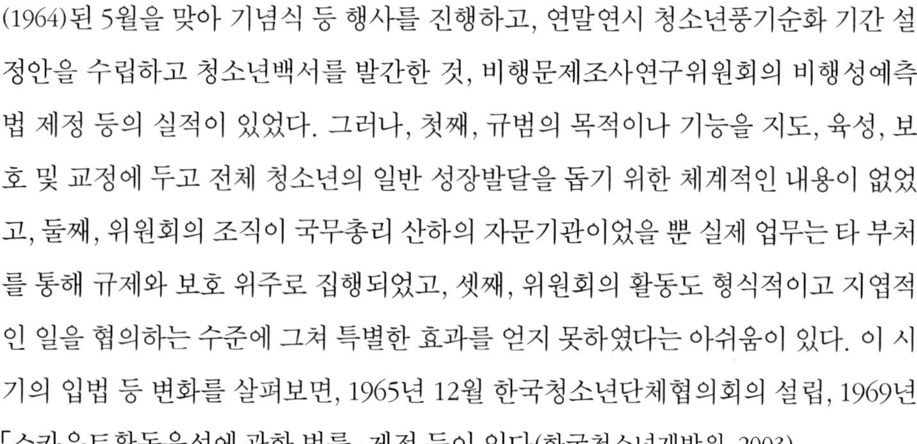

(1964)된 5월을 맞아 기념식 등 행사를 진행하고, 연말연시 청소년풍기순화 기간 설정안을 수립하고 청소년백서를 발간한 것, 비행문제조사연구위원회의 비행성예측법 제정 등의 실적이 있었다. 그러나, 첫째, 규범의 목적이나 기능을 지도, 육성, 보호 및 교정에 두고 전체 청소년의 일반 성장발달을 돕기 위한 체계적인 내용이 없었고, 둘째, 위원회의 조직이 국무총리 산하의 자문기관이었을 뿐 실제 업무는 타 부처를 통해 규제와 보호 위주로 집행되었고, 셋째, 위원회의 활동도 형식적이고 지엽적인 일을 협의하는 수준에 그쳐 특별한 효과를 얻지 못하였다는 아쉬움이 있다. 이 시기의 입법 등 변화를 살펴보면, 1965년 12월 한국청소년단체협의회의 설립, 1969년 「스카우트활동육성에 관한 법률」 제정 등이 있다(한국청소년개발원, 2003).

4) 3단계: 청소년대책위원회의 활동시기부터 「청소년육성법」의 제정까지(1977. 8.~1988. 6.)

청소년정책의 역사 중 3단계는 청소년보호대책위원회가 '보호'라는 단어를 빼고 청소년정책의 조정과 효율적인 운영을 시도한 청소년대책위원회로 변경 출범한 시기부터 법률상에 최초로 '청소년육성'이라는 단어가 들어간 「청소년육성법」이 제정되기까지의 시기를 말한다.

청소년보호대책위원회가 내무부장관을 위원장으로 청소년시책에 필요한 제반사항을 협의하고 관계기관 등과 연락하며 업무 조정의 역할을 수행하여 왔으나, 각 부처별로 추진되던 청소년 관련 정책을 종합적으로 조정 · 통제하기에는 어려움이 있고 청소년문제가 점차 사회적 과제로 떠오름에 따라 1977년 8월 청소년대책위원회가 출범하게 된다.

청소년대책위원회는 그 설치목적을 "청소년 선도 및 보호에 관한 종합적인 대책을 심의하게 하기 위하여 국무총리 소속하에 청소년대책위원회를 둔다."라고 하여 그 역할이 관련정책의 심의에 있음을 명확히 하였으며, 이에 따라 중앙에는 청소년대책위원회, 지방에는 시도청소년대책지방위원회와 시군구청소년대책지방위원회를 두도록 하였다. 또한 국무총리가 위원장이 되고 경제기획원장관과 내무부장관을 부위원장에 두며, 6인의 관계부처장관과 9인의 민간 전문가를 포함시켜 그 운

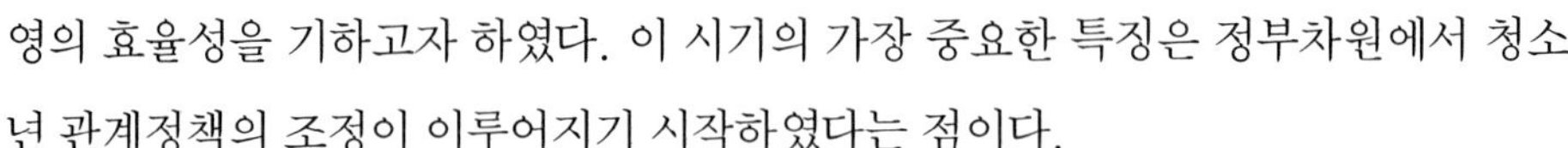

영의 효율성을 기하고자 하였다. 이 시기의 가장 중요한 특징은 정부차원에서 청소년 관계정책의 조정이 이루어지기 시작하였다는 점이다.

청소년대책위원회의 긍정적 측면으로는, 첫째, 명칭에서 보호를 삭제함으로써 청소년업무를 규제와 보호에서 벗어나 포괄적으로 접근하려고 노력한 점, 둘째, 심의하는 기관으로서 법적 지위를 명확히 하고 국무총리를 그 위원장으로 함으로써 청소년 업무를 실질적으로 총괄 조정하려고 노력한 점, 셋째, 청소년의 인격도야, 심신단련, 청소년교류에 관한 필요성을 규정하고 위원회의 활동내용에도 전체 청소년을 대상으로 하는 사업이 시도되었다는 점, 넷째, 「한국청소년연맹 육성에 관한 법률」(1981)과 「한국해양소년단연맹 육성에 관한 법률」(1984) 등의 제정을 통해 전체 청소년을 대상으로 하는 적극적 청소년육성을 추구한 점 등을 들 수 있다. 반면, 아쉬운 점으로는, 첫째, 여전히 청소년업무를 '지도, 육성, 보호'라고 막연하게 표현하여 독자적인 영역 개척에 이르지 못하고 정부 각 부처와 산하 기관에 의해 여전히 산발적으로 추진하는 정도를 벗어나지 못한 점, 둘째, 행정각부를 통할하는 국무총리의 업무 특성상 강한 현장성을 가진 청소년업무의 수행이 어려웠다는 점, 셋째, 관련 규범이 국회의 입법과정을 거쳐 만들어진 법률이 아니라 행정부의 대통령령에 머물렀고 위원회가 종합계획의 수립권한이나 집행기능, 별도의 예산을 가지고 있지 못하여 활동범위와 내용이 체계적이지 못했다는 점 등을 들 수 있다. 이러한 한계 때문에 청소년대책위원회의 주무부서는 1983년 4월 문교부로 이관되었다가 문교부의 거부로 1984년 다시 국무총리실로 이관되는 과정을 겪게 된다.

이러한 과정 중에 청소년에 대한 사회인식과 국가정책의지에 충격과 반성을 가져다준 대규모 청소년 사망사고가 발생하였다. 대구의 향촌동 디스코홀 화재 사건[1](1983.4.18.)과 서울 석관동 맥주홀 화재 사건[2](1984. 2. 3.)이 그것으로, 청소년대책

1) 1983년 4월 18일 새벽 대구 향촌동의 디스코클럽 초원의 집에서 원인 모를 화재가 발생하여 24명이 숨지고 68명이 중화상을 입은 사고. 여고 1년생을 포함 25명이 사망하고 70명이 중경상을 입었으며 70명 중에서도 청소년이 42명으로 나타남. 그들 대부분이 학교에서 예절 바른 모범생이었던 것으로 나타나 사회적으로 큰 충격을 주었음.

2) 1984년 2월 3일 새벽 4시경 서울 성북구 석관1동의 맥주홀 '보통사람들'에서 손님들 간 시비 도중 석유난로가 넘어져 화재가 발생, 청소년 10명이 사망한 사건.

위원회의 한계와 계속되는 사고로 사회여론이 심각해지자 대통령비서실에 청소년종합대책반이 설치되고 청소년종합대책추진방안이 논의되기에 이른다. 여기에 더하여 국가적 행사였던 1986년 아시아경기대회와 1988년 서울올림픽대회의 준비과정과 대회기간 중 정책가들이 체험한 심각한 국면[3] 등은 청소년정책의 전환을 더는 미룰 수 없다는 쪽으로 결론이 나게 된다. 국가 차원의 대규모 행사에 밀려 세부적인 국가정책의 수립이나 반영으로까지 이르지는 못했으나, 이때의 경험들은 1987년 개정된 「헌법」에 "국가는 청소년의 복지향상을 위한 정책을 수립할 의무를 진다."라는 조항을 두어 청소년정책의 헌법적 근거를 마련하는 결과로 이어진다. 같은 해 드디어 '청소년육성'이라는 용어가 들어간 최초의 법률인 「청소년육성법」이 제정(1987. 10. 29.)됨으로써 청소년정책에 중요한 전기를 맞게 된다. 「청소년육성법」은 그 적용 대상인 청소년의 범위를 9세에서 24세로 정하였으며, 청소년육성위원회에 관한 규정, 청소년시설과 단체에 관한 규정, 청소년분야 연구를 위한 한국청소년연구원에 대한 규정, 운영 예산 확보를 위한 청소년육성기금에 대한 규정을 두어 청소년에 관한 종합법률로서의 면모를 갖추었다(한국청소년개발원, 2003).

이 시기 법률 등 주요 변화를 보면 1981년 4월 기존의 「아동복리법」을 전면 개정한 「아동복지법」의 제정, 위에 열거한 「한국청소년연맹 육성에 관한 법률」 제정(1981)과 「한국해양소년단연맹 육성에 관한 법률」의 제정(1984), 「청소년육성법」의 제정(1987)을 들 수 있다.

5) 4단계: 「청소년육성법」의 시행부터 청소년위원회의 설치까지 (1988. 6.~2005. 4.)

4단계는 1987년 제정된 「청소년육성법」이 본격적으로 시행된 때부터 문화관광

3) 1988년 서울올림픽에는 5만여 명의 자원봉사자가 필요하였다고 함. 군인의 강제 동원 등이 검토되었으나 국민의 자발적 참여를 신뢰하자는 쪽으로 결정이 이루어져 자원봉사 모집을 시작하였으나, 그 지원이 극히 저조하여 조직위원회 관계자들이 대학을 돌며 모집을 독려하는 상황이 빚어졌다고 함. 이에 정책가들은 젊은 세대가 봉사활동에 참여하지 않는 것은 그들의 무관심이 문제가 아니라 학교교육의 경직성과 학교 밖 청소년활동의 부재가 그 원인이라는 결론을 내리게 됨.

부와 청소년보호위원회로 이원화되어 있던 청소년 행정 체계가 청소년위원회로 일원화된 때까지를 말한다. 이 시기는 가히 청소년육성제도의 역동적 성장이 이루어진 시기라 할 수 있다. 체육부에 청소년국이 설치되어 청소년육성에 대한 중앙행정부처로서의 지위를 가지게 된 것을 시작으로 지방자체단체의 청소년과 설치, 한국청소년연구원의 설립, 한국청소년기본계획의 수립, 「청소년 기본법」의 제정 등 현재 청소년육성체계의 근간이 되는 많은 법률과 이를 기반으로 하는 여러 기구, 기관들이 설립되었다. 이를 시간의 흐름에 따라 정리하면 다음과 같다.

(1) 「청소년육성법」의 시행(1988. 6.)

1987년 11월 제정된 「청소년육성법」은 이듬해인 1988년 6월 본격 시행된다. 「청소년육성법」이 가지는 의미는, 첫째, 청소년시설과 청소년단체에 대한 정의[4]를 통해 청소년육성이라는 독자적 영역을 구축하는 계기를 만든 것, 둘째, 1987년 시작된 경제사회발전 5개년계획에 '청소년부문'이 신설되고 매우 적은 액수이지만 별도 예산책정의 길이 열린 점, 셋째, 「청소년육성법」의 시행으로 중앙부처에 청소년국, 지방자치단체에 청소년과가 설치되어 집행체계가 수립된 점, 넷째, 한국청소년연구원이 설립되어 청소년에 관한 정책과 이론을 연구할 수 있게 된 점 등을 들 수 있다.

(2) 한국청소년연구원 설립(1989. 7.)

「청소년육성법」 제19조에 의거 청소년의 삶의 질을 개선하고 잠재력을 개발하기 위하여 국가정책 전문연구기관으로 1989년 7월 한국청소년연구원이 설립되었다. 한국청소년연구원은 1993년 한국청소년개발원으로 확대되었고, 1999년 국무총리실 산하 정부출연 연구기관으로 소속이 변경되었으며, 2007년 한국청소년정책연구원으로 명칭을 변경하여 현재에 이르고 있다.

---

4) 「청소년육성법」 제2조 2호는 "청소년시설이라 함은 학교시설 외에 청소년의 심신단련과 정서계발을 목적으로 설치된 시설로서 대통령령이 정하는 시설을 말한다."라고 하여 학교 밖 시설에서의 청소년활동을 인정하였고, 제2조 3호는 "청소년단체라 함은 청소년의 보호, 육성, 선도 및 자율 활동의 지원(이하 '육성 등'이라 한다)을 주된 목적으로 설립된 법인 또는 대통령령이 정하는 단체를 말한다."라고 하여 육성이 보호, 선도, 자율 활동까지를 포괄하는 독자적 영역으로 성장할 가능성을 부여한 것이다(한국청소년 개발원, 2003).

(3) 청소년대화의광장 개원(1990. 2.)

1990년 대국민 종합상담창구로 출발한 '청소년종합상담실'이 1991년 '청소년대화의광장'으로 확대 개편되면서 정부 차원의 청소년 상담사업, 종합적이고 중추적인 상담기관으로서의 역할이 강화되었다. 이후 '청소년대화의광장'은 1993년 재단법인 '청소년대화의광장'으로 법인화되었고, 1999년 '한국청소년상담원'을 거쳐 2012년 '한국청소년상담복지개발원'으로 명칭이 변경되어 현재에 이르고 있다.

(4) 한국청소년기본계획위원회 구성 및 청소년기본계획의 수립(1990. 10.)

1990년 1월 대통령 업무보고에서 '청소년에 관한 장기 10개년계획'의 수립의견이 표명되고, 그해 10월 '한국청소년기본계획위원회'가 구성되었다. 위원장은 한국청소년연구원장과 청소년정책조정실장이 공동으로 맡았으며 교수, 연구원과 청소년지도자 등 민간인 전문가가 포함되었다. 이 위원회에서는 청소년에 관한 정책구상의 방향을 획기적으로 전환하여 기존 문제청소년 중심의 단기적이고 규제적이며 증상을 따라가는 처방 위주에서 전체 청소년의 자율적 성장을 지원하는 장기적·조장적·종합적 정책을 모색하였다. 실증적 통계와 자료, 청소년정책수립 사상 가장 광범위한 의견수렴을 통해 '한국청소년기본계획'을 수립하고 대통령보고회와 국회상임위원회의 보고 등 국가 최고의사결정 절차를 거쳐 발표하였다. 한국청소년기본계획은 정부가 하여야 할 일을, ① 시대진단, ② 목표와 방침, ③ 청소년활동부문, ④ 청소년복지부문, ⑤ 청소년교류부문, ⑥ 법제보강부문, ⑦ 재정확충부문의 체계적 구조로 제시하고 실천을 다짐하였으며, 이후 제정된 「청소년 기본법」에 동 계획을 동법에 의한 계획으로 본다는 명시규정을 둠으로써 기본계획의 내용이 정부의 단순한 재량사업이 아니라 「헌법」과 「청소년 기본법」에 근거하는 기속사업임을(한국청소년개발원, 2003) 확고히 하였다.

(5) 「청소년 기본법」의 제정(1991. 12.)과 발효(1993. 1.)

법안 수립에 있어 통상적인 절차는 행정부의 개괄적인 사업구상과 법안이 제출되고 제정되는 것에 반해 「청소년 기본법」은 선행된 한국청소년기본계획의 영구적 실천 보장을 위한 법률을 제안하는 형식으로 추진되고 진행되었다. 1991년 당시 '청

소년 기본법안'의 정부 측 제안 설명서에는 그 목적을 "지난 6월 27일 확정한 바 있는 한국청소년기본계획의 실천을 뒷받침하고 청소년육성에 관한 가정, 사회, 국가의 책임과 의무와 기타 필요한 기본적 사항을 정하려는 것"으로 되어 있으며, 제정된 기본법의 부칙 제2조에는 「청소년 기본법」이 「청소년육성법」의 개정이 아니라 새로운 법을 제정함을 명확하게 제시하고 있다.

(6) 제1차 청소년육성5개년계획 수립 및 시행(1993)

1991년 완성된 한국청소년기본계획은 그 시행주기가 10년으로 장기인데다 시행을 위한 자원과 배분의 기준이 현실에 적합하지 않다는 지적이 있어 1993년 5년을 주기로 하는 제1차 청소년육성5개년계획으로 재탄생한다. 이 계획은 1993년부터 1997년까지를 그 시행 기간으로 삼고 있으며 가정과 학교의 역할 증대, 청소년보호 및 선도, 건전한 청소년활동의 지원, 청소년 교류 확대 지원, 국민 참여 확산 및 추진체제 강화를 주요정책과제로 하고 있다.

(7) 한국청소년수련시설협회 설립과 청소년유해환경감시단의 조직(1993)

1993년에는 「청소년 기본법」 제26조를 기반으로 청소년수련시설에 대한 조사, 연구, 지도, 이용안내 및 각종 홍보활동을 통하여 청소년수련시설의 발전을 도모하고 청소년수련활동 활성화를 통하여 회원 상호 공동 발전과 복리증진 및 건전한 청소년육성에 기여함을 목표로 한국청소년수련시설협회가 설립되었다. 한편, 청소년 유해환경 정화를 위한 감시, 고발활동과 대국민 계도활동을 위해 민간의 청소년유해환경감시단이 조직되었다.

(8) 한국청소년자원봉사센터 개소(1996. 6.)

1995년 교육개혁방안에 청소년자원봉사활동이 인성교육을 위한 과제로 포함된 후 1996년 청소년자원봉사활동에 대한 체계적이고 종합적인 정보를 수집하고 제공하기 위하여 한국청소년자원봉사센터가 개소하였다. 1999년부터는 국무총리실 산하 한국청소년개발원의 직제 중 하나로 운영되었으며, 2005년 한국청소년진흥센터의 설립, 2010년 한국청소년활동진흥원의 설립과 함께 전국 16개 시 · 도에 청소년

자원봉사센터를 단계적으로 설치하였으며 이후 명칭을 시도청소년활동지원센터(2006), 시도청소년활동진흥센터로 변경하여 현재 전국의 17개 시 · 도에 설치되어 운영되고 있다.

(9) 「청소년 보호법」의 제정(1997. 3.)과 청소년보호위원회의 발족(1997. 7.)

1997년 「청소년 보호법」의 제정과 청소년보호위원회의 출범에는 두 가지 이유가 있었다. 하나는 청소년을 각종 유해환경으로부터 보호, 구제하고 나아가 건강한 인격체로 성장할 수 있도록 하는 종합적인 법률의 필요성이었다. 즉, 청소년과 관련된 사회 환경을 규제하여 청소년을 보호하는 업무는 매우 현장성이 강하고 일반적인 인권과 충돌할 우려가 크므로 이를 조사, 판단, 집행하는 데 있어 신중을 기하자는 측면이었다. 두 번째는 청소년보호 업무를 청소년육성과 함께 운영하게 되면 여론에 민감한 성격인 보호 관련 업무가 모처럼 긍정적 시간으로 전환된 청소년육성 전체 업무를 '보호'라는 종전의 관념에 얽매이게 한다는 우려를 반영한 것이다. 이러한 배경에서 청소년정책실 산하에 설치되었던 청소년보호위원회는 1998년 국무총리실로 이관, 승격되면서 오히려 청소년육성 업무의 일부인 보호정책이 전체 청소년육성을 흔드는 것 같은 혼선을 빚게 된다. 청소년보호위원회는 2005년 국가청소년위원회의 탄생과 함께 소멸되었다.

(10) 청소년헌장의 개정(1998. 10.)과 국립평창청소년수련원의 개원(1998. 11.)

1990년 선포되었던 청소년헌장이 1990년대 후반을 살아가는 청소년들에 맞지 않고, 청소년육성5개년계획에 근거한 청소년정책의 방향이 '보호'에서 '자율과 참여'로 변화함에 따라 1998년 10월 청소년의 권리와 책임 그리고 정체성을 담은 새로운 청소년헌장이 선포되었다. 한편, 그동안 민간에만 의존하던 자연권 청소년수련활동의 시범적 운영 및 총괄, 지원과 청소년수련거리 운영의 새로운 방향을 제시하기 위하여 국립평창청소년수련원이 개원하였다.

(11) 「청소년의 성보호에 관한 법률」 제정[5](2000. 2.)과 청소년대상 성범죄자 신상공개(2001. 8.)

1996년에는 단 한 건도 없었던 청소년 성매매와 관련된 주요 일간지의 기사가 1999년에는 105건으로 크게 증가하고, 1997년 8월 SBS TV 프로그램인 〈그것이 알고 싶다〉와 1998년 6월 16일 MBC TV의 한 시사 프로그램의 '원조교제'에 대한 방영 등 청소년 성매매가 사회적인 문제로 주목을 받으면서 청소년의 성을 사는 행위, 성매매를 조장하는 온갖 형태의 중간매개행위 및 청소년에 대한 성폭력 행위를 하는 자들을 강력하게 처벌하고 그 대상이 된 청소년을 보호, 구제하는 장치를 마련하고자 2000년 2월 「청소년의 성보호에 관한 법률」이 제정되었다. 이어서 2001년 8월에는 다양한 논의를 거쳐 형이 확정된 청소년대상 성범죄자의 신상을 공개하는 성범죄자 신상공개 법안이 추가되었다.

(12) 「청소년 기본법」의 전면개정 및 「청소년 활동진흥법」 「청소년복지 지원법」 제정(2004. 2.)

1991년에 기존의 「청소년육성법」을 전면 대체하여 제정된 「청소년 기본법」은 청소년 분야의 다른 법률들에 대하여 기본법이자 일반법으로서 기능을 한다. 그러나 청소년육성정책의 개념이나 영역에 대한 모호성, 청소년 수련활동과 교류활동에 치중하여 청소년복지에 관한 규정이 선언적인 수준에 머무른 점, 중앙과 지방의 정책 연계성을 뚜렷하게 나타내지 못한 점, 청소년 직접참여를 취한 수준과 방법에 대한 법적 근거가 전혀 없는 점, 총괄조정기능이나 결정기능이 매우 미약한 점, 평가 및 미래에 대한 비전의 제시가 없는 점 등이 문제점으로 검토되어(박부근 · 이일용, 2004) 「청소년 기본법」에 있던 대부분의 조항을 「청소년활동 진흥법」 「청소년 보호법」 「청소년복지 지원법」 「청소년의 성보호에 관한 법률」 등으로 이관함과 더불어 「청소년 기본법」을 대폭 개정하였다.

5) 청소년의 성보호에 관한 법률의 제정과정에 대한 자세한 정보는 변미희(2004. 4.). 청소년의 성보호에 관한 법률 제정의 정책결정과정에 관한 연구, **청소년학연구** 11(1), pp. 1-22 참조

(13) 청소년위원회 발족(2005. 5.)

2005년 5월에 「청소년 기본법」 제16조와 「정부조직법」 제2조의 규정에 근거하여 문화관광부의 청소년업무와 국무총리 소속의 청소년보호위원회를 통합하여 국무총리 소속하에 합의제 행정기관인 '청소년위원회'가 설치되었다. 이후 2006년 3월에 국가기관임에도 청소년단체 또는 일반시민단체와 구별이 되지 않는다는 국민의 비판을 수용하여 '국가청소년위원회'로 그 명칭을 변경하게 된다.

6) 5단계: 청소년위원회(국가청소년위원회)의 운영시기(2005. 4.~2008. 2.)

청소년정책 변천의 5단계는 육성과 보호로 나뉘어 있던 행정체계가 통합되고 '국가청소년위원회'가 설립되어 운영되던 3년의 기간이다. 이원화된 청소년 중앙행정조직의 한계, 즉 체계적이고 종합적인 정책수행의 곤란, 새로운 환경변화에 대한 능동적인 대처 어려움, 각 부처에 산재한 청소년정책의 총괄 조정 어려움 등을 극복하기 위하여 정부의 청소년 기능을 통합하여 청소년위원회를 설치하였다. 그러나 이러한 외형적인 이유 외에 청소년위원회의 출범에는 상당한 갈등이 있었다. 최초 육성과 보호의 업무를 이관받는 것으로 거론된 곳은 청소년위원회가 아니라 여성부였다. 대통령자문기구였던 정부혁신, 지방분권위원회는 공개적인 토론이나 논의를 거치지 않고 문화관광부와 국무총리실에 따로 분리되어 있던 청소년 육성과 보호를 여성부의 가족업무와 합쳐 여성가족부에서 담당하는 것을 제시(조영승, 2006)하였고, 이는 청소년현장과 학계, 청소년분야 전체의 격렬한 반대에 부딪히게 된다. 그 결과가 기형적인 형태의 청소년위원회였다.

청소년위원회는 2006년 「청소년 기본법」의 개정에 따라 '국가청소년위원회'로 명칭을 변경하였으며, 위기청소년통합지원체계 등 청소년복지 기반 조성과 청소년참여와 인권에 대한 관심과 지원이 확대된 측면이 있다(여성가족부, 2019).

7) 6단계: 보건복지가족부 소관시기(2008. 3.~2010. 2.)

설립 초기부터 우여곡절을 겪은 국가청소년위원회는 결국 2008년 정부가 바뀌면서 그 생명을 다하고 해당 업무가 보건복지가족부로 넘어가게 된다. 특히 이 시기에 개편된 「정부조직법」은 아동업무와 청소년업무를 통합하려는 시도를 하게 되고 이에 대한 찬반 논란이 확산된다. 아동과 청소년이 법적 연령에서 중복되는 부분이 분명히 있고, 생애주기 관점에서 자연스러운 연결이 가능하도록 통합해야 한다는 의견이 있었고, 이에 반해 아동과 청소년 정책은 지향점이 다르고 체계, 시설, 지도자, 배경학문 모든 분야에서 차이가 있기 때문에 통합해서는 안 된다는 의견이 제시되기도 하였다. 결국 통합논의는 지지부진해졌고, 3년 만인 2005년에 과거 정부에서 최초로 제안하였던 바대로 여성가족부로 그 업무가 이관된다.

이 시기의 말기(2010. 1.)에 「청소년의 성보호에 관한 법률」이 「아동 · 청소년의 성보호에 관한 법률」로 전면 개정되어 아동과 청소년을 대상으로 하는 각종 성범죄에 대한 처벌과 보호를 한층 강화하였다.

8) 7단계: 여성가족부 소관시기(2010. 2.~현재)

아동 · 청소년의 개념과 연령을 재정의하고 종전의 아동과 청소년으로 이원화된 법률체계를 출생에서 자립까지 하나의 정책 틀에서 추진한다는 의도로 추진된 아동 · 청소년 기본법의 개정이 무산된 후 2010년 가족해체 및 다문화가족 등 현안 사항에 대해 적극 대응하기 위한다는 명목으로 보건복지가족부의 청소년 및 다문화가족을 포함한 가족 기능을 여성부로 이관하는 것을 골자로 하는 「정부조직법」이 개정되면서 청소년업무는 여성가족부의 소관이 되었다. 이 기간에 여성정책의 조정과 종합, 여성의 권익증진 등 지위향상뿐만 아니라 가족정책이 한층 강화되었다. 그러나 한편으로는 청소년정책이 여성정책과 가족정책에 비해 상대적으로 소외되는 현상도 빚어지고 있다. 법률의 제정과 개정, 중요한 기관의 설립 등을 중심으로 과정을 기술하면 다음과 같다.

(1) 한국청소년활동진흥원 설립(2010. 8.)

청소년 관련 정책의 수립과 프로그램 지원, 시설의 유지와 관리를 유기적으로 연계하여 청소년분야 발전을 도모하기 위한 목적으로 한국청소년수련원과 한국청소년진흥센터를 통합하여 한국청소년활동진흥원을 설립하였다. 현재 사무처와 5개 국립청소년시설을 운영하고 있다.

(2) 「청소년복지 지원법」 전부개정(2012)

2012년 개정된 「청소년복지 지원법」은 청소년복지에 대한 다양한 수요에 대응하고 청소년을 효율적이고 체계적으로 지원하기 위하여 지역사회 청소년통합지원체계를 구축, 운영하도록 하고, 유형별 위기청소년에 대한 다양한 지원방안 마련, 청소년복지지원기관 및 청소년복지시설의 설치와 운영에 관한 내용을 체계적으로 정비하고 이주배경청소년지원재단의 설치 및 운영 근거 마련이 포함되어 있다.

(3) 「청소년 보호법」 및 「아동 · 청소년의 성보호에 관한 법률」 전부개정(2012)

개정된 「청소년 보호법」은 청소년유해업소의 범위를 확대하고, 청소년유해매체물의 판매나 대여 등을 할 때에는 본인 여부를 확인하도록 하며, 청소년유해매체물 제공자 등이 위법행위를 한 경우 그 내용 등을 공표하고, 16세 미만 청소년이 인터넷게임 사이트 회원으로 가입할 때에는 친권자의 동의를 받도록 하며, 청소년에게 청소년유해약물 등을 제공하는 것을 금지하는 등 청소년을 유해환경으로부터 보호하기 위한 다양한 시책을 도입하였다. 또한 유해매체물의 오 · 남용의 예방 및 피해 해소, 청소년유해약물 피해 예방 및 치료 · 재활 등의 사업 근거를 규정하는 등 사후관리 대책을 마련하는 한편, 그 밖에 현행 제도의 운영상 나타난 일부 미비점을 개선 · 보완하는 것을 목적으로 하고 있다.

한편, 전부 개정된 「아동 · 청소년의 성보호에 관한 법률」은 공중 밀집 장소에서의 추행, 통신매체를 이용한 음란행위 등 반의사불벌죄로 규정되어 있던 조항을 삭제하고, 아동 · 청소년이용음란물의 범위와 소지 개념을 명확히 하며, 음주 또는 약물로 인한 감경 배제 규정의 적용 대상을 확대하였다. 또한 신상정보의 등록 및 공개 관련 소관 부처의 중복 문제를 해소하기 위하여 등록에 관한 사항은 법무부장관이 집행하도록 하고 이 법에서는 관련 조항을 삭제하며, 현재 읍 · 면 · 동까지만 공개하던 것을 도로명 및 건물번호까지로 확대하고 경계를 같이 하는 읍 · 면 · 동 게시판에도 신상정보를 공지하도록 하는 등 신상정보 고지 제도를 확대하였다. 이어 성범죄자의 취업제한 기관을 확대하여 성범죄자에 대한 관리를 보다 강화하는 한편, 그 밖에 현행 제도의 운영상 나타난 일부 미비점을 개선 · 보완하려는 것을 목적으로 한다.

(4) 이동 · 숙박형 청소년활동 신고 의무화 시행

2013년 충남 태안군 안면도의 사설 해병대 캠프에 참가했던 학생들의 사망사건을 계기로 청소년이 안전하게 수련활동에 참여하도록 하는 것을 목표로 19세 미만 청소년을 대상으로 하는 이동 · 숙박형 청소년활동의 실시 계획을 사전에 신고하도록 하고 그 내용을 공개하는 청소년활동 신고 의무제가 도입되었다. 그러나 이 제도는 좋은 의도에도 불구하고 청소년활동을 위축시킨다는 비판을 받고 있다.

(5) 「학교 밖 청소년 지원에 관한 법률」 제정(2015. 5.)

매년 학교를 그만두는 청소년이 증가하는 상황을 반영하여 학교 밖의 청소년을 지원하는 「학교 밖 청소년 지원에 관한 법률」이 제정되고 전국에 학교밖청소년지원센터를 설립하는 근거가 마련되었다.

(6) 「진로교육법」 제정(2015. 6.)

입학사정관제로부터 시작된 진로교육의 중요성과 필요성을 반영하고 보다 다양한 진로교육의 기회를 제공하여 변화하는 직업세계에 능동적으로 대처하고 청소년의 소질과 적성을 최대한 실현하도록 돕기 위하여 「진로교육법」이 제정되었다.

(7) 「인성교육진흥법」 제정(2015. 1.)

세월호 참사(2014. 4.)를 통해 나타난 우리 사회의 생명 경시 · 물질만능의 이기주의 풍조를 개선하기 위하여 초 · 중 · 고교 현장에서 인성교육을 강화하고 인성교육진흥 5개년계획의 마련 등을 내용으로 하는 「인성교육진흥법」이 제정되었다.

(8) 청소년정책위원회 출범(2015. 12.)

청소년정책에 관한 주요 사항 심의 · 조정을 목적으로 하는 여성가족부 소속 정부위원회이자 청소년정책 컨트롤타워이다. 위원장은 여성가족부 장관이며, 관계부

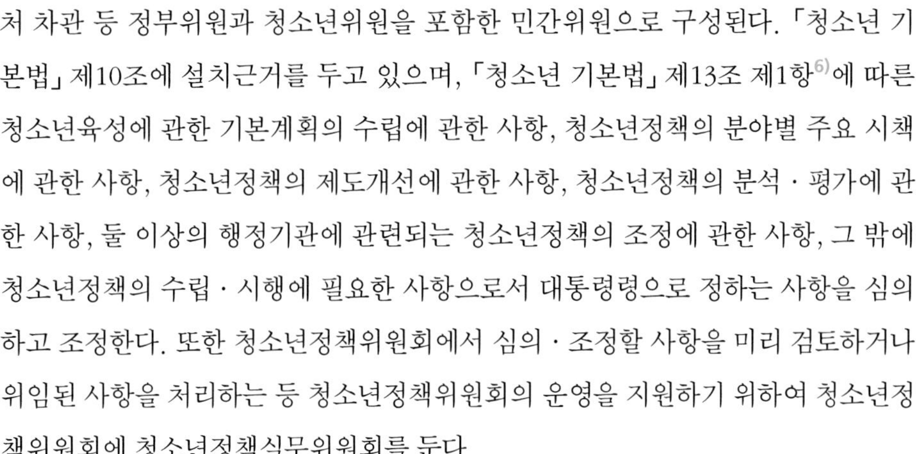

처 차관 등 정부위원과 청소년위원을 포함한 민간위원으로 구성된다. 「청소년 기본법」 제10조에 설치근거를 두고 있으며, 「청소년 기본법」 제13조 제1항[6]에 따른 청소년육성에 관한 기본계획의 수립에 관한 사항, 청소년정책의 분야별 주요 시책에 관한 사항, 청소년정책의 제도개선에 관한 사항, 청소년정책의 분석 · 평가에 관한 사항, 둘 이상의 행정기관에 관련되는 청소년정책의 조정에 관한 사항, 그 밖에 청소년정책의 수립 · 시행에 필요한 사항으로서 대통령령으로 정하는 사항을 심의하고 조정한다. 또한 청소년정책위원회에서 심의 · 조정할 사항을 미리 검토하거나 위임된 사항을 처리하는 등 청소년정책위원회의 운영을 지원하기 위하여 청소년정책위원회에 청소년정책실무위원회를 둔다.

03 청소년정책 변천과정의 의의

사실 한국 청소년정책의 역사는 그리 길지 않다. 1988년에야 비로소 정부차원의 정책조정기능이 도입되었고, 그 이후에도 체육부, 체육청소년부, 문화체육부, 문화관광부, 국무총리실, 보건복지가족부, 여성가족부에 이르기까지 30여 년의 짧은 기간에 소관부서가 수도 없이 바뀌는 어지러운 시대를 겪어 왔다. 그 과정 중 일부에서는 사회적 주목을 받을 때도 있었으나, 대부분 정부 정책의 외관에서 소외된 채 방치되어 온 것이 사실이다. 우리는 제1장 청소년육성제도의 이해에서 정책의 의미와 형성과정에 대해 살펴본 바 있다. 정책은 결국 이해집단 간의 해게모니 싸움이자 영향력 다툼이다. 청소년정책의 변천과정이 어땠는지를 학습하는 것을 넘어 앞으로 어떻게 해야 청소년정책이 주도성을 가지고 청소년과 청소년지도자, 관련분야의 성장과 발전을 담보하는 쪽으로 수립되고 발전할 수 있을지를 고민해야 한다.

6) 제13조(청소년육성에 관한 기본계획의 수립) ① 여성가족부장관은 관계 중앙행정기관의 장과 협의한 후 제10조에 따른 청소년정책위원회의 심의를 거쳐 청소년육성에 관한 기본계획(이하 "기본계획"이라 한다)을 5년마다 수립하여야 한다.

요약

1. 한국 청소년정책의 역사(변천과정)는 학자에 따라 그 구분 기준이 다르나 8단계로 구분할 수 있다.

2. 0단계는 청소년정책 이전의 단계로서 고대부터 대한민국 정부수립 이전까지의 시기를 말한다. 청소년정책의 수립이 불가능했으며, 민간 주도의 청소년활동만이 그 역할을 대신하였다. 이 시기에 「미성년자 보호법」과 「아동복리법」이 제정되었다.

3. 1단계는 대한민국 정부수립부터 청소년보호대책위원회가 설립되기 이전까지의 시기로 정부 부처별로 산발적인 정책이 수립되고 추진되던 시기이다.

4. 2단계는 청소년보호대책위원회가 설립부터 청소년대책위원회가 설립되기 이전까지의 시기로 부처 차원에서 일부 정책의 조율이 이뤄지던 시기이다. 내무부 무임소장관실이 소관부서였다.

5. 3단계는 청소년대책위원회의 설립부터 「청소년육성법」의 제정 시까지이며, 이 시기에 대규모 청소년 사망사고가 발생하여 청소년에 대한 사회적 인식과 국가정책의 변화를 촉구하는 여론이 형성되었고, 역사상 처음으로 '청소년육성'을 포함한 최초의 법률인 「청소년육성법」이 제정되었다.

6. 4단계는 「청소년육성법」의 시행부터 육성과 보호를 통합한 청소년위원회의 설치까지의 시기이며, 이때 청소년육성제도의 획기적인 변화와 성장이 이루어졌다. 한국청소년기본계획이 수립되었으며 「청소년 기본법」과 「청소년 보호법」이 제정되었다.

7. 5단계는 청소년육성과 보호가 통합되어 국무총리 산하에 국가청소년위원회가 설치되어 운영되던 시기이다.

8. 6단계는 보건복지가족부가 청소년정책을 담당하던 시기이며, 이 시기에 아동과 청소년정책의 통합 시도가 있었으나 무산되었다.

9. 7단계는 청소년육성과 보호업무가 여성부의 가족, 다문화정책과 통합되어 여성가족부가 그 업무를 담당한 시기로서 2010년 이후 현재까지를 이른다.

박부근 · 이일용(2004). 청소년 관련법, 제 · 개정의 의미와 주요내용 분석. 한국교육문제연구, 19(19), 117-136.

여성가족부(2019). 2019 청소년백서.

조영승(2006). 국가청소년위원회 소관 청소년육성제도의 여성가족부 이관추진에 관련한 정부태도 분석. 청소년학연구, 13(5-2), 221-264.

조영승 · 이효경(2002). 수원시 청소년 육성정책의 발전방향에 관한 연구. 경기: 수원시.

한국청소년개발원(2003). 청소년정책론. 서울: 교육과학사.

제3장

청소년정책기본계획

학습개요

1895년 고종의 교육입국조서 반포에서 시작된 서양식 교육제도의 수용은 학교교육만 수용하고 학교 밖에서 이루어지는 다양한 교육의 중요성이 배제된 채로 도입되었다. 이로 인한 부작용은 꾸준히 누적되어 1983년과 1984년의 대규모 청소년 사망사건에 이르게 되었고, 1986년과 1988년 대규모 국제행사에서 자원봉사자를 구하지 못해 어려움을 겪는 지경에까지 이르게 되었다. 이에 대한 반성으로 국가는 경험과 활동을 통해 가치관을 확립해 가는 학교 밖의 다양한 활동에 대한 체계적 접근의 필요성을 인지하였고, 이를 배경으로 1991년 한국청소년기본계획이 수립되었다. 3장에서는 1991년 최초 10년을 기간으로 수립된 한국청소년기본계획부터 제6차 청소년정책기본계획까지의 변화과정을 살펴본다. 각 계획의 배경과 주요 내용을 살피고, 그 의의를 찾아보고자 한다. 이를 통해 기본계획이 단순히 선언적인 구호에 그치지 않고 실천 가능성을 확보한 기본계획이 되기 위해서는 어떤 노력과 과정이 필요할지 탐색해 본다.

01 청소년정책기본계획의 배경

1) 한국청소년기본계획의 수립 배경

현대식 교육제도의 도입은 1895년 고종의 교육입국조서 반포에서 시작되었다.[1] 그러나 교육입국조서가 그 이면에 대단히 폭넓고 깊이 있는 철학을 담고 있음에도 이에 근거하여 채택된 하위 교육정책은 학교교육만 수용하고 학교 밖에서 이루어지는 다양한 교육과 활동은 배제되었다. 이에 대한 부작용은 지속적으로 누적되어 1983년과 1984년의 청소년 대규모 사망사건 등 크고 작은 문제로 나타났고, 특히 1986년 아시안게임과 1988년 서울올림픽대회 준비과정에서는 자원봉사자를 구하지 못해 조직위원회가 대학가를 직접 방문하여 자원봉사활동을 호소해야 하는 상황을 불러왔다. 이는 학교교육이 공동체의 삶을 유지하는 데 필요한 기본 품성을 가르치지 못한다는 교육 정책가들의 심각한 반성과 함께 경험과 활동을 통해 가치관을 확립해 가는 학교 밖 교육에 대한 체계적 접근의 필요성을 각인시켰다.

1990년 1월 대통령 업무보고에서 시작되어 1991년 6월에 완성된 최초의 한국청소년기본계획은 이러한 수립 배경을 가지고 탄생하였다. 그러나 이 한국청소년기본계획은 시행주기가 10년으로 장기인데다 시행에 필요한 자원의 확보와 배분 기준이 현실에 적합하지 않다는 지적이 있어, 1993년에 5년을 주기로 하는 제1차 청소년정책기본계획으로 재탄생하게 된다. 최초 탄생 시 전례 없는 체계적인 과정과 전체 청소년의 자율적 성장을 지원하는 장기적 · 조장적 · 종합적 정책을 모색한다는 명확한 목표를 가지고 있었음에도 수립 이후의 영향력은 기대했던 것보다는 매

1) 교육의 무대를 서당과 향교에서 서구식 학교로, 교육의 내용을 유교식 경전교육에서 신 교과 교육으로, 교육의 대상을 지배계급 자녀에서 대중의 자녀로, 관리 등용을 과거제도에서 다양한 인재등용제도로 개혁하는 등 전통적 교육을 폐지하고 서양의 교육제도를 받아들이는 것이 교육입국조서의 주요 내용이다(한국청소년개발원, 2003).

우 미약했다고 볼 수 있다.

제1장의 정책수립과정에서 정책입안 담당자의 철학과 가치관이 매우 중요하다고 언급을 하였다. 청소년정책기본계획에서도 이 부분은 매우 중요한 영향을 미쳤다. 최초 한국청소년기본계획 초안에서는 청소년육성을 담당할 지도자의 명칭을 교사와 대응되는 수사(修師)라고 하였으나, 종교 지도자의 명칭과 유사하다는 항의 때문에 청소년지도사라는 평범한 용어로 대체되었고, 청소년의 일정한 자율적 수련활동을 학교의 교과과정에 반영하고 이를 대학입시에 활용하기로 했던 초안의 내용을 찬성하는 목소리에도 불구하고 당시 문교부의 강력한 반대로 제도화되지 못했다(조영승 · 이효경, 2003). 입학사정관제 혹은 학생부종합 전형을 통해 교과 이외의 다양한 활동을 대입 전형에 활용하고 있는 요즘을 보면, 그때 조금 더 강력한 의지를 가진 누군가가 있었다면 어떤 변화가 있었을까 생각이 드는 대목이다. 이후 「청소년 기본법」의 제정을 거쳐 조금씩 긍정적인 변화를 시도하던 청소년정책은 1994년 청소년보호위원회의 설치를 계기로 또 다시 보호가 지나치게 강조되는 기형적인 구조를 가지게 된다. 1993년 수립된 청소년정책기본계획은 현재 6차까지 진행되었으며, 그 세부 내용은 다음에서 다룬다.

2) 청소년정책기본계획의 경과

청소년정책기본계획 수립의 법적 근거는 「청소년 기본법」에서 찾을 수 있다. 「청소년 기본법」 제13조는 "국가는 청소년육성에 관한 기본계획을 5년마다 수립하여야 한다."라고 명시하고 있다. 이 기본계획에는 ① 이전의 기본계획에 관한 분석 · 평가, ② 청소년육성에 관한 기본방향과 추진목표, ③ 청소년육성에 관한 기능의 조정, ④ 분야별 주요시책, ⑤ 청소년육성에 소요되는 재원의 조달방법 등 5가지를 반드시 포함하도록 하고 있으며, 국가와 지방자치단체는 기본계획에 의거, 연도별 시행계획을 각각 수립하고 시행하도록 하고 있다. 현재는 청소년정책기본계획으로 불리는 이 계획은 1차와 2차는 청소년육성5개년계획, 3차는 청소년정책5개년계획으로 명명되었다가 4차부터 현재의 청소년정책기본계획으로 명칭을 변경하였다.

제1차 청소년육성5개년계획(1993~1997)

제1차 청소년육성5개년계획은 10년을 실행기간으로 만들어진 '한국청소년기본계획'의 미흡한 점을 수정, 보완하여 마련된 것으로, 1993년부터 1997년까지 5년을 그 기간으로 삼고 있다. 기본이념을 "우수한 전통문화를 바탕으로 건강한 청소년문화를 창달하고 덕 · 체 · 지 · 예를 고루 갖춘 전인적 민주시민의 자질을 함양하여 신한국의 주인으로서 개혁의 성과를 계승, 발전시켜 나가도록 함"으로 제시하고 있다. 제1차 청소년육성5개년계획의 목표와 기본방향, 주요 정책과제와 주요 사업을 살펴보면 다음과 같다.

1) 목표와 기본방향

가) 목표

- 투철한 윤리의식을 가진 정직한 청소년
- 산업사회 역군으로서 근검, 절약하는 청소년
- 신한국 건설을 계승할 진취적인 청소년
- 통일조국의 미래를 끌고 갈 유능한 청소년

나) 기본방향

- 청소년이 각자의 취미와 능력에 따라 자발적으로 심신을 단련하며 소질을 계발할 수 있는 여건을 조성
- 청소년의 활동공간을 확보하고 우수한 프로그램을 개발 · 보급하며, 청소년단체와 지도자를 육성
- 청소년이 밝고 건강하게 성장할 수 있도록 건전한 사회환경을 조성
- 청소년에 대한 가정, 학교, 사회의 관심을 제고하고, 청소년대책에 대한 범국민적인 참여분위기를 확산

2) 주요 정책과제와 주요 사업

- 가정과 학교의 역할 증대
  - 부모교육의 체계화, 가족수련활동 프로그램 개발 및 운영, 청소년 사랑방교실 운영과 부모 모임 지원
  - 학생 1인 1단체 가입 권장, 학교 특별활동반과 지역 예술단체 간 자매결연 추진, 학생 수련활동을 강화하여 극기 훈련 및 심성계발 프로그램 실시
- 청소년보호 및 선도
  - 저소득층 청소년의 종합 지원체계 확립, 무직, 미진학 청소년을 보호하고 지원, 근로청소년들의 취미생활과 농어촌 청소년 지원 강화
  - 청소년유해환경 개선 실무협의회 구성 운영 및 신고, 고발체계 확립, 유흥업소에 미성년자 고용 단속, 유해한 영상 및 인쇄매체 정화
  - 가출청소년신고센터 운영, 청소년 약물남용에 대한 예방사업 실시, 비행청소년 교정 및 교화 프로그램 개발
- 건전한 청소년활동의 지원
  - 수련 프로그램을 개발 및 보급, 수련활동 시범사업 선정과 문화 프로그램 확충
  - 청소년지도자 양성 및 청소년단체 육성 계획 수립
  - 청소년수련시설 확충, 문화, 체육시설 등에 청소년수련활동 공간을 발굴 · 확보
- 청소년교류 확대 지원
  - 국제 감각 배양 및 이해 제고로 국위선양 및 애국심 고취, 국제 청소년 행사를 개최하여 국제 청소년교류 증진
  - 남북 청소년이 함께하는 어울림 행사 개최, 통일기원 청소년 대행진 실시
- 국민 참여 확산 및 추진체제 강화
  - 신문, 잡지를 통한 계도 활동과 청소년보호, 육성을 위한 건전 캠페인 전개
  - 관계기관과 협조 강화, 한국청소년개발원 운영 활성화, 한국청소년상담원 운영

3) 제1차 청소년육성5개년계획의 의의

제1차 청소년육성5개년계획은 다소 아쉬움이 있음에도 불구하고 청소년정책의 독자적인 영역을 설정하였으며 청소년육성의 중요성과 필요성을 강조한 구체적인 실행계획이 처음으로 명시되었다는 데 의미가 있다. 특히 청소년수련시설의 확충, 청소년지도자의 양성과 청소년단체 육성계획 수립이라는 매우 중요한 의제를 제시함으로써 이후 청소년들의 생활반경 가까운 곳에 청소년수련관, 청소년문화의 집 등 생활권 공공 청소년수련시설 설립을 확대하는 근거가 되었다.

03 제2차 청소년육성5개년계획(1998~2002)

제1차 청소년육성5개년계획의 목표가 청소년 보호, 선도 등에 중점을 두고 있고, 청소년들을 오늘의 주인공이 아니라 미래의 주역으로 정함으로써 현재 문제의 해결을 유보했다는 한계를 드러냄에 따라 제2차 청소년육성5개년계획에서는 청소년을 '오늘의 사회구성원'으로 명시함으로써 청소년이 행복을 추구하며 스스로 생각하고 활동하는 주체적인 삶을 영위하도록 지원함을 강조하였다. 기본이념은 제1차 청소년육성5개년계획과 같고, 제2차 청소년육성5개년계획의 목표와 기본방향, 주요 정책과제 및 주요 사업을 살펴보면 다음과 같다.

1) 목표와 기본방향

가) 목표

- 청소년의 삶의 질 향상과 건전한 민주시민의식 함양
- 21세기 사회를 주도할 수 있는 자질과 능력 배양

나) 기본방향(비전과 정책의 방향 전환)

- 청소년이 '오늘의 사회구성원'으로서 행복을 추구하며, 스스로 생각하고 활동

하는 주체적인 삶을 영위하도록 함.

- '내일의 주역'으로서 21세기 사회가 필요로 하는 인성가 자질을 함양하고, 건강한 정신과 체력을 가꾸어 건전하고 책임 의식 있는 민주시민으로 성장해 나갈 수 있도록 함.
- 청소년정책의 방향을 청소년이 오늘의 사회구성원으로서 독립된 인격체임을 인정하는 것으로 전환함.

미래의 주인공으로 권리유보	⇒	오늘의 사회구성원으로 권익 증진
성인 주도, 정책 대상인 청소년	⇒	청소년 주도, 정책의 주체로서의 청소년
소수 문제청소년의 지도와 보호	⇒	다수 청소년의 건강한 활동 지원
공급자, 시설 위주의 양적 성장	⇒	수요자, 프로그램 중심의 질적 향상
중앙 중심의 규제와 닫힌 운영	⇒	지역, 현장 중심의 자율과 열린 운영

2) 주요 정책과제와 주요 사업

- 청소년의 권리보장과 자율적인 참여기회 확대
  - 청소년기관, 단체, 시설에 청소년으로 구성된 '청소년위원회'를 설치 · 운영하며 청소년 창안제 개최 및 지역청소년 열린 광장 개최
  - 청소년의 자생, 자율활동 지원, '자율활동 경진대회' 개최, 청소년 놀이공간 확대와 문화 프로그램 실시, 청소년클럽, 소집단, 동아리, 동호인회 지원
  - 공동체의식을 함양하는 청소년 봉사활동 생활화, 봉사활동 프로그램 개발과 보급, 자원봉사자 교육 내실화, 전국청소년자원봉사 박람회 개최
  - 청소년 인권 관련 연구 및 지표 개발, 청소년의 시민권 규제 조사 및 모니터제 실시, 청소년의 시민권 확대시책 개발 · 시행, '청소년 모의 법정' 운영
- 청소년이 주체가 되는 문화, 체육 중심의 수련활동 체제 구축
  - 청소년이 활동 주체가 되는 공간 확충과 운영 활성화, 국립수련시설 건립 운영 및 공립 청소년수련시설 건립 및 수련시설의 특성화 · 전문화 추진
  - 특성화 · 차별화된 수련 프로그램 개발 · 보급, 수련활동안전공제회 설치 ·

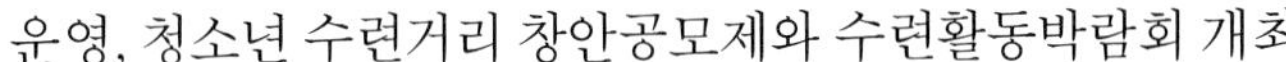
운영, 청소년 수련거리 창안공모제와 수련활동박람회 개최

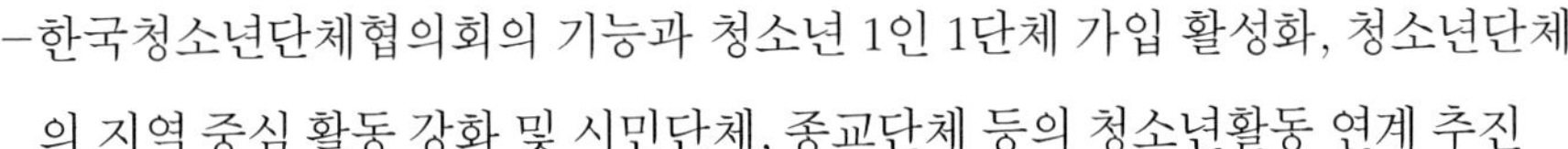
- 한국청소년단체협의회의 기능과 청소년 1인 1단체 가입 활성화, 청소년단체의 지역 중심 활동 강화 및 시민단체, 종교단체 등의 청소년활동 연계 추진
- 전문화된 청소년지도사의 양성 · 배치, 청소년지도사 직무교육을 강화하여 청소년지도자 인센티브제 도입방안 추진

• 국제화 · 정보화 시대의 주도능력 배양
- 청소년의 창조적 문화감수성 함양을 위해 청소년들의 문화활동 실태분석 및 지원시책 개발, 문화적 감수성 향상 프로그램 개발 · 보급
- 지역 간, 국가 간 청소년 교류의 내실화, 자율적인 청소년의 국제교류 활동기반 조성 및 지역 간, 학교 간, 도 · 농 간, 장애 · 일반 청소년 간 교류 확대
- 남북 청소년 교류 기반 조성, 남북 청소년 문화축전 개최, 통일 기원 청소년 대행진과 남북한 청소년 학습여행단 상호 방문 실시
- 청소년에게 정보의식을 함양하고 청소년 관련 정보를 효율적으로 제공하기 위하여 PC통신, 인터넷을 통한 정보 제공 확대

• 청소년의 복지증진 및 자립지원
- 전국적인 청소년상담 체계 구축, 청소년대화의광장을 한국청소년상담원으로 개편, 시 · 군 · 구 청소년상담실 확대
- 학교부적응 학생, 무직청소년, 근로청소년, 소년소녀가장, 농어촌 청소년의 경제적인 지원과 복지증진을 통하여 비행 예방과 자립 지원
- 장애청소년들이 일반청소년들과 동등한 삶을 살 수 있도록 조기진단 및 치료, 조기교육 및 특수교육, 직업안정 및 보호 작업장 확보, 편의시설 확보
- 청소년의 경제적 자립과 취업을 촉진하기 위한 직업훈련, 직업상담, 취업정보 제공, 직업체험을 위한 청소년활동(인턴제도) 활성화

• 가정과 지역사회의 역할 강화와 참여 확산
- 핵가족화로 인해 약화된 가정의 교육기능을 회복, 향상시켜 나가기 위하여 올바른 자녀 지도를 위한 부모교육과 가족과 함께 하는 가정문화운동 확산
- 물질만능주의, 이기주의 등으로 약화된 도덕성을 회복하기 위해 도덕성 함양 운동과 청소년이 참여하고 주체가 되는 시민의식 함양운동 전개

–청소년 가출과 비행 · 범죄 예방, 청소년문제의 조기 발견과 가출청소년 찾아주기 운동 전개 및 쉼터 운영확대, 청소년비행 예방 및 선도 추진
–청소년 유해환경을 지속적으로 개선하여 청소년들의 성장환경을 올바르게 조성하고, 청소년유해환경 민간감시단 구축 및 활동 전개

3) 제2차 청소년육성5개년계획의 의의

제2차 청소년육성5개년계획은 청소년을 미래의 주인공이 아닌 오늘의 사회구성원으로서 그 권리를 존중해야 한다는 사회적 인식전환의 토대를 마련하고자 했다는 점에서 그 의의가 있다. 또한 청소년의 사회참여를 강조하고 소수 문제 청소년에 한정된 정책의 방향을 다수의 건강한 청소년으로 확대하고자 했던 점에서도 의의가 있다. 그러나 이 시기 청소년보호위원회가 국무총리실에 설치됨에 따라 청소년육성정책과 청소년보호정책이 분리 되었으며, 오히려 보호정책이 상위기관인 국무총리실이라는 배경을 가지게 되어 어렵게 조성된 육성에 대한 관심이 보호로 회귀되었다는 평가도 있다.

04 제3차 청소년정책5개년계획(2003~2007)

제3차 청소년정책5개년계획은 2003년에 수립되어 2007년까지 추진되었다. 3차 5개년계획은 2차 계획의 평가 결과를 중요하게 반영하였으며, 그 당시의 사회 상황을 반영하기 위한 노력도 동시에 진행되었다. 이 시기에 진단된 시대적 상황은 열악한 청소년 인권, 청소년문제의 증가, 청소년 고용불안의 증가, 가속화된 고령화, 주5일 근무제에 따른 청소년 여가 및 청소년활동 수요의 증가 등이었다. 또한 기존에 목표, 기본방향, 정책과제의 순으로 제시되던 청소년정책 계획의 체계가 비전과 이념, 전략, 기반, 정책과제의 순으로 변화되었다. 이 시기에 문화관광부와 국무총리실 청소년보호위원회로 분리되었던 청소년정책 업무가 일원화되어 국무총리실 산하 국가청소년위원회로 통합되었다. 제3차 청소년정책5개년계획은 5대 정책과제

아래 22개의 세부 정책과제, 60개의 하위 핵심추진과제로 구성되어 있으며, 목표와 기본방향, 주요 정책과제 및 주요 사업을 살펴보면 다음과 같다.

1) 목표와 기본방향

가) 비전(목표)

- 도전하는 청소년, 꿈이 있는 사회

나) 추진전략(기본방향)

- 주류화: 우리 사회에서 청소년과 그들의 에너지를 사회발전의 주류로 등장시키고, 아울러 청소년정책을 국가 인적자원 개발정책의 우선순위로 공유
- 지역화: 학교와 청소년 관련시설을 아울러 지역단위로 지방자치단체에서 주도적으로 추진하며, 청소년참여위원회와 청소년동아리활동 등의 활성화 추진
- 차별화: 정책대상을 연령별, 집단별, 성별로 나누어 목표집단을 구체화하고, 요구와 필요에 적합한 맞춤형의 정책과 프로그램을 발굴하고 추진
- 파트너십: 청소년 관련 기관 및 단체 간의 수평적 관계에서 비전과 목표를 공유하고 자발적 참여와 상호 연계 및 수준별 분야별 파트너십 체제 구축

2) 주요 정책과제와 주요 사업

- 청소년 권리 신장 및 자발적 참여기반 구축
  - 청소년의 정책 참여기회 확대: 청소년의 정책 참여 제도화, 청소년의 지역사회 참여활동 활성화
  - 청소년의 시민, 자치권 향상: 청소년의 권리 신장을 위한 제도를 정비
  - 청소년의 자율·봉사활동 강화: 청소년 자원봉사활동 기반 구축 및 활성화, 청소년동아리 활동 지원·확대
- 주5일제 대비 창의적 청소년활동 여건 조성
  - 청소년활동시설 확충 및 운영 활성화: 청소년 수련시설 확충 및 특성화, 청소

년수련시설 운영 활성화, 청소년활동시설 다양화

- 청소년단체의 활성화 및 청소년지도자 양성: 단체 전문화・특성화, 단체 연계 협력 및 지역별 네트워크 구축지원, 청소년단체 운영 지원 확대, 청소년지도사 양성제도 개선, 청소년지도자 전문연수과정 지원, 우수 청소년지도사 발굴 지원, 청소년지도사 배치 지원
- 청소년활동 지원 및 특성화: 청소년활동 프로그램 다양화・특성화
- 청소년 문화・예술활동 활성화: 청소년 문화예술의 활성화 지원, 문화예술 교육 강화, 문화예술교육 전문인력 확보, 청소년 문화콘텐츠 창작역량 강화
- 창조적인 청소년 사이버문화 진흥: 청소년 종합정보망 구축 및 운영, 청소년 정보능력 계발, 청소년 기관의 정보화 및 지도자 정보화 지원
- 국내・외 청소년 교류활동 지원: 청소년 국제교류 기반 구축, 청소년 국제교류 활성화, 남북청소년 교류, 협력사업의 단계적 추진, 교포청소년 및 지역 청소년 교류 활성화

• 취약계층 청소년복지 지원 강화
  - 청소년 사회진출 연계서비스 추진: 청소년 취업・창업 지원, 청소년 직업・진로교육 확대, 소외계층 청소년 자립능력 향상 지원
  - 소외계층 청소년의 학습권 보장: 소외계층 청소년을 위한 다양한 학습공간 제공, 농어촌청소년, 소년소녀가장 등을 위한 장학사업 확대, 교육복지투자 우선지역 연계사업 확대
  - 학교 밖 청소년지원 확대: 지역단위 학교 밖 청소년 종합지원체계 구축, 학교 밖 청소년 지원시설 확대, 학교 밖 청소년 지원 프로그램 확대
  - 학교부적응 청소년 지원체계 구축: 학교교육 내실화를 통한 학교부적응 예방, 학교부적응 청소년 지도 내실화

• 청소년 건강보호 및 유해환경 정화
  - 청소년 안전과 건강증진: 청소년 안전교육 및 안전관리 체계를 구축, 청소년 건강증진지원체계 구축 및 프로그램 운영 활성화
  - 청소년 선도, 보호 인프라 확충: 청소년 보호 기반 확충, 청소년 가출 예방, 선도 및 보호

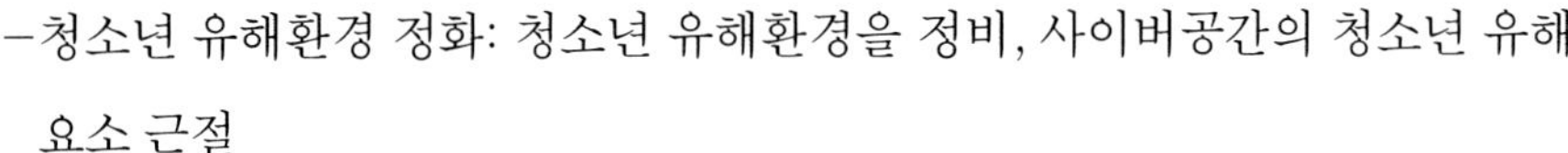

- 청소년 유해환경 정화: 청소년 유해환경을 정비, 사이버공간의 청소년 유해요소 근절

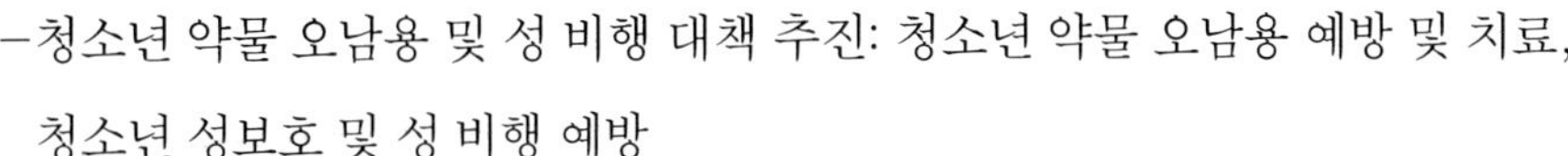

- 청소년 약물 오남용 및 성 비행 대책 추진: 청소년 약물 오남용 예방 및 치료, 청소년 성보호 및 성 비행 예방
- 청소년 폭력 및 학대 예방: 청소년 폭력 예방 및 선도, 청소년 학대 예방 및 보호 내실화

• 추진체제 정비 및 범국민적 참여 확산
- 청소년 관계 법령 및 조직 정비: 청소년 관련 법령 정비, 중앙정부 청소년 행정조직 개편 및 강화, 지방 청소년 행정조직 강화
- 청소년 원스톱 지원체제 구축: 지역별 청소년지원 기능 통합 운영, 청소년 상담체제 정비
- 청소년육성 재원의 획기적 확충: 청소년육성 재원의 확충, 청소년육성기금 운용방법 및 사업구조의 개선
- 범국민적 참여 확산: 청소년 대통령특별회의 개최, 청소년사업 공모제 시행, 청소년육성 범국민운동 전개

3) 국가청소년위원회의 청소년정책 방향

제3차 청소년정책5개년계획은 당초 그 추진기간이 2008년까지였지만, 2005년 참여정부가 들어서면서 그 정책기조가 변함에 따라 2007년도에 기본계획의 방향이 전환되었다. 국가청소년위원회는 청소년정책의 슬로건을 '대한민국 청소년을 세계의 주역으로'로 하며, 3가지의 비전과 4가지의 정책목표를 제시하였다.

가) 국가청소년위원회의 청소년정책 비전

• 청소년의 안전과 행복을 추구하는 청소년정책
• 꿈, 희망, 도전과 기회를 만들어 가는 청소년정책
• 청소년, 부모, 지역사회와 함께하는 청소년정책

나) 국가청소년위원회의 정책목표와 세부과제

- 청소년 잠재역량 개발
  - 청소년활동 수준 제고, 청소년 글로벌리더십 함양, 청소년방과후아카데미 활성화
- 청소년 사회안전망 구축
  - 위기청소년통합지원체계 구축, 청소년지원서비스 확대, 폭력 없는 사회 만들기 국민운동 확산
- 청소년 참여, 권리의 증진
  - 청소년 정책참여 확대, 청소년 사회참여 내실화, 청소년의 권리 신장 및 공동체 의식함양
- 청소년의 성장환경 개선
  - 청소년 생활환경 개선, 건강한 매체환경 조성, 성범죄로부터 안전한 환경 조성

4) 제3차 청소년정책5개년계획의 의의

제3차 청소년정책5개년계획은 추진 이념을 참여, 소통, 체험의 세 가지로 선정하였고 국가청소년정책의 총괄기능 강화, 문화예술 · 관광 · 체육 등과의 연계 강화, 청소년정책에 청소년의 실질적 참여 보장, 과학적 정책 입안 및 관리 시스템의 도입을 시도하는 등 제2차 청소년육성정책5개년계획의 범위를 크게 벗어나지 않는 수준에서 수립 · 시행되었다. 그 의의를 살펴보자면, 첫째, 청소년정책 참여의 제도화를 들 수 있다. 이 시기에 청소년특별회의가 구체화되었고, 청소년참여위원회와 청소년운영위원회가 자리를 잡게 된다. 둘째, 청소년수련시설의 확충이 지속적으로 진행되었으며, 특화시설들이 청소년시설에 포함되었고 청소년수련활동 인증제가 도입되었다. 또한 제3차 청소년정책5개년계획은 2개의 정부에 걸쳐 추진되었던 관계로 시행 중에 국가청소년위원회의 책임하에 수정 · 보완되었다.

05 제4차 청소년정책기본계획(수정 · 보완계획)(2008~2012)

제4차 청소년정책기본계획은 수립과 이행에 우여곡절이 많았다. 참여정부에 의해 2007년에 수립된 애초의 계획은 청소년업무가 국가청소년위원회에서 보건복지가족부로, 이후 다시 여성가족부로 이관됨에 따라 2년간 이행계획의 수립이 이루어지지 않는 등 그 정책조정력과 실효성을 상실하였다. 이러한 배경에서 수정과 보완 필요성이 대두되고 잔여기간을 대상으로 한 수정계획이 수립되었다. 특히 이명박 정부 초기에 아동과 청소년을 묶어 생애 전기(前期)를 포괄적으로 지원한다는 명분 아래 진행되었던 아동정책과 청소년정책의 통합이 채 1년도 지나지 않아 다시 분리되는 등 상당한 혼란을 겪게 된다. 수정된 제4차 청소년정책기본계획은 그 배경으로, ① 청소년의 역량개발 여건 취약, ② 가족의 기능 약화 및 취약, 위기청소년 증가, ③ 청소년의 건전한 성장을 위협하는 환경요인 증가를 들고 있다. 수정된 제4차 청소년정책기본계획은 분야를 구분하지 않고 중점과제와 그에 따른 세부과제를 나열했던 이전의 방식을 벗어나 분야를 우선 구분하되 중점과제와 세부추진과제를 나열하였다. 세부과제는 3차 계획의 60개에서 100개로 대폭 확대되었다. 4차 기본계획은 4대 분야에 12대 중점과제와 32개의 정책과제, 100대 세부추진과제로 구성되었으며 비전과 목표, 기본방향 그리고 주요 정책과제와 주요 사업을 살펴보면 다음과 같다.

1) 목표 및 기본방향

가) 비전 및 목표

- 비전: 꿈을 키우는 청소년, 희망을 더하는 가족, 밝은 미래사회
  - –청소년은 자기주도적 역량을 바탕으로 꿈을 키우고 실현
  - –꿈이 있는 청소년으로 성장하면서 건강한 가족 구성원으로 자리 잡고, 행복하고 안정적인 가족관계를 형성
  - –함께 키워 낸 청소년과 행복한 가족을 통해 지속 발전하는 미래사회 구현

나) 기본방향

- 통합적 청소년정책
  - –가족, 학교, 지역사회가 함께 청소년을 보호·지원하는 정책 구현
  - –청소년정책과 가족·여성정책을 연계하여 시너지 효과 창출
  - –범부처적으로 교육·고용·복지 등 청소년을 둘러싼 모든 정책영역과의 연계발전을 위한 실효성 있는 방안을 모색
- 보편적 청소년정책
  - –모든 청소년의 '역량강화' 및 '기회균등'을 통한 미래 성장동력을 양성
  - –성, 인종, 문화, 국적, 지역, 계층에 관계없이 소외되거나 배제되지 않는 보편적인 서비스망을 구축
- 수요자 중심 청소년정책
  - –중앙부처 중심에서 청소년·부모의 정책 체감도 제고를 위한 지역수요 맞춤형 정책 추진
  - –청소년·부모, 교사·청소년지도자 등 중간수요자, 지방자치단체 등 다층적 수요자의 수요를 충족

2) 주요 정책과제와 주요 사업

- 청소년의 자기주도적 역량 증진
  - –다양한 체험활동기회 확대: 체험활동을 통한 역량계발 지원시스템 강화, 다양한 체험활동 프로그램 개발 및 확대
  - –시민역량 증진 및 인성교육 확대: 사회참여활동 강화, 청소년 언어순화 및 인성교육 강화, 글로벌 시민역량 증진
  - –자기주도적 진로개척 지원: 체험활동 중심의 진로지도 강화, 건전한 아르바이트 여건 조성, 청년층 취업 및 창업 지원
- 가족기능 및 사회안전망 강화
  - –건강한 가족기능 강화: 부모교육 및 세대 간 이해증진프로그램 강화, 가정상담지원 강화, 가족 공유시간 확대여건 조성

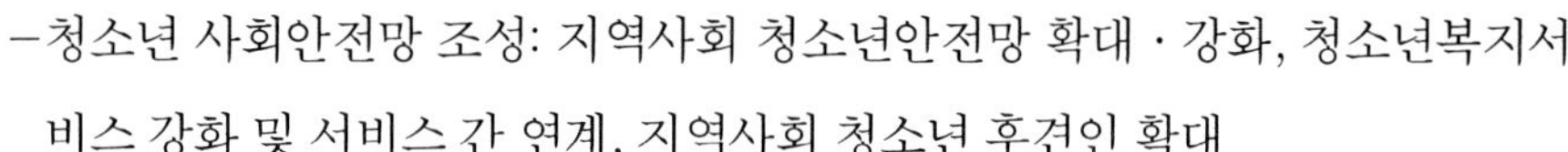

-청소년 사회안전망 조성: 지역사회 청소년안전망 확대 · 강화, 청소년복지서비스 강화 및 서비스 간 연계, 지역사회 청소년 후견인 확대

-청소년 유형별 맞춤형 서비스 강화: 가출청소년, 소년원 출원생 등 고위기 청소년 지원, 학업중단 청소년 및 청소년 한부모 지원, 저소득층 및 장애, 북한이탈 청소년 등 취약계층 청소년 지원, 다문화 청소년 지원

- 건강하고 안전한 성장환경 조성

-유해환경으로부터 보호: 청소년 인터넷게임 중독 및 유해매체로부터 보호, 술, 담배, 유해업소로부터 보호 강화, 성보호 대책 강화, 학교폭력 · 가정학대로부터 보호

-유익한 환경 조성: 청소년 생활안전 강화, 신체적 · 정신적 건강 환경 조성

-청소년 친화적 사회문화 조성: 청소년 친화지수 개발 및 친화마을 확산 추진, 청소년 권리 증진

- 청소년정책 추진체계 정비

-청소년시설, 단체, 전문 인력의 역량 강화: 청소년시설 및 단체 인프라 확대 및 역량 강화, 청소년지도사, 청소년상담사 역량 강화

-지역중심 추진체계 개편: 지역자원 통합 연계 서비스전달체계 구축, 지자체 중심으로 정책 추진체계 개편

-범부처 정책 총괄 조정기능 강화: 청소년정책 관계기관 협의회 활성화, 성과평가체계 등 과학적 정책기반 마련

3) 제4차 청소년정책기본계획의 의의

4대 영역, 12대 중점과제와 100개의 세부과제로 구성된 제4차 청소년정책(수정 · 보완)기본계획은 그 기본방향을 통합적 청소년정책, 보편적 청소년정책, 수요자 중심 청소년정책에 두고 시행되었다. 2개의 정부에 걸쳐 수립되고 시행된 특징이 있고 주무부서가 두 번이나 바뀌는 우여곡절이 있었다. 기본계획의 구조가 보다 체계적으로 제시되었고, 세부 추진과제가 대폭 확대되는 등 의미가 없는 것은 아니지만 통합적, 보편적, 수요자 중심의 청소년정책이라는 기본 방향의 실현에는 다소 미흡

하다는 평가이다. 특히 아동 · 청소년 현장 모두에서 환영받지 못했던 아동청소년 정책의 통합 시도와 무산은 혼란을 가중시켰다.

06 제5차 청소년정책기본계획(2013~2017)

제5차 청소년정책기본계획은 그 수립 배경을 청소년을 둘러싼 환경의 변화와 청소년들의 현실 요구를 반영한 미래지향적이고 실효성 있는 계획의 필요에 두고 있다. 구체적으로 환경의 변화 측면에서는, ① 청소년 인구의 감소, ② 가족구조 및 형태의 변화, ③ 청소년 생활환경의 변화, ④ 사회적 양극화 심화, ⑤ 한국사회의 다문화 가속, ⑥ 스마트 미디어의 영향력 증가, ⑦ 기타 사회 · 경제적 환경의 변화를 들고 있고, 청소년 현실 요구의 반영 측면에서는, ① 청소년들의 가장 큰 고민거리는 공부나 직업 선택의 어려움, ② 청소년 핵심역량 수준의 미흡, ③ 청소년 신체, 정신 건강 수준의 악화, ④ 청소년 가치관의 부정적 변화 등을 들고 있다. 제4차 청소년정책기본계획에 대한 평가를 기반으로 전문가 T/F 및 분야별 자문단 구성, 의견수렴을 위한 토론회, 시설, 단체, 공무원 등 지역 현장 의견수렴과 정책간담회 및 관계부처 협의 등 여러 단계를 거쳐 수립되었다. 제5차 청소년정책기본계획은 청소년의 역량, 참여, 균형, 안전을 목표로 5대 영역, 15대 중점과제의 비전과 목표, 기본방향 그리고 주요 정책과제와 주요 사업을 살펴보면 다음과 같다.

1) 목표 및 기본방향

가) 비전 및 목표

- 비전: 청소년이 행복한 세상, 청소년이 꿈꾸는 밝은 미래
  - 청소년의 역량 함양 및 미래핵심인재로 양성
  - 청소년의 자기주도적 참여와 권리 증진
  - 청소년의 균형 있고 조화로운 성장
  - 청소년의 안전하고 건강한 생활환경

나) 기본방향

- 기본성격: 선제적 청소년정책
  - 급변하는 청소년 관련 사회, 경제적 환경을 미리 예측하고 선제적으로 대응할 수 있도록 청소년정책의 국가정책 우선순위 부여
- 정책대상: 포괄적 청소년정책
  - 문제 중심의 청소년정책이 아닌, 모든 청소년을 대상으로 정책수요자인 청소년의 요구와 참여에 기초한 정책 수립
- 정책내용: 균형적 청소년정책
  - 미래 국가 성장 동력으로 균형 있는 성장을 위해 청소년활동 · 복지 · 자립 · 보호 등 정책 영역 전반에 걸친 정책 추진
- 정책효과: 실질적 청소년정책
  - 정책수요자인 청소년을 최우선적으로 고려하여 실질적으로 청소년을 위하고 국민이 공감하는 체감도 높은 정책 추진

2) 주요 정책과제와 주요 사업

- 청소년의 다양한 역량 강화
  - 청소년 역량 증진활동 활성화: 청소년역량지수 개발 외 6개 세부과제
  - 글로벌, 다문화 역량 강화: 모든 청소년의 다문화 감수성 함양 외 4개 세부과제
  - 청소년의 인성 및 민주시민 교육 강화: 인성교육 및 품성계발 지원체계 강화 외 3개 세부과제
- 청소년의 참여 및 권리 증진
  - 청소년의 참여 활성화: 온라인, 미디어 매체 활용 참여 확대 외 3개 세부과제
  - 청소년의 건강권 보호: 청소년의 체력 강화 외 3개 세부과제
  - 청소년의 권리 증진 기반 조성: 유엔 아동권리협약 권고 이행 및 권리교육 강화 외 4개 세부과제
- 청소년의 복지 및 자립 지원
  - 대상별 맞춤형 서비스 강화: 다문화가족 청소년의 건강한 성장을 위한 지원

확대 외 6개 세부과제

–위기 청소년 보호, 지원 강화: 지역사회 청소년통합지원체계 확대 외 7개 세부과제

–청소년(청년) 진로체험 및 자립 지원: 지역사회 청소년 직업체험장 추진 외 6개 세부과제

• 청소년 친화적 환경 조성

–건강한 가정 및 지역사회 조성: 청소년통합지원체계 중심의 지역사회 아동 및 청소년 종합안전망 구축 외 3개 세부과제

–안전한 생활환경 조성: 성범죄 등으로부터 안전한 환경 조성 외 7개 세부과제

–건전한 매체환경 조성 및 의식제고: 유해매체로부터의 청소년 보호 외 2개 세부과제

• 청소년정책 추진체계 강화

–범부처 정책 총괄 조정기능 강화: 청소년정책위상 및 성과평가체계 강화 외 2개 세부과제

–청소년 지원 인프라 보강: 청소년단체 활동 활성화 지원 강화 외 2개 세부과제

–청소년정책 추진 기반 강화: 청소년정책 영향평가제 도입 외 2개 세부과제

3) 제5차 청소년정책기본계획의 의의

2013년부터 2017년까지 정책과 현장에 적용된 제5차 청소년정책기본계획은, ① 청소년 수련활동 신고, 인증 및 수련시설 종합 안전점검, 평가 의무화, 청소년활동 인프라 확충을 통한 청소년활동 기반 강화, ② 학교 밖 청소년 지원 법률 제정 등 청소년 특성을 고려한 맞춤형 지원 강화, ③ 청소년정책위원회의 운영과 지자체 청소년정책 추진 실적에 대한 분석, 평가 및 컨설팅 지원 등 청소년정책 총괄 조정 기능 강화를 위한 제도적 기반을 마련하는 등 그 성과를 거두었다. 그러나 청소년 참여 및 권리의 중요성에 대한 우리 사회의 이해 부족과 관심의 저조를 개선하지 못한 점, 수요자 중심 프로그램 제공의 미흡, 위기청소년에 대한 충분한 지원의 미흡, 지역 중심의 성과 지향적 청소년정책 추진체계 구축의 미흡 등 한계점도 함께 가지고 있다. 눈

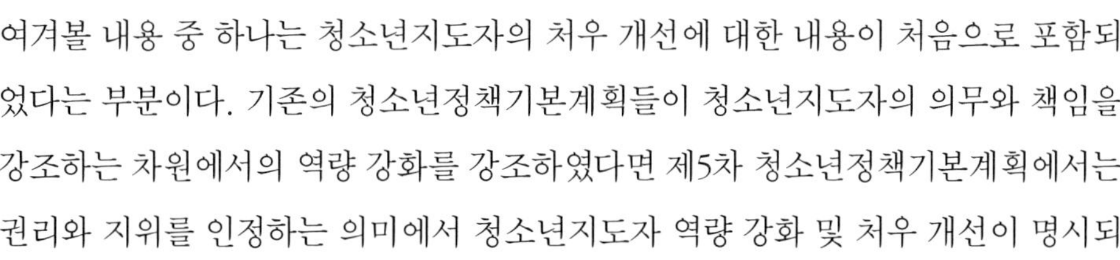

여겨볼 내용 중 하나는 청소년지도자의 처우 개선에 대한 내용이 처음으로 포함되었다는 부분이다. 기존의 청소년정책기본계획들이 청소년지도자의 의무와 책임을 강조하는 차원에서의 역량 강화를 강조하였다면 제5차 청소년정책기본계획에서는 권리와 지위를 인정하는 의미에서 청소년지도자 역량 강화 및 처우 개선이 명시되었다. 물론 구체적인 실행이 수반되지 못한 아쉬움이 있는 것은 사실이다.

07 제6차 청소년정책기본계획(2018~2022)

제6차 청소년정책기본계획은 2018년부터 2022년까지를 그 시행 기간으로 한다. 제5차 청소년정책기본계획의 공과 과를 수용하면서 청소년 인구의 지속적 감소, 가족구조의 다양화와 가족 기능의 위축, 뉴미디어와 통신기술의 급격한 발달에 따른 매체환경의 급변, 이로 인한 청소년 유해환경 노출위험 증가, 제4차 산업혁명 시대의 도래, 청년 노동시장의 위축 및 고용 불안 등 청소년을 둘러싼 사회 · 경제적 환경의 변화에 맞춰 청소년정책을 전환하고자 하는 의지가 담겨 있다. 이에 따라 그 비전을 "현재를 즐기는 청소년, 미래를 여는 청소년, 청소년을 존중하는 사회"로 정하고, 4대 정책목표 아래 12개 중점과제와 144개 세부과제를 수립하였다. 제6차 청소년정책기본계획의 비전과 목표, 주요 정책과제 및 주요사업을 살펴보면 다음과 같다.

1) 목표 및 기본방향

가) 비전 및 목표

- 비전: 현재를 즐기는 청소년, 미래를 여는 청소년, 청소년을 존중하는 사회
  - 청소년 참여 및 권리 증진
  - 청소년 주도의 활동 활성화
  - 청소년 자립 및 보호지원 강화
  - 청소년정책 추진체계 혁신

나) 기본방향

- 공정하고 안전한 사회환경에서 청소년들이 자기주도적 참여와 활동을 통해 현재를 즐기고, 미래사회에 필요한 역량을 갖추어 자립할 수 있도록 하는 종합적 지원 추진
- 가족, 교육, 성평등, 고용, 주택과 보건 정책 등 다양한 정책과 상호 연계되어 시너지를 발휘하는 청소년정책 수립
- 청소년 참여 및 권리 증진: 사람 중심의 국정 기조를 반영하여 청소년의 참여를 확대하고, 청소년을 존중하는 사회적 기반 강화
  - 청소년이 스스로 기획하고 도전하는 활동을 통해 민주시민으로 성장할 수 있도록 더 많은 기회를 제공하는 사회적 여건 마련
- 청소년 주도의 활동 활성화: 환경 변화에 청소년이 도전・적응하며 협력하는 창의 융합 인재로 성장할 수 있도록 지원하는 청소년정책으로 패러다임 전환, 지원적(支援的)・협업적 청소년정책
  - 청소년 스스로가 기획하고 도전하는 수요자 주도 청소년 활동으로 프로그램 개편 및 수요자 중심의 청소년 인프라 구축
- 청소년 자립 지원: 사회적 격차와 빈곤 등 어려운 여건에 있는 청소년이 차별 없이 성장할 수 있도록 사회적 안전망 강화, 기회균등 보장
  - 청소년의 권리이며 사회적 투자라는 관점에서 위기청소년 사회적 안전망 연결, 지속적이고 충분한 지원 아래 성인기로 이행될 수 있도록 하는 종합적 보호・지원체계 마련
  - 내방형 서비스 위주에서 위기청소년에게 찾아가는 서비스를 확대함으로써 사회적 서비스 안으로 연결 강화

2) 주요 정책과제와 주요 사업

- 청소년 참여 및 권리 증진
  - 청소년 참여 확대: 지역사회의 청소년 참여 확대 외 2개 세부과제
  - 청소년 권리 증진 기반 조성: 청소년 인권 및 권리 의식 제고 외 4개 세부과제

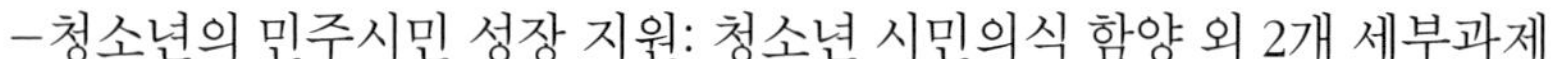
–청소년의 민주시민 성장 지원: 청소년 시민의식 함양 외 2개 세부과제

- 청소년 주도의 활동 활성화
  - 청소년활동 및 성장 지원체계 혁신: 역량 기반 청소년활동 지원체계 구축 외 3개 세부과제
  - 청소년 체험활동 활성화: 청소년 문화예술활동 지원 외 4개 세부과제
  - 청소년 진로교육 지원 체제 강화: 대상별 맞춤형 진로활동 내실화 외 4개 세부과제
- 청소년 자립 및 보호지원 강화
  - 청소년 사회안전망 확충: 촘촘한 청소년복지 지원체계 운영과 4개 세부과제
  - 대상별 맞춤형 지원: 학교 밖 청소년 지원 강화 외 6개 세부과제
  - 청소년 유해환경 개선 및 보호지원 강화: 청소년이 안전한 생활환경 조성 외 2개 세부과제
- 청소년정책 추진체계 혁신
  - 청소년정책 총괄 · 조정 강화: 청소년정책의 실효성 제고 외 2개 세부과제
  - 지역, 현장 중심의 청소년정책 활성화: 지역사회 청소년활동 지원 확대 및 운영 내실화 외 2개 세부과제
  - 청소년지도자 역량 강화: 청소년지도자 전문성 강화, 청소년지도자 처우 개선

3) 제6차 청소년정책기본계획의 의의

제6차 청소년정책기본계획은 현재 진행 중인 관계로 이에 대한 평가를 내리기에는 조금 이른 측면이 있다. 그러나 지난 3년의 성과를 중심으로 눈에 띄는 변화를 살펴본다면 청소년 관련 정책의 심의 · 협의, 조정들을 위한 위원회에 청소년위원의 위촉 권고, 지방자치단체의 청소년 인권 조례 제정 권고, 스포츠인권센터 운영, 청소년 및 유관기관 종사자의 권리보호에 대한 홍보 및 교육 활성화, 청소년수련관과 청소년문화의집을 청소년센터로 변경하여 기능과 역할 재정립(현재 진행 중), 공립청소년수련시설 청소년지도사 임금 가이드라인을 마련하여 시행한 부분을 들 수 있다. 특히 임금 가이드라인의 경우 청소년현장의 오랜 숙원이었으며 점차 적용하

는 시도와 기관들이 증가하고 있어 향후 청소년지도자의 안정적인 생활에 큰 도움이 될 것으로 보인다.

08 청소년정책기본계획의 한계와 발전방안

청소년정책기본계획은 「청소년 기본법」 제13조에 근거하여 5년마다 수립되며, ① 이전의 기본계획에 관한 분석 평가, ② 청소년육성에 관한 기본방향과 추진목표, ③ 청소년육성에 관한 기능의 조정, ④ 분야별 주요 시책, ⑤ 청소년육성에 소요되는 재원의 조달방법 등을 포함하도록 하고 있다. 청소년정책기본계획의 가장 중요한 기능은 여성가족부를 비롯한 지방자치단체의 청소년정책 로드맵이 됨은 물론 현장 청소년시설의 기본 프로그램 방향을 제시한다는 데 있다. 따라서 기본계획은 궁극적인 지향점을 선언적이고 포괄적으로 제시하기보다는 실천적이고 직접적으로 제시할 필요가 있다. 실천적이고 직접적인 내용을 포함하기 위해서는 이전 계획에 대한 분석과 평가가 무엇보다 중요하며 실제 청소년현장과의 괴리를 줄이기 위한 노력이 필요하다. 전국의 청소년시설 소속 청소년지도사 1,003명을 대상으로 진행된 제6차 청소년정책기본계획의 중점과제 추진현황에 대한 설문조사의 결과(최용환, 2019)에 따르면 청소년지도자들은 가장 시급한 중점과제로 '청소년지도자 역량제고(지도자 전문성 강화 및 처우 개선)'를 들고 있으며, '청소년정책 총괄조정 · 강화(청소년중심의 정책서비스, 종사자 지위 향상, 정책 홍보 강화)'와 '지역중심의 청소년정책 추진체계 강화(지자체 전담 공무원 확대, 지역의 인구와 접근성을 고려한 시설 인프라 확충, 민관 협력 지역사업 확대)'를 점진적 과제로 인식하는 것으로 나타났다. 그럼에도 12대 중점과제 중 현재 그 중요도에 맞게 추진되고 있는 과제는 '청소년 사회안전망 확충'이다. 즉, 시급하고 점진적인 과제의 추진은 그 동력이 부족하고 사회안전망 구축이라는 과제만 중요하게 인식되어 추진되고 있다는 의미이다. 그 원인으로는 지방자치단체에 대한 정부합동평가의 대표 지표에 '청소년보호정책'이 포함(최용환, 2019)되어 있음을 들고 있다. 이렇듯 청소년정책기본계획에 무엇을 중요하게 담고 그 실행 여부를 어떻게 평가하고 개선할지를 명확하게 하는 것은 정책의 실효성을 담보하는 가장 기본적인 방향이다.

국가의 청소년정책 방향을 설정하는 것이 매우 어렵고 복잡한 과정임은 분명하나, 과거에 추진되었던 기본계획과 현재 추진되고 있는 기본계획에 대한 명확한 평가를 기본으로 제7차 청소년정책기본계획은 보다 명확하고 실천적인 과제를 담아야 할 것으로 보인다.

요약

1. 근대적 교육제도의 도입은 학교교육만을 수용하고 학교 밖에서 이루어지는 다양한 활동을 배제하여 부작용을 유발하였고, 그 결과 청소년을 둘러싼 크고 작은 문제를 야기했다. 이에 대한 대응으로 청소년의 성장 지원을 위한 한국청소년기본계획이 입안되었다.

2. 「청소년 기본법」 제13조는 "국가는 청소년육성에 관한 기본계획을 5년마다 수립하여야 한다."라고 명시하고 있다. 국가와 지방자치단체는 기본계획에 의거 연도별 시행계획을 각각 수립하고 시행하도록 하고 있다.

3. 제1차 청소년육성5개년계획은 1993년부터 1997년까지 5년을 그 기간으로 삼고 있다. 기본이념을 "우수한 전통문화를 바탕으로 건강한 청소년문화를 창달하고 덕·체·지·예를 고루 갖춘 전인적 민주시민의 자질을 함양하여 신한국의 주인으로서 개혁의 성과를 계승, 발전시켜 나가도록 함"으로 제시하고 있다.

4. 제2차 청소년육성5개년계획에서는 청소년을 '오늘의 사회구성원'으로 명시함으로써 청소년이 행복을 추구하며 스스로 생각하고 활동하는 주체적인 삶을 영위하도록 지원함을 강조하였다.

6. 제3차 청소년정책5개년계획은 2003년에 수립되어 2007년까지 추진되었다. 시대적 상황은 열악한 청소년 인권, 청소년문제의 증가, 청소년 고용불안의 증가, 가속화된 고령화, 주5일 근무제에 따른 청소년 여가 및 청소년활동 수요의 증가 등으로 진단하였고, 이 시기에 문화관광부와 국무총리실 청소년보호위원회로 분리되었던 청소년정책 업무가 일원화되어 국무총리실 산하에 국가청소년위원회로 통합되었다.

7. 제4차 청소년정책기본계획(수정, 보완계획)은 그 기본방향을 통합적 청소년정책, 보편적 청소년정책, 수요자 중심 청소년정책에 두고 시행되었다. 2개의 정부에 걸쳐 수립되고 시행된 특징이 있고 주무부서가 2번이나 바뀌는 우여곡절이 있었다.

8. 제5차 청소년정책기본계획은 ① 청소년 수련활동 신고, 인증 및 수련시설 종합 안전점검, 평가 의무화, 청소년활동 인프라 확충을 통한 청소년 활동 기반 강화와 ② 학교 밖 청소년 지원 법률 제정 등 청소년 특성을 고려한 맞춤형 지원 강화, ③ 청소년정책위원회의 운영과 지방자치단체 청소년정책 추진 실적에 대한 분석, 평가 및 컨설팅 지원 등 청소년정책 총괄 조정기능 강화를 위한 제도적 기반을 마련하는 등 그 성과를 거두었다.

9. 제6차 청소년정책기본계획은 2018년부터 2022년까지를 그 시행 기간으로 한다. 청소년 인구의 지속적 감소, 가족구조의 다양화와 기능의 위축, 뉴미디어와 통신기술의 급격한 발달에 따른 매체환경의 급변, 이로 인한 청소년 유해환경 노출위험 증가, 제4차 산업혁명 시대의 도래, 청년 노동시장의 위축 및 고용 불안 등 청소년을 둘러싼 사회, 경제적 환경의 변화에 맞춰 청소년정책을 전환하고자 하는 의지가 담겨 있다.

참고문헌

강병연 · 황수주(2016). 청소년육성제도론. 경기: 양성원.

여성가족부(2019). 2019 청소년백서. 서울: 여성가족부.

조영승 · 이효경(2002). 수원시 청소년 육성정책의 발전방향에 관한 연구. 경기: 수원시.

최용환(2019). 제6차 청소년정책기본계획에 대한 IPA분석: 17개 시도 현장전문가의 평가를 중심으로. 제21회 청소년정책포럼 자료집. 한국청소년정책연구원.

한국청소년개발원(2003). 청소년정책론. 서울: 교육과학사.

제4장

청소년 행정

학습개요

청소년육성업무를 효과적으로 실천하기 위한 청소년 행정에 대한 개념을 설명할 수 있다. 청소년 행정의 다양한 접근과 내용을 이해하고, 효과적인 실천방안을 위한 체계를 모색한다. 우리나라 청소년 행정조직은 해방 이후 주무부처에 따라 변화되었고, 추진내용도 주무부처의 성격과 정책 방향에 따라 변화되었다. 이 장에서는 청소년육성업무, 즉 청소년정책이 효율적으로 청소년에게 전달될 수 있도록 청소년 행정에 대한 이해와 청소년 행정조직의 역사를 설명하고, 실효성 있는 청소년 행정을 위한 개선방안을 제시하고자 한다.

01 행정의 일반적 개념

행정이란 사전적 의미로는 국가기관이 법률에 따라서 정무를 행하는 행위로 정의할 수 있고, 일반적으로 행정이란 조직의 공동목표를 설정하고 설정된 공동목표를 달성하기 위한 체계적 · 합리적인 수행방법 및 집단적 협동행위를 의미하며, 공공행정(public administration)은 국가 또는 공공기관에서 행하는 행정을 말한다.

행정은 한자 '行政'을 우리말로 나타낸 것으로 맹자의 『양혜왕장구(梁惠王章句)』 상(上)편에서 맹자가 위나라 제후 양혜왕과 나눈 대화에서 나타난 의미를 근거로 하여 설명할 수 있다. 가장 간단하게는 행정을 정치(致)를 행한다는 뜻으로 해석한 것으로 이러한 정의는 동양의 행정관을 가장 간결하게 나타낸 것이기도 하다. 행정은 두 사람 이상이 공동의 목적을 위해 협동하는 행위라는 것으로 정의할 수 있다. 여기서 두 사람 이상은 행정의 주체가 되고, 그들이 이루려고 하는 일은 행정의 목적이 되며, 그러한 목적을 달성하기 위해 협동하는 행위는 행정의 수단이 된다(이문영, 1991).

행정은 정부의 활동이며 정부의 활동은 다시 공무원의 활동으로 나타난다는 점에서 기업인이나 경영자, 정치인의 활동으로 나타나는 경영이나 정치와는 구별할 필요가 있다. 경영과 행정의 공통점과 차이점을 살펴보면 다음과 같다. 경영과 행정의 공통점은 조직을 전제로 하고, 계속성을 지닌 조직이면서 공동목표가 있다는 점이다. 그러나 차이점은, 첫째, 경영은 조직 내 상위계층 인사의 수행과업이지만 행정은 조직 내 하위계층 인사의 수행과업이라는 점이다. 둘째, 경영은 발전지향적 또는 미래지향적이어서 사전 대비적인 성격이 강하고, 행정은 기존의 질서유지적이면서 현상유지적이어서 사후 대응적 성격이 더 강하다. 셋째, 경영은 계획 입안 및 정책 수립 활동을 주로 하고, 행정은 입안 수립된 계획 및 정책의 집행에 치중하는 편이다. 마지막으로 경영은 경제적 이득 추구를 중요하게 생각하지만 행정은 공익성 추구를 더 중요하게 다룬다는 점에서 차이가 있다.

특히 정치와 행정이 모두 국가 현상인 것은 분명하지만 정치는 국가권력을 조직하는 작용이고, 행정은 국가권력을 관리하는 작용이라는 점에서 정치가와 행정가가 하는 일은 구별되며 행정은 정치의 울타리 안에서 일어나며 정치영역과 밀착되어 있다(오세홍 · 원한식, 1995).

또한 정책과 행정도 다르다. 정책이란 행정에 있어서 가장 핵심적인 내용으로 공공의 문제를 해결하거나 목표를 달성하기 위해 정부 혹은 공공기관이 결정하는 행동지침으로 그에 따른 집행과 평가방법까지 구체적으로 설명되는 개념인 반면, 행정은 문제해결과 목표달성을 위해 동원되는 각종 집합적인 행위, 곧 정책수립, 예산, 인사, 조직 등을 포괄하는 개념이다(이종수 외, 2010).

행정기능은 학문상으로 주로 직책, 작용, 역할, 직권 등으로 규정되며 법에 의해서 국가영역에 대한 관리를 하는 정부의 모든 직책과 역할을 의미한다. 행정기능을 행정작용이라고도 부르며 국가와 사회발전의 수요에 근거하여 직책과 역할을 수행한다. 결국, 행정기능은 전체 사회경제 생활에 대해 정부가 관리를 진행할 때 당연히 맡아야 할 직책과 역할인 것이다(김윤권, 2005).

공공행정을 담당하는 주체는 일반적으로 〈표 4-1〉과 같이 분류할 수 있다. 전통적인 의미인 정부와 정부조직 이외의 조직에서 공적 기능을 수행하는 준정부조직들이 생겨났고, 심지어 민간부문에서도 정부의 규제나 재정적 지원을 받으면서 사회복지, 재단 등 공적 기능을 수행하는 비영리조직들이 많이 생겨나고 있다. 이들 준정부조직이나 비영리조직들은 다양한 방법으로 정부기능을 대신하거나 정부가

표 4-1 공공행정을 담당하는 주체

넓은 의미의 공공부문			순수 민간부문
좁은 의미의 공공부문		넓은 의미의 민간부문	
정부부문	준정부부문	비영리 민간조직	시장
18부처 5처 17청	공사 공기업 공단 출연기관	종교단체 민간 복지기관 시민단체 등	기업

*출처: 김진호(2001)에서 재인용.

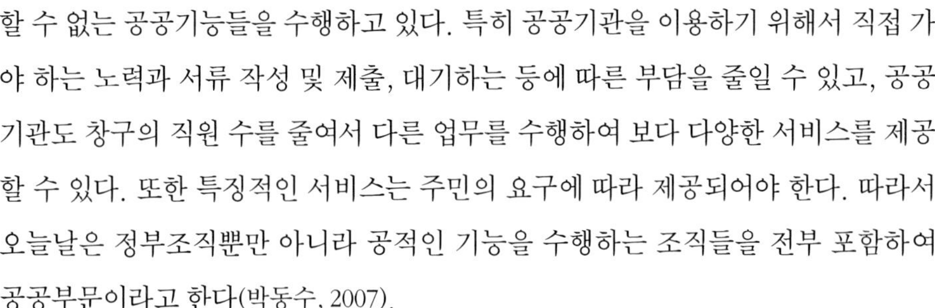

할 수 없는 공공기능들을 수행하고 있다. 특히 공공기관을 이용하기 위해서 직접 가야 하는 노력과 서류 작성 및 제출, 대기하는 등에 따른 부담을 줄일 수 있고, 공공기관도 창구의 직원 수를 줄여서 다른 업무를 수행하여 보다 다양한 서비스를 제공할 수 있다. 또한 특징적인 서비스는 주민의 요구에 따라 제공되어야 한다. 따라서 오늘날은 정부조직뿐만 아니라 공적인 기능을 수행하는 조직들을 전부 포함하여 공공부문이라고 한다(박동수, 2007).

모든 사회현상이 그러하듯이 행정은 조직 내외적 환경의 영향으로부터 자유로울 수 없다. 행정은 다양한 사회환경의 영향을 반영하고, 행정의 모든 활동은 행정의 환경요인들과 끊임없이 교감하면서 전개된다. 따라서 행정조직 역시 그 속성상 환경을 떠날 수 없고, 환경 역시 마찬가지이다(임용순 · 김영덕, 2011).

행정환경은 안정적이고 예측 가능한 환경에서 점차 역동적이고 복잡한 환경으로 변해 가고 있다. 특히 우리나라는 1960~1980년대의 산업화 과정에서 정치, 시장, 시민사회가 통제되고 위축되어 있었다. 기술과 글로벌 환경은 상대적으로 안정되고 개발 국가로서의 지위를 인정받기도 하였다. 그러던 것이 2000년대 이후에는 민주화, 지방화, 세계화라는 새로운 환경 변화 속에서 살아가고 있다. 행정 변수를 행정환경(행정수요의 표출), 행정구조(조직, 절차), 행정인(공무원)의 3대 변수로 이해하고, 이와 관련하여 집중 연구하였다(이도형, 2012). 이 3대 변수를 잘 대응하면 성공적인 행정을 실행할 수 있고, 그렇지 않을 경우 실패한 행정이 될 수 있다.

행정조직은 정치체제의 한 부분으로 시장경제하의 민간기업들이 수행하는 역할과는 다른 분명한 역할을 가지고 있다. 특히 행정조직은 시장적 평가수단이 거의 없는 비시장적 조직이고, 거의 대부분 시장으로부터 가격과 이윤과 같은 형태의 정보 환류가 제공되지 않는다는 것이 특징이다. 따라서 행정조직은 조직의 집합적 성과와 공무원의 개인적 성과를 평가하는 방법에 있어서 민간조직과는 다르기 때문에 행정조직을 진단할 때는 공익적인 부분을 더 강조해야 한다. 그러나 행정조직은 공익을 추구하다 보니 무엇보다 합법성을 강조하게 되고 그 결과 법규만능주의, 보호주의, 비능률성 등이 초래되기 쉬운 단점이 있다. 또한 행정조직은 위계문화가 강하고 관료제적 성격이 있으므로, 명령, 규칙, 절차, 규제와 함께 문서화, 공식화, 집권화를 특징으로 하며 법규에 의존하는 경향이 짙다. 이와 함께 수직적 · 기계적 구조

로 인하여 상명하복, 비개인화, 지시, 명령, 통제 등을 강조한다. 행정조직은 엄격한 감사제도로 인하여 적법성과 요식성을 지나치게 따지고 징계도 대체로 처벌 위주로 흐르는 경향을 띤다. 하지만 이러한 속성과 특징들은 공익의 증진이라는 본질적인 가치를 실현하는 과정에서 나타나는 부작용 내지는 공익 추구라는 본질적 가치를 효과적으로 실현하기 위한 수단적 장치로 보는 것이 타당하다(이종수 외, 2010).

특히 조직은 특정의 목표에 의해 존재하며 조직구조는 상하좌우가 분명하고, 조직의 성격에 따른 업무의 전문성이 특징이라 할 수 있다. 조직구조는 조직활동과 기대, 관리자, 직원, 고객과 바람직한 교환을 통한 개념으로 조직의 산출물을 생산하고 조직목적을 달성하는 데 가장 중요한 기능을 수행한다(박우순, 2000). 행정조직은 효율적이고 합리적으로 조직되고 운영되어야 하지만, 국가관에 따라서 좌우되는 일이 많고, 민선자치제가 도입된 이후부터는 전달체계로서의 조직체계가 직제개편과 구조조정에 의한 인사행정에서 더욱 두드러지게 나타나고 있다.

02 청소년 행정의 이해

1) 청소년 행정의 개념

청소년 행정은 그 자체가 목적이 아니라 청소년활동을 지원하는 수단이다. 궁극적으로는 청소년의 선도나 보호라는 소극적 목적에 머문 것이 아니라 그들의 타고난 소질을 최대한으로 발휘하여 개인적 삶의 질을 높이고 가정과 국가사회 및 인류세계에 기여할 수 있는 인간을 육성한다는 적극적 차원에서 청소년 행정을 펴 나가야 한다. 민주사회에서의 청소년정책은 여다의 정부정책 못지않게 그 결징과징은 말할 나위도 없거니와 결정 후 평가, 즉 정책의 집행과 정책성과의 평가에 이르기까지 합리적 절차와 기관의 참여가 이루어져야 한다.

청소년 행정은 궁극적으로 청소년을 위한 행정이란 점에서 그 특수성을 찾아볼 수 있다. 따라서 청소년 행정의 이념이나 목표는 어디까지나 청소년을 위해서 그들

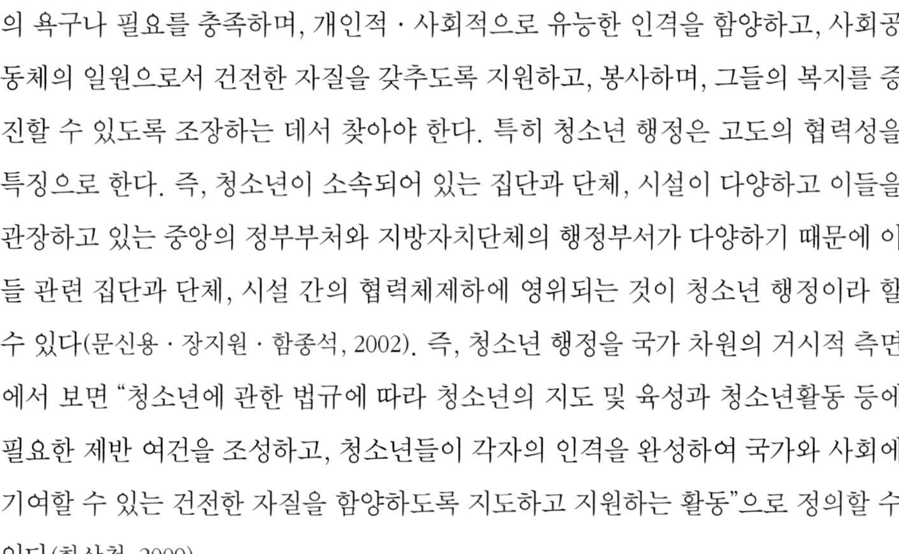

의 욕구나 필요를 충족하며, 개인적 · 사회적으로 유능한 인격을 함양하고, 사회공동체의 일원으로서 건전한 자질을 갖추도록 지원하고, 봉사하며, 그들의 복지를 증진할 수 있도록 조장하는 데서 찾아야 한다. 특히 청소년 행정은 고도의 협력성을 특징으로 한다. 즉, 청소년이 소속되어 있는 집단과 단체, 시설이 다양하고 이들을 관장하고 있는 중앙의 정부부처와 지방자치단체의 행정부서가 다양하기 때문에 이들 관련 집단과 단체, 시설 간의 협력체제하에 영위되는 것이 청소년 행정이라 할 수 있다(문신용 · 장지원 · 함종석, 2002). 즉, 청소년 행정을 국가 차원의 거시적 측면에서 보면 "청소년에 관한 법규에 따라 청소년의 지도 및 육성과 청소년활동 등에 필요한 제반 여건을 조성하고, 청소년들이 각자의 인격을 완성하여 국가와 사회에 기여할 수 있는 건전한 자질을 함양하도록 지도하고 지원하는 활동"으로 정의할 수 있다(한상철, 2009).

반면, 청소년 행정은 행정서비스이므로 지역사회 내의 다양한 환경요소(시설)와 청소년을 연관 지어 역할을 수행한다. 즉, 청소년을 위한 수단으로 청소년 행정에 접근하려면 지역 내 학교, 교육청, 경찰서 등 타 조직과의 연계가 필요하다고 본다. 이때 지역사회 내에서 네트워크를 구축하여 좀 더 효율적이고 수준 높은 행정서비스를 제공하기 위해서는 지방자치단체의 역할이 크다(장정인, 2006).

청소년 행정 개념은 일반적인 행정의 분류와 입장에 따라 국가공권설, 조건정비설, 정책집행설, 행정행위설, 포괄설로 나누어 설명할 수 있는데 요약하면 다음과 같다(김명수, 2002).

첫째, 국가공권설은 행정 주체를 국가 통치권 중의 하나로 인식하여 행정을 이미 규정된 법을 해석 · 집행하는 과정으로 보는 것이다. 즉, 청소년 관련 법규에 의한 청소년 행정을 집행하는 것으로 이해하는 것이다. 청소년에 관한 행정이지만 국가가 스스로 행하는 관치행정으로 지방자치단체의 고유 사무는 아니라는 입장이다.

둘째, 조건정비설은 청소년들을 위한 수단적 측면으로 청소년들의 욕구와 필요를 충족시켜 주는 것이다. 청소년들이 건전하게 성장할 수 있도록 필요와 요구를 충족할 수 있는 여건을 조성해 주는 것이라는 입장이다.

셋째, 정책집행설은 정치–행정 일원론적 입장이다. 여기서 청소년 행정은 청소년에 관한 정책을 수립하고 이를 국가권력을 통해서 실현하는 과정을 의미한다.

넷째, 행정행위설의 입장에서는 청소년 행정을 공공이든지 민간이든지 청소년정책을 실현하고 청소년을 위한 조직의 목표달성을 위해 상호협력적인 행위에 의해 이루어지는 제반 작용을 의미하게 된다.

다섯째, 포괄설의 입장에서 청소년 행정은 앞에서 살펴본 각각의 정의를 기반으로 어느 하나를 취하는 것이 아니라 상호 보완관계로 파악하고 포괄적인 차원에서 행정작용을 파악하고자 하는 입장이다.

이처럼 청소년 행정을 위의 다섯 가지 학설의 입장 중 어느 하나로 정의할 수는 없는데, 그 이유는 청소년 행정은 청소년층의 다양한 욕구를 반영하며, 시점과 지역에 따라 다르기 때문이다(곽근수, 2008). 또한 청소년 행정은 그 대상의 다양성으로 인해 고도의 탄력성, 비정형성적인 특징을 가지고 있다. 특히 청소년들은 심리사회적으로 다양한 속성을 지닌 만큼 속한 집단도 다양하다. 청소년 집단은 학교 청소년, 근로 청소년, 비행 청소년, 범법 청소년, 각종 시설에서 수용되어 있는 청소년과 각종 단체에 가입한 청소년 등으로 유형화되고 있으며, 그들은 다시 여러 하위집단으로 구분될 수 있다. 이러한 특징은 청소년 행정에서 다른 정부 부처와 고도의 협력이 필요함을 의미한다(문신용 · 장지원 · 함종석, 2002).

2) 청소년 행정의 변천과정

한국의 청소년 행정은 정부수립 후 현재까지 대략 7개 단계로 나누어 볼 수 있고, 정부의 청소년 행정 담당기구를 정리하면 〈표 4-2〉와 같다. 제1단계는 1948년 8월 정부수립 후부터 1964년까지로, 이 시기는 전후 민생현안 관련 정책 마련의 시급성 등으로 종합적인 청소년정책이 이루어지지 않은 단계이다.

제2단계는 1964년부터 1977년 8월까지로 나눌 수 있는데, 이 시기는 내무부 및 무임소장관실에서 청소년정책에 대한 업무를 관장하며 문제 청소년에 대한 규제 및 보호 위주의 청소년정책을 펼친 시기이다.

제3단계는 1977년 8월부터 1988년 6월까지 11년간으로 문교부와 국무총리실에서 청소년정책을 관장하였다. 이 기간 동안에 「청소년육성법」을 제정, 1987년 11월 28일에 공포하였다.

제4단계는 1988년 6월 정부 차원의 청소년 관련 전담조직을 설치, 운영한 시기로서 청소년들에 대한 종합적이고 장기적인 정책을 수립하여 추진할 수 있는 체제를 갖춘 시기라 할 수 있다. 1990년 9월 10일에는 직제를 청소년정책조정실로 확대 개편하여 2심의관 6과 61명을 두었다. 1991년 12월 31일에는 「청소년 기본법」을 제정하기에 이르렀다. 1997년 7월 7일에는 청소년보호 분야는 국무총리실의 청소년보호위원회에서 관장토록 하고 청소년육성 분야는 문화관광부에서 관장하도록 하여 이원화 체제를 갖추도록 하였다. 또한 청소년들이 삶의 질을 향상하고 건전한 민주시민의식을 함양하며 21세기 사회를 주도할 수 있는 자질과 능력을 배양할 수 있도록 한다는 정책목표 아래 제1차 청소년육성5개년계획(1993~1997)과 제2차 청소년육성5개년계획(1998~2002)을 수립 시행한 시기이며, 청소년헌장도 제정 시행하였다.

제5단계는 제3차 청소년정책5개년계획(2003~2007) 시행단계로 2003년부터 참여정부의 정책으로 2004년 12월 17일 정부혁신위에서 청소년정책기능 및 업무기능을 조정하고 확정 발표하였으며, 2005년 3월 5일 「청소년 기본법」과 「정부조직법」 개정안이 국회를 통과하여 청소년에 대한 정책기능과 집행기능이 문화관광부장관의 분장업무에서 국가청소년위원회로 이관되면서 2005년 4월 27일 국가청소년위원회가 공식 발족되었다.

제6단계는 2008년 이후 청소년 업무가 국가청소년위원회에서 이관된 시기로 제4차 청소년정책기본계획(2008~2012)에 따라 청소년정책기본계획의 성과 분석 결과와 환경변화 및 정책수요자의 요구를 반영하였다. 그러나 두 차례에 걸친 부처 이동으로 제4차 청소년정책기본계획은 사실상 추진되지 못하였다.

제7단계는 2010년 3월에 청소년 행정이 여성가족부로 이관되면서 제4차 청소년정책기본계획이 수정 · 추진된 시기이다. 기존에 수립된 제4차 청소년정책기본계획은 당시 사회적 요구를 수용하는 데에 초점을 두었으나, 각 부처 간의 사업 연계가 미약했고, 보편적인 정책으로의 확장이 어려워 급변하는 미래 환경변화에 적절한 대응책을 제시하는 데 한계를 보였다. 제5차 청소년정책기본계획(2013~2017)은 당시 박근혜 정부의 국정기조인 국민 행복과 연결되어 '청소년이 행복한 세상, 청소년이 꿈꾸는 밝은 미래'라는 정책 비전을 제시했다. 정책의 궁극적인 방향으로 청소년들의 행복실현과 삶의 질 문제를 전면에 내세우고, 청소년 스스로가 원하는 미래

표 4-2 청소년 행정의 변천과정

단계	연도	주무부처	담당부서 및 명칭	추진실적 및 주요 업무
1단계	1948. 8.~ 1964. 9.	내무부		청소년 및 일반인에 대한 산발적 규제
2단계	1964. 10.~ 1977. 8.	내무부 치안보안과	청소년보호 대책위원회	문제청소년 중심의 소극적 행정, 「미성년자보호법」(1961), 「아동복리법」(1961)
3단계	1977. 8.~ 1983. 3.	국무총리실 기획조정실	청소년 대책위원회	청소년선도 · 지도 · 육성 · 보호에 관한 종합적 기획시도, 문제청소년 중심의 소극적 행정
	1983. 4.~ 1985. 1.	문교부 청소년과	청소년 대책위원회	청소년 업무를 문교부 정책의 일부로 취급
	1985. 2.~ 1988. 6.	국무총리실 청소년정책심의관	청소년 대책위원회	청소년 선도 · 지도 · 육성 · 보호에 관한 종합기획
4단계	1988. 6.~ 1990. 9.	체육부 청소년국	청소년 육성위원회	• 청소년보호 · 육성 · 선도 지원에 관한 조정(문제청소년 중심 행정에서 벗어나지 못함) • 청소년육성법 시행, 청소년헌장 제정
	1990. 9.~ 1993. 3.	체육청소년부 청소년정책조정실	청소년 육성위원회	• 청소년육성을 선도, 지원, 보호, 육성, 교정, 지도로 내용 정리 • 문제 중심의 청소년에서 전체 청소년에 대한 행정으로 전환 • 「청소년 기본법」 제정 • 한국청소년기본계획
	1993. 3.~ 1998. 2.	문화체육부 청소년정책실 청소년보호위원회	청소년 육성위원회	• 제1차 청소년육성5개년계획 • 청소년육성 중 청소년보호업무 별도 설정 • 「청소년 보호법」 제정 • 청소년보호위원회 설치
5단계	1998. 2.~ 2005. 4.	문화관광부 청소년국 국무총리실 청소년보호위원회	청소년 육성위원회, 청소년 보호위원회	• 제2차 청소년육성5개년계획 • 청소년헌장 개정 • 청소년보호위원회 총리실 이관 • 「청소년 성보호에 관한 법률」 제정 • 제3차 청소년정책5개년계획 수립
	2005. 4.	국무총리실 청소년위원회	청소년위원회	청소년정책 전담 중앙행정기구 설치(문화관광부 청소년국과 청소년보호위원회 통합)
	2006. 3.~ 2008. 2.	국무총리실 국가청소년위원회	국가 청소년위원회	• 「청소년 기본법」 개정으로 명칭 변경 • 단일청소년전담조직 출범

6단계	2008. 3.~ 2010. 2.	보건복지가족부	아동청소년 정책실	•「아동 · 청소년통합 청소년 성보호에 관한 법률」 개정 • 제4차 청소년정책기본계획(2008~2012) 실행
7단계	2010. 3.~ 현재	여성가족부	청소년 가족정책실	• 제4차 청소년정책기본계획(2008~2012) 일부 수정 • 제5차 청소년정책기본계획(2013~2017) • 제6차 청소년정책기본계획(2018~2022)

를 구축해 나간다는 의미로 자기주도성과 적극적 참여를 강조했다. 제5차 청소년정책기본계획에서는 제4차 청소년정책기본계획의 연계선상에서 새로운 환경변화에 기초하여 범부처 차원의 포괄적이고 균형적인 청소년정책을 추구했다. 이를 위해 청소년의 역량 강화, 청소년의 참여 및 증진, 조화로운 성장, 안전하고 건강한 환경조성이라는 4가지의 정책목표와 5개 영역 15대 중점과제를 설정하였다. 그 후 제6차 청소년정책기본계획(2018~2022)은 공정하고 안전한 사회 환경에서 청소년들이 자기주도적 참여와 활동을 통해 현재를 즐기고, 미래사회에 필요한 역량을 갖추어 자립할 수 있도록 하고 청소년을 존중하는 사회로 나아가는 것을 제시하였다.

청소년 행정 업무는 초창기 청소년현안에 대한 각계 전문가의 협의와 심의 기능이 중심이 되었으며, 실질적인 청소년 행정업무는 1987년 체육부 내 청소년국이 설치되면서부터라고 해야 할 것이다. 그 이후 체육청소년부, 문화체육부, 문화관광부로 명칭 변경을 하면서 청소년국 또는 청소년정책조정실이 중앙정부의 청소년 행정을 총괄하였으며, 1998년 국무총리실 산하의 청소년보호위원회가 별도로 설치되면서 소위 육성과 보호의 이원행정체제가 마련되었다. 이에 청소년 전문가와 교수들의 비판이 제기되면서 육성과 보호를 일원화하려는 시도가 이루어졌으며, 2006년 국가청소년위원회라는 명칭으로 청소년행정부처가 국무총리실 산하 독립된 행정부서로 정착되었다. 그러나 국가청소년위원회의 행정업무는 2008년 아동정책과 통합된 형태로 보건복지가족부로 이관되었으며, 다시 2010년 여성가족부 내 청소년가족정책실로 가족정책과 함께 업무이관을 하게 되었다.

이렇듯 청소년정책은 지난 30여 년 동안 여러 부처를 전전하면서 여성가족부로 귀착되어 왔다. 「정부조직법」을 개정할 때마다 논란의 중심에 있던 청소년정책은 타 부처처럼 주도적 관점에서 반드시 필요함을 전면에 내세운 개편이 아닌 수동적이고 끼워 맞추기식의 개편으로 일관하여, 정작 주관부서에서조차도 제 기능을 하기보다는 명맥을 유지하는 수준에 머물고 있다.

청소년정책을 주관하는 행정부처가 수시로 변경되고 부처 내에서조차 홀대를 받아 왔던 것은 근본적으로 국가 차원에서 청소년정책의 중요성에 대한 인식 부족이 중요한 요인이라고 할 수 있다. 전문가들의 의견이나 학문적 토대를 무시한 채 사회압력단체들의 강압적인 논리나 주장에 편승하면서 본질을 왜곡하거나 무시해 왔기 때문이다. 결국 잦은 명칭 변경과 업무이동으로 담당부서의 업무의 연계성 및 전문성을 확보하지 못하게 되어 청소년정책의 독립된 기능을 수행하지 못하게 되었다(이현동 · 김영찬, 2019).

3) 광역 및 기초 자치단체의 청소년 행정조직

중앙의 청소년 행정부서와 마찬가지로 지방자치단체의 청소년 행정부서 역시 수시로 변화되어 왔으며, 심지어 광역자치단체의 행정조직에 독립된 청소년과는 물론이고 '청소년'이란 용어조차 찾아보기 어려운 곳도 있다. 특히 과거에는 기초자치단체 대부분 새마을과, 사회복지과, 평생교육과 등에서 청소년업무 담당자 1명 정도가 업무를 총괄하고 있을 뿐 독립된 조직은 찾아보기 어려운 시기도 있었다(한상철, 2013).

광역자치단체의 청소년 행정은 시 · 도 청소년과에서는 청소년육성 전담공무원으로 편성된 청소년육성 전담기구를 두고 지방청소년육성위원회의 운영에 관한 사항 및 지방 청소년업무의 총괄, 조정 기능을 수행함으로써 중앙과 청소년업무 연계 추진체계를 구축하고 있다. 청소년과의 업무 분장을 살펴보면 대체적으로 청소년 건전육성기본계획 수립 시행, 청소년 관련 법인단체의 지도 · 단속, 청소년자원봉사센터 운영, 청소년참여위원회 운영 및 청소년육성기금의 조성 · 운용, 청소년수련시설 허가 · 관리 · 지도 · 감독, 공공청소년수련시설 설치 · 운영 및 지원, 근로청소년 · 비정규학교 지원 및 청소년공부방 운영, 청소년보호 기본계획 수립 시행 및 평가, 각종 프로그램 개발 보급, 청소년 보호 민간단체 · 시민운동 지원, 청소년유해환경 감시 · 신고 · 고발창구 · 청소년지원센터, 청소년보호에 관한 업무 등을 하고 있다.

기초자치단체의 청소년 행정은 기초자치단체의 시 · 군 · 구 청소년계에서는 청소년정책의 서비스대상자인 청소년을 대상으로 직접적인 서비스를 제공하는 역할을 수행하며, 청소년 관련시설에 대한 지원업무를 수행하고 있다. 시 · 군 · 구 청소년계의 업무분장은 청소년육성지도자 선발 · 육성, 청소년건전활동 보급 · 지원, 청소년 수련터전 확충 운영, 어려운 청소년 지원 및 상담, 청소년단체 육성 · 지도, 비정규 야간학교 학습지원, 무직 · 비진학 청소년기술교육에 따른 업무 등을 담당하고 있다.

실제로 청소년을 위한 주요 행정업무는 사실 국가보다는 각 지역 수준에서 이루어지고 있는 점에서 중앙정부의 법률 외에도 지방정부의 정책과 조례가 중요한 지위를 차지하고 있는 것이 현실이다. 1995년 이후 지방자치제가 본격적으로 시행되면서 비교적 자율적으로 지역특성과 주민의 욕구를 제도에 반영시킬 수 있으며, 이와 관련된 조례를 제정할 수 있게 되었다. 즉, 「청소년 기본법」에 따르면 국가와 지방자치단체 모두를 청소년에 대한 책임의 주체로 인정하고 있으며 실제로 업무의 상당 부분이 지방자치단체에 의해 이루어지도록 규정하고 있다(이준화, 2010).

따라서 청소년육성사업의 지속성과 공정성 확보를 위한 조례 제정은 물론 지역고유의 특성을 고려한 청소년정책 수행이 활성화되어야 하고, 청소년의 욕구에 능동적으로 대처하기 위한 실효성 있는 지원이 필요하다.

4) 기타 청소년 관련 행정조직

(1) 지방청소년육성위원회

「청소년 기본법」 제11조에 따르면 청소년육성에 관한 지방자치단체의 주요 시책을 심의하기 위하여 특별시장 · 광역시장 · 특별자치시장 · 도지사 · 특별자치도지사 및 시장 · 군수 · 구청장(자치구의 구청장에 한함)의 소속하에 지방청소년육성위원

회를 두도록 되어 있다. 지방청소년육성위원회의 구성, 조직, 그 밖의 운영에 관하여 필요한 사항은 조례로 정하도록 되어 있다.

위원회의 성격은 각 시 · 도별로 상이한데, 부산, 대구, 인천, 광주, 대전, 경기, 전북, 제주는 심의기구로 운영되고 있고, 울산, 세종, 충북, 충남, 경북, 경남은 자문기구로 운영되고 있으며, 서울, 강원, 전남은 자문기구와 심의기구의 역할을 겸하고 있다.

(2) 한국청소년활동진흥원

한국청소년활동진흥원은 「청소년활동 진흥법」 제6조에 의해 청소년활동 현장과 정책을 총괄 지원하여 청소년육성을 지원하고자 설립된 공공기관이다. 한국청소년활동진흥원이 수행하고 있는 주요 정책지원사업으로는 청소년활동프로그램을 인증하고 그 기록을 유지 · 관리 · 제공하는 '청소년수련활동인증제'가 있다. 또한 청소년 자원봉사활동의 지원과 기록 관리, 청소년들이 신체단련 · 자기계발 · 자원봉사 · 탐험활동을 고르게 수행하여 지속적으로 자기계발을 할 수 있도록 지원하는 '국제청소년성취포상제'가 있다. 수련시설 종합 안전점검 지원 및 안전 관련 컨설팅 홍보, 그리고 국내외 청소년 및 청소년지도자의 글로벌 역량강화를 위한 교류활동의 진흥 및 지원사업 등이 있다. 이와 함께 청소년활동 활성화의 근간이 되는 국립청소년수련시설의 운영과 청소년지도자 양성 및 전문성 제고를 주된 기능으로 하고 있다.

한국청소년활동진흥원은 국가가 설치하는 수련시설에 대한 유지 · 관리 및 운영을 담당하여 2019년 말 현재 국립중앙청소년수련원(충남 천안), 국립평창청소년수련원(강원 평창), 국립청소년우주센터(전남 고흥), 국립청소년농생명센터(전북 김제), 국립청소년해양센터(경북 영덕) 등으로 총 5개소의 국립청소년수련시설을 각 원별 특성을 살려 운영하고 있다

(3) 한국청소년상담복지개발원

한국청소년상담복지개발원은 「청소년복지 지원법」 제22조에 의해 설립된 여성가족부 산하 공공기관이다. 한국청소년상담복지개발원의 주요 기능으로는 지방자

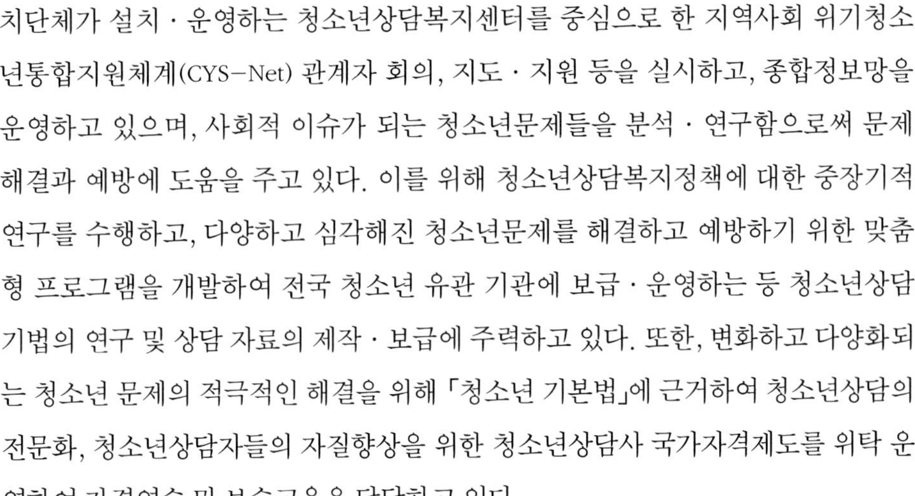

치단체가 설치 · 운영하는 청소년상담복지센터를 중심으로 한 지역사회 위기청소년통합지원체계(CYS-Net) 관계자 회의, 지도 · 지원 등을 실시하고, 종합정보망을 운영하고 있으며, 사회적 이슈가 되는 청소년문제들을 분석 · 연구함으로써 문제해결과 예방에 도움을 주고 있다. 이를 위해 청소년상담복지정책에 대한 중장기적 연구를 수행하고, 다양하고 심각해진 청소년문제를 해결하고 예방하기 위한 맞춤형 프로그램을 개발하여 전국 청소년 유관 기관에 보급 · 운영하는 등 청소년상담기법의 연구 및 상담 자료의 제작 · 보급에 주력하고 있다. 또한, 변화하고 다양화되는 청소년 문제의 적극적인 해결을 위해 「청소년 기본법」에 근거하여 청소년상담의 전문화, 청소년상담자들의 자질향상을 위한 청소년상담사 국가자격제도를 위탁 운영하여 자격연수 및 보수교육을 담당하고 있다.

(4) 한국청소년정책연구원

한국청소년정책연구원은 「청소년육성법」 제19조에 의거하여 1989년 7월 1일에 '한국청소년연구원(National Youth Policy Institute: NYPI)'으로 설립되어 청소년분야 국책연구기관으로 국가 청소년정책 수립에 기여해 오고 있다. 1991년 12월 31일에 제정 · 공포된 「청소년 기본법」 제50조에 의거하여 1993년 1월 1일에 '한국청소년개발원'으로 확대 및 개편되었고, 1999년 1월 29일 「정부출연연구기관 등의 설립 · 운영 및 육성에 관한 법률」이 시행됨에 따라 국무총리 산하 '인문사회연구회'에 소속되었다. 한편, 2005년 국무총리 산하 '인문사회연구회'와 '경제사회연구회'가 통합되어 국무총리 산하 '경제 · 인문사회연구회(National Research Council for Economics, Humanities And Social Sciences: NRC)'로 소속이 이관되었고, 2007년 5월 「정부출연연구기관 등의 설립 · 운영 및 육성에 관한 법률」이 개정됨에 따라 '한국청소년정책연구원'으로 명칭이 변경되었다.

한국청소년정책연구원은 청소년 기초조사 및 정책연구 수행, 청소년정책평가 및 자문 지원, 국내외 교류 및 협력사업 추진, 정책 및 연구자료 제공 등 국책연구기관으로서의 역할을 수행한다.

특히 국가 · 지방자치단체의 청소년 관련 정책수립을 위한 연구 및 정책 현안에 대한 대응방안과 프로그램을 개발하고, 민간부문에서 이루어지는 각종 청소년 관

련 사업의 원활한 추진을 위한 지원 및 자문을 제공하는 등 청소년분야의 중추정책 기관으로서의 역할을 수행하고 있다.

03 청소년 행정 개선방안

1) 청소년 행정 인력의 전문성 확보

청소년 행정은 전문성이 요구되는 정책으로 다른 정책에 비해 세심한 관심과 배려가 요구되나, 전문성을 확보하기 위한 다양한 방안의 강구가 선행되지 못하고 있는 실정이다. 인력의 확보가 선행되어야 전문성을 높일 수 있으나 인력이 부족한 현재의 상황에서는 공무원의 전문성 확보가 어려운 것이 현실이다. 특히 청소년 행정의 효율적인 추진을 위해서는 청소년을 이해하고, 관련 제도 및 정책을 보완하는 데 청소년분야의 전문성이 강화되어야 한다.

청소년과 관련된 업무나 행정은 그 나름의 독자성과 고유성을 갖고 있다. 청소년 업무의 독특성은 관련 전문가에 의한 업무수행의 필요성을 강력하게 제기한다. 나아가 일반 행정과 분리 독립된 행정체계를 요구하는 데까지 이르게 할 수도 있다. 특히 빈번한 보직순환으로 인해 업무 담당자의 전문성이 부족해질 수 있으므로 실질적인 업무 수행이 가능하고, 지원하기 위한 청소년육성 전담공무원 배치는 매우 필요하다. 「청소년 기본법」 제25조에 특별시 · 광역시 · 특별자치시 · 도 · 특별자치도, 시 · 군 · 구 및 읍 · 면 · 동 또는 제26조에 따른 청소년육성 전담기구에 청소년육성 전담공무원을 둘 수 있다는 근거를 기반으로 일부 전담공무원을 채용하고 있지만 보편화된 것은 아니기 때문에 더욱 확대되어 청소년정책의 안정성을 도모하고, 중앙과 지방의 청소년정책의 유기적 연계를 강화해야 한다.

2) 청소년 행정 부서 간 협력 증진

청소년 행정은 특정부서의 독단적인 수행으로 효율성을 확보하기 어려우며 부서 간의 협력이 매우 중요한 정책이라 할 수 있으나, 청소년 행정을 담당하고 있는 공무원들은 부서 간의 협력이 부족한 것이 사실이다. 협조체계의 구축이 시급한 실정이다. 청소년 관련 업무는 정부의 거의 모든 부처에 이르기까지 광범위하게 분산되어 있기 때문에 각 부처에서 주관하는 청소년업무들과 협력해서 청소년과 청소년 현장실무에 적용할 수 있어야 한다.

이를 위해서는, 첫째, 행정 주체의 명확성과 일관성을 유지하면서 모든 단계에서 관련 부처 및 기관과의 협력 메커니즘을 만들어야 한다. 둘째, 정책의 목표로서 청소년 가치에 대한 이해 부족을 극복하고, 정책 대상으로서 청소년 집단에 대한 애정과 배려가 필요하다. 이것은 곧 청소년분야에 대한 정책적 확신과 배려가 우선시될 때 실행 가능하다. 셋째, 청소년정책이 여러 관련 부처에서 수행됨에 따라 발생하는 업무의 중복과 비통합성을 극복해야 한다. 따라서 청소년 행정은 청소년분야의 다양한 부서와 이해당사자들의 적극적인 참여와 협력을 전제로 청소년정책 및 사업의 공공성을 유지하고, 목표달성을 위한 역할과 책무성이 함께 강조되어야 한다.

또한 청소년 행정업무를 담당하는 실무자들은 업무 수행 시 협조가 가장 필요한 기관으로 학교를 꼽고 있다. 청소년들의 실제 활동이 대부분 학교에서 이루어져 그들의 현황을 파악하기가 가장 용이하므로 학교와의 협력과 연계가 중요하다.

3) 청소년 행정 기능 강화

청소년 행정은 다양한 분야로 분류되어 업무의 성격에 따라 다양한 주체가 정책을 수행하고 있어 업무가 중복되어 있거나 그 성격의 규명 역시 모호한 것이 현실이다. 특히 청소년 전담 부서는 조직개편에 따라서 여러 부서로 이관되거나 통폐합되어 왔다. 이러한 이유로 청소년 행정을 전담하고 있는 부서에서조차 청소년 행정의 각 분야에 대한 개념이 명확하게 규정되어 있지 못해 업무분담 역시 모호할 수밖에 없는 것이 현실이다. 공무원 역시 잦은 조직개편에 따른 심각성을 인식하고 있으며,

이러한 업무분담의 모호성이 청소년 행정의 효율적인 추진에 있어서 장애요인으로 작용하고 있다.

조직의 패러다임과 기술의 발전, 급격한 정치적 · 경제적 · 사회적 변화 그리고 조직 내의 정체성 혼란 등은 조직개편의 원인이 될 수 있다(김윤권, 2008). 그러나 조직개편에 따른 주무부처의 빈번한 이동이 청소년정책의 정체성에 부정적인 영향을 미칠 수 있으므로 행정전달체계로서의 역할을 강화하고, 공공성 확보를 위해 중앙정부 차원에서 광역 또는 기초지자체 단위의 연계성을 유지하고 기능을 강화해야 한다. 또한 공공과 민간이 혼합되어 현장 중심의 청소년 행정을 실천하는 구체적인 방안을 포함해야 한다.

4) 청소년 행정의 성과 측정 강화

행정이라는 공공부문의 성과, 즉 공공서비스의 성과는 서비스 생산의 객관적 · 경제적 측면과 공급된 서비스의 객관적 수준이 주민에게 전달된 결과로서 나타나는 영향과 같은 주관적 · 정치적 측면으로 구분하여 고려해야 한다. 경제적 측면은 공공부문의 성과를 공공기관이 부여받은 임무에 대하여 얼마나 능률적이고 효과적으로 수행했는가에 초점을 맞추어 파악하는 반면, 정치적 측면은 보다 포괄적인 견해로서 공공기관이 업무를 주민의 욕구와 요구에 어느 정도 대응적으로, 그리고 주민에게 얼마나 공평하게 수행했는가에 초점을 맞추고 있다. 성과측정을 위해서는 먼저 제6차 청소년정책기본계획이 추구하는 있는 정책목표를 살펴보아야 한다. 즉, ① 청소년 참여 및 권리 증진, ② 청소년 주도의 활동 활성화, ③ 청소년 자립 및 보호지원 강화, ④ 청소년정책 추진체계 확산을 목표로 하고 있다.

청소년 행정의 성과는 주요 지표를 통해서 그 효과성을 측정할 수 있는데 주요 지표의 현재 값과 목표는 다음 〈표 4-3〉과 같다.

표 4-3 청소년 행정의 성과

영역	주요 지표명	현재 (2014~2017년)	목표 (2022년)
차상위 지표	삶의 만족도	6.3점	6.9점
	주관적 행복감	82점	100점
청소년 참여 및 권리증진	청소년 참여 보장 수준	60.7%	65.0%
	청소년 인권 존중 정도	77.3%	80.0%
	청소년 인권교육 경험률	66.6%	75.0%
청소년 주도의 활동 활성화	단체활동 참여율	31.9%	37.0%
	청소년 수련활동 인증 건수	4,159건	4,221건
청소년 자립 및 보호지원 강화	학교 밖 청소년 자립 인원	16,000명	21,000명
	니트(NEET) 비율	18%	15%
	아동 · 청소년 빈곤율	7.1%	5%
	스마트폰 과의존율	30.3%	28%
	아르바이트 부당처우 경험률	19.6%	15%

*출처: 여성가족부(2018).

성과지표에서 나타났듯이 청소년들에게 가장 중요한 것은 행복과 긍정적인 삶이다. 특히 아무리 경제적 · 사회적 · 정서적으로 만족하다고 할지라도 주관적인 행복감이 100점이 되기는 쉽지 않다. 그러나 주관적 행복감 점수를 100점으로 목표로 한다는 것은 청소년 행복을 지원하기 위한 강한 의지를 의미한다. 따라서 주요 지표의 목표를 달성하기 위해서 청소년 행정은 더욱 효율적으로 제공되어야 하고, 공공서비스의 질적 향상을 위해 더욱 다양한 전략을 모색해야 한다.

요약

1. 행정은 반드시 조직을 전제로 하고, 공동목표가 있으며, 청소년 행정의 개념은 국가공권설, 조건정비설, 정책집행설, 행정행위설, 포괄설에 따라 다르게 개념화할 수 있다.

2. 청소년 행정은 청소년을 위한 행정이고, 청소년을 대상으로 하는 행정이지만 대상의 특성에 따라 다양하므로 고도의 탄력성, 협력성을 특징으로 한다.

3. 청소년 행정은 그 자체가 목적이 아니라 청소년활동을 지원하는 수단이며, 궁극적으로는 청소년의 선도나 보호라는 소극적 목적에 머문 것이 아니라 그들의 타고난 소질을 최대한으로 발휘하여 개인적 삶의 질을 높이고 가정과 국가사회 및 인류세계에 기여할 수 있는 인간으로 육성하는 것이다.

4. 청소년 행정은 1948년 주무부처가 내무부에서 시작하였고, 2010년 3월 이후로 여성가족부가 청소년 행정업무를 담당하였는데, 지난 30여 년 동안 여러 부처를 거쳐 왔다.

5. 청소년 행정이 실효성 있도록 청소년에게 전달되기 위해서는 청소년 행정 인력의 전문성 확보, 청소년 행정 부서 간 협력 증진, 조직개편에 따른 청소년 행정 기능 강화, 청소년 행정의 성과 측정 강화가 필요하다.

참고문헌

곽근수(2008). 지방자치단체 청소년행정의 문제점과 개선방안: 충청남도를 중심으로. 공주대학교 경영행정대학원 석사학위논문.

김명수(2002). 지방자치단체의 청소년행정체계 활성화방안에 대한 연구. 원광대학교 대학원 석사학위논문.

김윤권(2005). 중국 중앙행정부의 행정기능과 행정기구 및 그 변화. 한국행정학보, 39(1), 89-109.

김윤권(2008). 중국 대부제 행정개혁의 동인과 제약. 한국행정학보, 42(4), 291-316.

김진호(2001). 인터넷시대의 행정학 입문. 서울: 박영사.

문신용 · 장지원 · 함종석(2002). 바람직한 청소년 행정체계 개선방안. 서울: 국무총리 청소년보호위원회.

박동수(2007). 공공행정 e-서비스 품질에 관한 연구. 한세대학교 대학원 박사학위논문.

박우순(2000). 현대조직론. 서울: 법문사.

백정현(2005). 최신 행정학요론. 서울: 학문사.

여성가족부(2018). 제6차 청소년정책 기본계획. 관계부처합동. 서울: 여성가족부.

오세홍 · 원한식(1995). 행정학의 정체성을 위한 전제로서 행정의 본질. 한국자치행정학보, 9, 63-81.

이도형(2012). 행정학의 샘물. 서울: 선학사.

이문영(1991). 자전적 행정학. 서울: 실천문학사.

이종수 · 윤영진 · 이종수 · 곽채기 · 채원호 · 이재원 · 하정봉 · 윤영진 · 강인재(2010). 새행정학. 서울: 대영문화사.

이준화(2010). 지방자치단체의 청소년 관련 조례현황과 제장의 방향에 관한 연구: 광역자치단체를 중심으로. 고려대학교 정책대학원 석사학위논문.

이현동 · 김영찬(2019). 한국 청소년정책의 진단과 발전 방안. 교육문제연구, 25(1), 29-51.

임용순 · 김영덕(2011). 지방교육인사행정의 부정적 영향요인에 대한 교육공무원의 인식분석. 교육행정학연구, 29(1), 83-107.

장정인(2006). 서울시 자치구의 청소년행정서비스 개선방안에 관한 연구. 서울시립대학교 도시과학대학원 석사학위논문.

한상철(2009). 지방자치단체의 청소년행정과 청소년수련시설 운영에 관한 비판적 고찰. 청소년행동연구, 14, 71-87.

한상철(2013). 청소년정책의 성격과 국가행정 부처 변경을 위한 제언. 청소년행동연구, 18, 5-27.

제5장

청소년 재무행정

학습개요

재무행정은 국가나 지방자치단체, 기타 공공기관이 다양한 유형의 공공정책을 수행하는 데 필요한 재원을 경제적 · 합리적으로 조달 · 배분하고 이를 효율적으로 관리 · 운용하는 일련의 과정을 의미한다.

청소년육성 재정은 국가와 지방자치단체의 공익사업인 청소년육성정책을 위해 국가나 공공단체가 필요한 재원을 확보 · 배분 · 지출 · 평가하는 활동이다. 다시 말하면, 청소년육성 재정은 청소년수련활동 지원이나 복지증진, 문화 및 교류, 청소년보호 등 다양한 유형의 청소년 정책을 수립 · 추진하기 위해 필요한 재원을 국가와 지방자치단체가 확보 · 배분 · 지출 · 평가하는 일련의 활동이다. 특히 청소년육성 재정은 국가에 의한 공공재원 및 기금의 확보와 집행에 직접 관련되어 있다.

이 장에서는 재무행정에 대한 일반적인 개념을 설명하고, 청소년육성 재무행정의 현황과 개선방안을 설명하고자 한다.

01 재무행정의 일반적 개념

1) 재무행정의 개념

재정이란 국가가 국민들의 공적 욕구를 충족시키기 위하여 수행하는 물적 자원의 동원과 배분 및 관리 활동을 의미한다. 국가는 국민들이 부담하는 조세 등을 통해 재원을 확보하여 이를 국방, 치안, 일반행정 등 국가를 유지하기 위한 기본적인 역할을 수행하는 데 지출한다(장용덕, 2012). 재정은 정부의 기능을 수행하기 위하여 반드시 필요하다. 즉, 정부의 기능을 수행하기 위해서는 국민의 요구와 필요를 반영하여 정책을 수립하고 재정적인 집행이 반영되어야 한다. 이 과정에서 국민요구에 대한 반응성과 집행결과에 대한 책임성이 보장되어야 하고, 구체적으로 이는 예산과정을 통하여 확보되어야 한다. 정책 형성과 집행은 곧 예산 편성과 집행으로 구체화되는데, 실질적인 정책형성과 예산편성, 사업의 예산집행이 동시에 이루어진다. 그러나 이때 각 부처장관들로만 이루어지는 것이 아니라 여러 사람이 참여하는 전문화된 분업과 조정을 필요로 한다(나중식, 1995).

재무행정은 국민의 욕구들을 충족시키기 위하여 중앙정부, 지방정부, 공공기관 등이 사회로부터 재원을 동원하고, 그것을 배분하고, 사용하는 일체의 활동으로서 이를 관리 · 운용하는 것과 연관된 일련의 활동이라고 정의할 수 있다(하연섭, 2010). 즉, 국가나 지방자치단체, 기타 공공기관이 다양한 정책과 조직의 목적을 달성하고 수행하는 데 필요한 재원을 경제적 · 합리적으로 조달 · 배분하고 이를 효율적으로 관리 · 운용하는 과정을 의미한다.

한국의 재무행정은 환경의 변화와 재무기법의 발달에 따라 내용이 급격하게 변화되고 있는데, 예산과정에서부터 정치적 · 경제적 분석에 치중해 왔지만 근래에는 점점 재정적 자원의 관리를 위한 회계, 재무관리 및 재무분석으로부터 확대되는 경향을 보이고 있다(이정희, 2012).

재무행정은 학자마다 경제적 · 정치적 · 제도적(관리적) 측면에서 어떻게 강조하느냐에 따라 다르게 설명되고 있다. 재무행정은 재정의 3개 기능, 즉 자원배분, 소득분배, 경제성장과 안정을 바탕으로 설명할 수 있다(Musgrave, 1959). 사회집단 간의 타협과 조정의 산물인 예산에 대해 사회집단의 다양한 이해관계를 조정하고 이를 통한 개인과 집단 간의 갈등과 합의를 의미하는 정치적 측면이 강조되었다(Wildavsky, 1961). 한편, 합리적인 재원의 동원과 배분, 관리의 중요성을 강조하면서 이러한 관리적 역할이 바로 재무행정임이 강조되기도 하였다(Caiden, 1990). 그러나 재무행정은 경제, 정치, 관리적 측면을 모두 포함하는 것으로 다차원적으로 인식되며, 따라서 재정에 관한 연구에는 다차원적 접근의 필요성이 제시되고 있다(하연섭, 2010).

정부의 살림살이를 계획하는 것을 예산이라 할 때 정부의 살림살이와 국가경제는 떼려야 뗄 수 없는 관계이므로 국민경제와 정부의 역할에 대한 이해가 필수적이다. 재무행정은 세입과 세출예산과정 그리고 재무관리를 포함하고 있으므로 재무제표를 읽을 줄 알아야 하고, 다양한 재원조달 방법도 숙지해야 하며, 더욱 효율적으로 공공사업을 추진하고 평가하는 방법에 대한 학습도 재무행정의 몫이다. 제한된 자원으로 서비스 수요를 충족하여야 하므로 재무행정에서는 재원동원 및 배분 그리고 내부적 통제 및 효율적인 활용을 위한 종합적인 관리수단에 대한 학습을 주요 내용으로 한다. 따라서 재무행정이 포괄하는 세 가지 주요 활동은, 첫째, 재정정책 및 거시경제, 둘째, 효율적인 재원배분, 셋째, 재원통제라 할 수 있다. 따라서 재무행정은 행정조직의 기본적 관리과정, 즉 전략계획, 구체적 사업계획, 사전 및 사후평가와 어우러지며 세출, 세입 그리고 회계통제 과정을 통하여 긴밀히 연계된다(박정수, 2006).

2) 재무행정의 기능

재무행정은 국민의 다양한 욕구를 충족시키기 위해서 행정부가 사회로부터 재원을 동원하고, 배분하는 일체의 활동을 말한다. 사람을 관리하고 운영하는 인사행정과 비교해 볼 때 조직을 효율적으로 운영하는 것을 목적으로 한다는 점에서는 공통

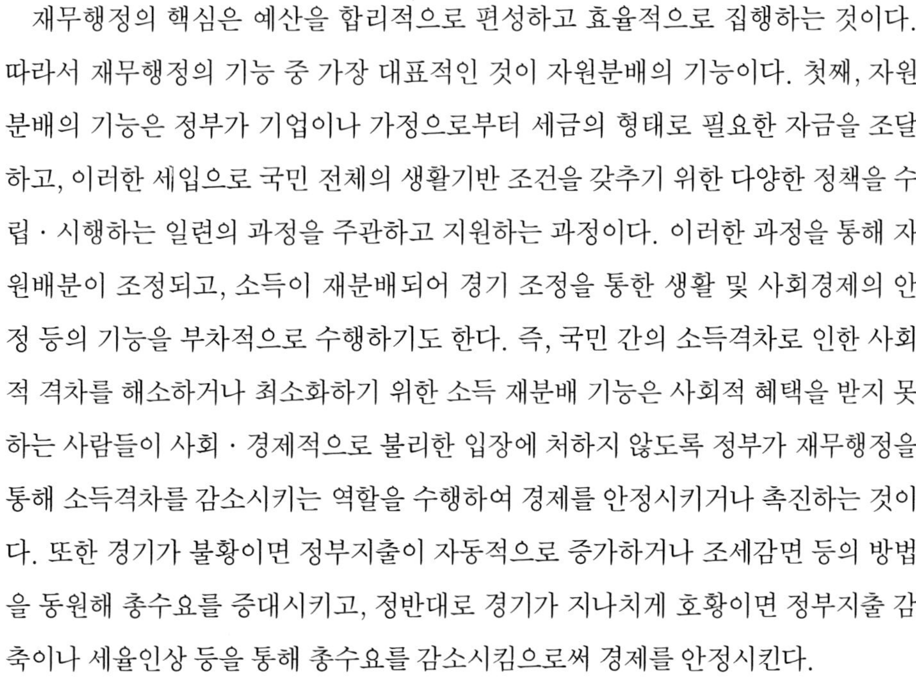

점이 있지만 재무행정은 금전적 자원의 분배와 조정, 조달 등에 더욱 초점을 맞추고 있다.

재무행정의 핵심은 예산을 합리적으로 편성하고 효율적으로 집행하는 것이다. 따라서 재무행정의 기능 중 가장 대표적인 것이 자원분배의 기능이다. 첫째, 자원분배의 기능은 정부가 기업이나 가정으로부터 세금의 형태로 필요한 자금을 조달하고, 이러한 세입으로 국민 전체의 생활기반 조건을 갖추기 위한 다양한 정책을 수립 · 시행하는 일련의 과정을 주관하고 지원하는 과정이다. 이러한 과정을 통해 자원배분이 조정되고, 소득이 재분배되어 경기 조정을 통한 생활 및 사회경제의 안정 등의 기능을 부차적으로 수행하기도 한다. 즉, 국민 간의 소득격차로 인한 사회적 격차를 해소하거나 최소화하기 위한 소득 재분배 기능은 사회적 혜택을 받지 못하는 사람들이 사회 · 경제적으로 불리한 입장에 처하지 않도록 정부가 재무행정을 통해 소득격차를 감소시키는 역할을 수행하여 경제를 안정시키거나 촉진하는 것이다. 또한 경기가 불황이면 정부지출이 자동적으로 증가하거나 조세감면 등의 방법을 동원해 총수요를 증대시키고, 정반대로 경기가 지나치게 호황이면 정부지출 감축이나 세율인상 등을 통해 총수요를 감소시킴으로써 경제를 안정시킨다.

두 번째로 재무행정은 예산의 기능으로서 통제, 관리, 기획 등에 초점을 두고 있다(Caiden, 1990). 즉, 합리적인 재원의 동원과 배분, 관리가 가장 중요하다는 것이다. 예산운용에 있어서 효율성이라는 개념 자체가 자원의 제약하에서 주어진 목표를 어떻게 달성하는 것이 가장 바람직한가를 판단하는 것이므로, 이 역시 합리성을 전제한다. 따라서 재무행정의 관리적 측면에서는 예산 편성과 집행의 과정을 어떻게 조정함으로써 효율적이고 효과적인 예산결과를 만들어 낼 수 있느냐에 관심을 가지는 것이 특징이다.

세 번째로 청소년 재무행정의 기능은 무엇보다도 청소년정책에 대한 체감 수준을 높이는 기능을 하는 것이다. 지역 간 차별 없이 균등하게 일정 수준 이상의 정책서비스를 분배하는 재정적 지원이다. 재정적 지원이 지속적으로 증가하고 있다면, 청소년정책의 시행 및 추진, 그리고 그 정책목표의 달성에도 긍정적인 영향력을 발휘할 수 있다.

02 청소년 재무행정의 이해

1) 청소년육성 재원

청소년육성 재원은 그 주체에 따라 중앙정부나 지방자치단체 등 공공부문에 의한 공공재원, 민간단체나 기관에 의한 민간재원, 그리고 앞의 두 가지 재원의 성격을 모두 가지고 있는 기금재원 등으로 구분할 수 있다. 공공재원은 중앙정부재정의 일반회계와 특별회계에서 지출되는 국고부담과 지방자차단체의 재정에서 부담하는 지방비 등으로 구성된다. 즉, 청소년시설 확충 및 여건조성을 위한 중앙정부의 국고예산, 시 ·군 · 구 및 읍 · 면 · 동의 청소년 시설 건립 등을 위한 지방양여금, 청소년프로그램사업 지원 등을 위한 청소년육성기금으로 구분할 수 있다(김동규, 2007).

청소년육성 재원은 공공부문 재정확보와 더불어 민간부문의 참여도 중요시해야 한다. 민간재원은 청소년육성에 대한 공공부문의 부족에 대한 해결책으로 제시될 수 있기 때문이다. 최근 청소년육성의 중요성에 대한 사회적 인식의 증대와 함께 기업의 이윤을 사회 환원 차원에서 청소년사업의 재원으로 활용하기를 희망하는 기

표 5-1 청소년육성 재원의 구성

구분	공공부문		민간부문	각종 기금	
주체	중앙정부	지방정부	민간기관, 기업체	중앙정부 (청소년육성기금)	지방정부 (지방청소년 육성기금)
세부 재원	• 일반회계 • 특별회계	• 지방재정 보조금 • 지방양여금 • 지방비	• 민간기관 투자비 • 기업체 • 개인 출연금	• 국고출연금 • 국민체육진흥기금 전입금 • 사회특별적립금 전입금 • 민간출연금 • 예금이자	• 지방비 • 민간출연금 • 예금이자

업체가 늘고 있다. 청소년육성사업은 민간부문의 적극적인 참여 없이는 소기의 효과를 거둘 수 없는 특징을 지닌다. 이러한 맥락에서 청소년육성 재원은 공공부문 재정확보와 더불어 민간부문의 참여도 중요시해야 한다.

민간부문의 참여형태와 재원의 성격은 일괄적이거나 전체적인 성격에 따라 결정되는 것이 아니라 청소년육성사업의 각 영역이 지닌 특징에 따라 공공성과 경제성 등의 문제를 합리적으로 판단하여 결정된다. 청소년육성사업 자체가 지닌 민간 지향적 성격, 특히 청소년육성사업 중에서 수련활동사업과 복지사업은 사업 성격상 민간의 참여가 용이한 특징을 지니고 있다(이연희, 2009).

다음 〈표 5-2〉는 청소년육성을 지원하기 위한 연도별 예산 현황이다. 공공부문의 예산은 일반회계, 특별회계 그리고 육성기금으로 구성되어 있는데, 2009년까지는 청소년육성기금이 공공부문의 일반회계와 특별회계보다 연도에 따라 다소 차이가 있으나 적게 책정된 경우가 많았지만, 2010년 이후로는 전체 청소년육성 예산에서 차지하는 비율이 다른 회계예산보다 꾸준히 더 많이 차지하고 있다.

일반예산은 청소년정책 기반강화, 청소년 활동지원, 청소년 유해환경 개선 및 피해예방, 한국청소년활동진흥원 운영지원, 한국청소년상담복지개발원 운영지원 등의 사업에 사용되고 있고, 청소년육성기금은 청소년 참여 지원, 청소년방과후활동 지원, 청소년사회안전망 구축, 청소년쉼터 운영지원, 국립중앙청소년 치료재활센터 운영 등에 사용되고 있으며, 국가균형발전 특별회계는 청소년시설 확충 등에 사용되고 있다.

한편, 재정분권화 이후 수립된 제4차, 제5차 청소년정책기본계획에서는 지역 중심의 정책 마련이 중점 혹은 세부과제로 제시되었다. 제4차 청소년정책기본계획에서는 12대 중점과제 중 하나로 '지역 중심 추진체계 개편'을 선정하고, 2개의 세부과제로 '지역자원 통합 · 연계 서비스 전달체계 구축'과 '지방자치단체 중심의 정책 추진체계 개선'을 구성하였다. 이와 연속선상에서 제5차 청소년정책기본계획에서도 5대 영역 중 하나로 '청소년정책 추진기반 강화'를 제시하고, '지방자치단체 청소년정책 추진체계 및 지역사회 전달체계 정비와 예산 확충'을 세부과제로 포함하였다. 이처럼 재정분권화는 지방정부의 역할을 확대하고자 하는 노력으로 이어지게 된다. 다시 말하면, 재정의 분권화는 지방자치단체 중심의 정책 추진체계 개선을 위한

표 5-2 청소년육성 예산 연도별 현황 (단위: 백만 원)

구분 \ 연도	여성가족부 청소년정책관실	보건복지부 아동청소년정책실	문화부 청소년국		청소년보호위원회	국가청소년위원회	예비비 (일반회계)	광특회계 (균특)	청소년육성기금		계
	일반회계	일반회계	일반회계	농특회계	일반회계	일반회계			육성사업	시설융자	
1995	–	–	28,098	2,000	–	–	–	13,654	4,309	10,000	58,061
1996	–	–	37,896	3,000	–	–	–	18,984	6,300	10,000	76,108
1997	–	–	52,591	3,000	–	–	–	21,645	10,803	10,000	98,039
2000	–	–	25,954	1,000	4,111	–	–	26,525	10,814	12,350	80,754
2003	–	–	25,084	–	7,077	–	–	36,607	13,979	7,000	89,747
2004	–	–	23,149	–	8,817	–	–	30,248	41,610	6,000	109,824
2005	–	–	10,872	–	9,950	–	8,138	37,643	52,436	6,000	125,039
2006	–	–	–	–	–	19,825	321	45,442	67,727	4,500	137,815
2007	–	–	–	–	–	35,388	–	43,128	74,812		153,328
2008	–	116,433	–	–	–	–	–	39,251	75,182		230,866
2009	–	182,641	–	–	–	–	–	36,522	81,741 (증진기금 3,463 포함)		300,904
2010	20,885	–	–	–	–	–	–	34,215	90,652		145,752
2011	21,671	–	–	–	–	–	–	49,417	73,491		144,579
2012	47,435	–	–	–	–	–	320	41,477	58,036		147,268
2013	58,427	–	–	–	–	–	–	50,550	62,435		171,412
2014	67,694	–	–	–	–	–	–	44,991	64,405		177,090
2015	67,711	–	–	–	–	–	–	65,564	80,472		213,747
2016	68,691	–	–	–	–	–	–	48,117	89,364		206,172
2017	87,469	–	–	–	–	–	–	62,491	95,310		245,270
2018	77,948	–	–	–	–	–	–	87,931	1,002,404		268,283
2019	87,267	–	–	–	–	–	–	78,180	133,942		279,389

*출처: 여성가족부(2020).

지역사회 전달체계 정비, 예산 확충 등과 같은 국가 및 지방정부 정책에 영향을 미친다(문성호 · 정지윤, 2016).

2) 청소년육성기금

청소년육성 예산에서 많은 부분을 차지하고 있는 청소년육성기금은 「청소년 기본법」 제53조 "청소년육성에 필요한 재원을 확보하기 위하여 청소년육성기금을 설치한다."에 그 근거를 두고 1989년부터 조성되기 시작하였다.

일반적으로 기금이란 어떤 사업의 기초가 되는 돈을 말한다. 즉, 국가가 특정한 목적을 위해 특정한 자금을 신축적으로 운용할 필요가 있을 때에 한해 법률로써 설치되는 특정 자금을 말한다. 기금은 세입세출예산에 의하지 아니하고 운용될 수 있다. 기금은 예산 원칙의 일반적인 제약으로부터 벗어나 좀 더 탄력적으로 재정을 운용하기 위해 설치된다. 우리나라의 국가재정은 일반회계예산, 10여 종의 특별회계 예산, 그리고 여러 개의 기금으로 구성되어 있다. 기금관리 주체는 다음 연도의 기금운용계획안을 매년 3월 31일까지 기획재정부장관에게 제출해야 하며, 정부는 이를 회계연도 개시 120일 전까지 국회에 제출해야 한다. 국회는 정부가 제출한 기금운용계획안의 주요 항목 지출 금액을 증액하거나 새로운 과목을 설치하고자 하는 때에는 미리 정부의 동의를 얻어야 한다(하동석 · 유종해, 2010).

청소년육성기금은 1989년 조성이 시작된 이후 2004년을 정점으로 매년 기금의 순 조성액이 재원조달의 한계로 인해 점점 고갈되어 가는 반면에, 기금을 사용하는 사업과 사업비 지출은 점점 늘어나고 있는 추세이다. 일반적으로 기금을 설치하는 취지와 청소년육성기금이 설치 · 운용되는 법률적 근거에 비춰 볼 때 청소년육성기금은 다음과 같은 몇 가지의 중요한 취지를 갖고 있다(박진규, 2011).

첫째, 청소년의 균형 있는 성장을 돕기 위해서는 학교, 가정, 사회, 교육을 보완해 줄 활동이 필요하며, 이를 통괄하여 육성이라 한다. 청소년육성정책을 적극적이고 체계적으로 추진하기 위해서는 청소년육성기금이 설치 · 운용될 필요가 있다.

둘째, 글로벌화와 국가 간 경쟁력이 심화되는 시대의 도래에 따라 우리 청소년들의 성장 잠재력을 향상시키고, 청소년들이 건전하게 성장하고 발달할 수 있는 사회

환경의 조성과 사회적 지원 인프라를 확충하기 위해서 청소년육성기금의 설치 · 운용이 필요하다.

셋째, 미래적 관점에서 볼 때, 이제 새롭게 부상하고 있는 청소년개발을 더욱 활성화하기 위해서는 청소년육성기금의 확충과 활용이 더욱 절실하다.

청소년육성기금의 사용 용도는 청소년활동의 지원, 청소년시설의 설치 및 운영을 위한 지원, 청소년지도사의 양성을 위한 지원, 청소년단체의 운영 및 활동을 위한 지원, 청소년복지 증진을 위한 지원, 청소년보호를 위한 지원, 청소년육성정책의 수행과정에 관한 과학적 연구의 지원, 기금 조성사업을 위한 지원, 기타 청소년육성을 위하여 대통령령으로 정하는 사업, 청소년육성에 관한 홍보, 청소년의 포상 및

표 5-3 기금 조성내역 (단위: 백만 원)

조성내역		1989~2013년	2014년	2015년	2016년	2017년	2018년	2019년	2020년 (계획 기준)	누계
수입	정부출연금	35,000	–	–	–	–	–	–	–	35,000
	국민체육 진흥기금 출연금	76,560	–	–	–	–	–	–	–	76,560
	경륜사업 수익 법정 출연금	368,623	12,744	9,566	16,441	17,285	13,352	8,511	6,922	753,444
	복권기금 전입금	86,952	46,694	76,412	85,230	91,235	97,450	107,598	124,368	715,939
	이자 등 기타 수입	223,474	4,707	1,744	3,236	3,897	1,663	3,631	4,961	247,313
	소계	790,609	64,145	87,722	104,907	112,417	112,465	119,740	136,251	1,528,256
지출	사업비	727,863	70,096	85,568	95,499	101,548	108,389	119,390	136,881	1,445,234
	기타 경비	7,429	1,088	38	41	320	390	40	40	9,386
	복권기금 반환금	1,193	1,408	1,118	1,179	3,527	2,442	1,211	3,500	15,578
	소계	736,485	72,592	86,724	96,719	105,395	111,221	120,641	140,421	1,470,198
순 조성액		54,124	−8,447	998	8,188	7,022	1,244	−901	−4,170	58,058

격려, 기금의 운용 및 관리, 그 밖의 여성가족부장관이 청소년육성에 필요하다고 인정하는 사업들을 운영하고 지원하는 데 사용된다.

청소년육성기금 설치와 운용에 있어서 조성내역의 변화를 살펴보면 〈표 5-3〉과 같다. 정부출연금이나 국민체육진흥기금출연금은 조성되지 않고 종료된 상태이며, 경륜사업수입 법정출연금이 가장 많이 적립되고 있고, 그다음으로 복권기금 전입금, 이자 등 기타 수입으로 나타났다. 즉, 청소년육성기금의 주요 조성재원은 기금 조성 초기에는 정부출연금, 국민체육진흥기금 전입액 등이 수입 재원이었으나, 현재는 경륜사업수익 법정출연금과 복권기금전입금으로 주로 조성되고 있다. 그나마 2011년에 「경륜 · 경정법 시행령」의 개정으로 수익금의 30%를 받던 것이 19.5%로 축소되었다.

해마다 기금 조성액은 증가하고 있지만 그와 동일하게 사용액도 증가하고 있어 결국 순 조성액이 줄어드는 결과가 나타나게 되었다. 이렇게 기금의 순 조성액이 줄어드는 주된 요인은 매년 이 기금을 통한 사업비가 조성액 규모를 초과하고 있기 때문이다. 2014년에 이어 2019년에 순 조성액이 마이너스를 나타나게 되었다. 기금이 고갈되지 않게 하려면 일반회계에서 그만큼의 재정이 배정되거나, 기금 자체를 불려 나가야 한다. 그렇지 않으면 더 이상 청소년육성 지원사업은 유지되기 어려울 것이다.

03 청소년 재무행정 개선방안

1) 청소년 재무행정 분석

청소년 재무행정은 「청소년 기본법」 제3조에 명시되어 있는 바와 같이 청소년이 정상적인 삶을 영위할 수 있는 기본적인 여건을 조성하고 조화롭게 성장 · 발달할 수 있도록 제공되는 사회적 · 경제적 지원을 목적으로 하는 청소년정책을 실천하기 위해 필요한 국가차원의 재정운용이다.

청소년정책의 재정운용과 관련해서는 재정분권화가 시행된 이후 예산의 규모나

예산 결정에 어떠한 요인들이 영향을 미치는가를 파악한 실증연구가 전무한 실정이다. 무엇보다도 재정분권화의 실시와 상관없이 청소년분야 연구에 있어 예산에 주목한 실증연구는 거의 이루어지지 않았다. 그러나 김지경과 정윤미(2013)는 청소년정책 예산을 결정하는 이론을 통해서 2009~2012년 사이의 청소년정책 예산에 영향을 미치는 요인을 분석하였다. 사회 · 경제적 결정이론, 정치적 결정이론, 점증주의 결정이론, 복지수요 결정이론을 통해서 분석한 결과를 요약하면 다음과 같다.

첫째, 사회 · 경제적인 요인에서 자치단체의 유형은 도 지역을 기준으로 시 지역의 1인당 청소년복지예산은 감소하는 것으로 나타났으나 청소년복지예산에는 영향을 미치지 못하는 것으로 분석되었다. 전체 인구수는 청소년복지예산에는 정적인 영향을 미치지만 1인당 청소년복지예산에서는 부적인 영향이 있는 것으로 나타났다. 전체 인구수가 많을수록, 지역의 인구규모가 클수록 전체 예산의 규모가 커져서 청소년복지예산도 함께 증가하는 것으로 볼 수 있다. 그러나 청소년의 인구수를 통제한 1인당 청소년복지예산의 경우 전체 인구수가 커질수록 그 규모가 줄어든다는 결과가 도출되었다.

둘째, 정치적 요인인 시 · 도 · 자치단체장의 정당의 경우 1인당 청소년복지예산에는 영향을 미치지 못하는 것으로 나타났다. 그러나 청소년복지예산에 영향을 미치는 요인을 분석한 일부 모델에서는 시 · 도 · 자치단체장의 정당이 여당을 기준으로 단체장이 속한 정당이 야당 혹은 무소속일 경우 청소년복지예산이 증가하는 것으로 나타났다.

셋째, 복지수요 요인인 청소년 인구 비율은 청소년복지예산과 1인당 청소년복지예산에 일부 모델을 제외하고 부적인 영향을 미치는 것으로 나타났다. 실제 청소년 인구 및 인구 비율은 줄어들고 있는 데 반하여 청소년복지예산과 1인당 청소년복지예산은 증가하고 있는 것을 반영한 결과라고 할 수 있다.

앞의 결과들은 광역자치단체를 중심으로 한 지방정부의 4년간 청소년복지예산의 규모를 살펴보고, 청소년복지예산을 결정하는 요인을 분석한 실증 연구라는 의의가 있으나, 자료의 한계로 2009~2012년이라는 짧은 기간의 결합 시계열자료를 사용하였고, 실질적으로 복지가 집행되고 청소년들과 더 밀접한 시 · 도 · 자치구 단위의 예산을 함께 분석하지 못하였으며, 청소년복지예산을 결정하는 보다 많은

변수를 분석에 포함하지 못해 제한된 변수들로 결정요인을 파악하였다는 한계가 있음을 밝히고 있다.

또한 청소년 행정 성과지표의 경우 삶의 만족도, 주관적 행복감, 청소년 참여 보장 수준, 청소년 인권 존중 정도, 청소년 인권교육 경험률, 단체활동 참여율, 청소년 수련활동 인증 건수, 학교 밖 청소년 자립인원, 니트(NEET) 비율, 아동 · 청소년 빈곤율, 스마트폰 과의존율, 아르바이트 부당처우 경험률 등이다(여성가족부, 2018). 성과지표는 대체로 청소년 참여인원과 프로그램 등 정량적인 측면을 주로 측정하고 있고, 재원투입이나 예산반영에 대한 노력과 관련된 지표는 없다. 따라서 예산 배정 및 관리를 위해 청소년정책과 관련된 사회적 필요 욕구의 수준과 예산의 투입 등에 대한 체계적인 평가분석이 필요하다.

2) 청소년 재무행정력 지원

제6차 청소년정책기본계획의 4대 정책목표 중 청소년정책 추진체계 혁신을 달성하기 위해 청소년지도자 역량 제고를 중점과제로 선정하였다. 이를 위해 수요조사를 통한 청소년지도자 역량 강화 프로그램에 재무행정 내용을 다룰 필요가 있다.

재무행정은 행정조직의 목표, 즉 행정문제의 해결을 위한 최선의 대안을 선정하는 의사결정과정, 대안의 실행을 위한 구체적 계획의 작성, 자금의 조달, 자금의 관리, 자금의 사용, 목표를 효과적이고 효율적으로 달성했는가를 평가하는 것이다. 따라서 이러한 과정을 이해하고 실천하기 위해서는 청소년 재무행정력 지원이 필요하다.

첫째, 공식적인 접근방법으로 청소년지도자들이 역량을 높이기 위한 다양한 교육방법 내에서 재무행정 교육콘텐츠를 운영하는 방법이다. 즉, 보수교육, 전문연수, 직무연수, 자격연수 프로그램 운영에 재무행정 이해를 높이기 위한 교육콘텐츠를 개발하는 것이다.

둘째, 재무행정에서 다루어야 할 학습내용은 재무행정의 기초원리 및 의의, 민간부문과의 유사점과 차이점, 그리고 거시경제와 재정정책 및 지방재정에 대한 이해이다. 또한 정부회계이론으로 재무관리에 있어서 계정의 설정, 현금흐름의 예측, 재

무상태에 대한 평가와 예측, 수입과 지출에 대한 적절한 통제 등 재정정보를 생산하는 회계이론에 대한 지식을 습득한다. 즉, 기업회계원리, 정부회계원리와 적용, 거래내역의 구분 및 인식 등에 대한 학습내용 등이다(박정수, 2006).

셋째, 공식적인 교육방법 외에 청소년지도자들이 참여하는 현장 중심의 연구·학습문화 조성과 지역단위 자율적 학습·연구 소모임 지원을 위한 방법이다. 재무행정분야 청소년지도자들이 자발적으로 참여하는 동아리활동을 지원하여 필요한 전문지식을 제공하고, 우수동아리를 발굴하여 청소년지도자들의 자기계발을 지원하는 방법이다.

3) 청소년육성 재원 확보 강화

청소년육성을 위한 재원의 경우 기능별 분류 중 사회복지 부문에 해당한다. 사회복지비의 경우 8개의 하위범주로 분류되어 있는데, 기초생활보장, 취약계층지원, 보육·가족 및 여성, 노인·청소년, 노동, 보훈, 주택, 사회복지 일반으로 구분된다(행정안전부, 2018). 또한 각 지역마다 인구, 경제구조 등이 다르기 때문에 지역별로 규모와 내용이 다양할 수밖에 없다. 따라서 청소년들이 체감할 수 있는 육성정책이 되기 위해서는 무엇보다도 청소년육성 재원 확보가 필요하다.

첫째, 정부출연금 출연 재개를 검토해야 한다. 청소년육성기금이 점차 고갈되는 근본적인 이유는 한국의 발전전략이 주로 경제발전에 집중되어 있으며, 청소년 관련 사회적 관심이 대부분 교육에 집중되어 왔기 때문이다. 또한 한국청소년기본계획이나 청소년육성5개년계획 등 청소년정책의 중장기계획 수립과정에서 공공적 재정이나 민간의 재원확보를 위한 구체적이고 실현 가능한 검토와 평가 작업이 이루어지지 않았기 때문이다. 따라서 청소년육성기금 조성 확대를 위해서는 먼저 정부의 정책 지침에서 시작되어야 한다. 청소년육성기금의 조성은 「청소년 기본법」 제54조에 근거하고 있다. 기금은 정부의 출연금, 「국민체육진흥법」 제22조 제3항 제1호 및 「경륜·경정법」 제18조 제1항 제1호에 의한 출연금, 개인·법인 또는 단체가 출연하는 금전·물품 그 밖의 재산기금의 운용으로 생기는 수익금, 대통령령이 정하는 수입금 등에서 조성할 수 있지만, 특정 단체 또는 개인에 대한 지원을 용도로 지정할 수는 없다. 법에서도 일차적으로 정부출연금으로 기금을 조성할 수 있음을 규정하고 있지만 1997년 이후 총 350억 원을 출연하는 것에 그쳤다. 따라서 청소년육성 기금에 적극적으로 출연금을 출연하여 청소년의 질적 · 육성에 디딤돌을 마련해야 할 것이다.

둘째, 제5차 청소년정책기본계획에서는 지방정부의 역할과 기능을 강화하고, 지방정부가 안정적으로 청소년정책을 추진할 수 있도록 재정적 기반을 확충하는 세부과제들을 다수 포함하였다. 특히 중앙정부의 정책집행 노력은 매우 중요한 정책 지향점이 되는데 우선 쉽게 이를 이해할 수 있는 부분은 바로 예산규모의 적정성에서 찾아볼 수 있다. 즉, 중앙정부가 만들어 놓은 정책을 지방자치단체가 수행하도록 권유함은 곧 이러한 정책이 새롭게 투영되기 위한 조건을 만들 수 있는 예산규모의 확장성에서 정책의 유연성과 주체성을 찾아볼 수 있기 때문이다. 제6차 청소년정책 기본계획이 차지하는 비중은 한국 청소년분야에서 결코 적지 않다(권일남, 2019). 모든 정책은 계획의 방향성에 따라 사업 선정과 예산 편성이 이루어지고, 성과목표의 달성 정도에 따라 사업이 지속된다. 따라서 다양한 청소년육성 사업의 발굴을 통해 청소년육성예산이 집행되어 지속적인 증액의 필요성을 강조하여야 한다. 정책에 대한 성과관리는 정책집행의 주체가 수행의 질 관리를 위해 쏟는 형식적 노력을 말한다. 따라서 청소년정책의 성과관리 역시 청소년정책을 집행하는 주체(집단)가 스스로의 정책 수행에 대한 목표달성 여부를 점검하고 효과에 대한 관리를 위한 일련의 체계적인 노력이라 할 수 있다.

요약

1. 재무행정은 국가나 지방자치단체, 기타 공공기관이 다양한 유형의 공공정책을 수행하는 데 필요한 재원을 경제적·합리적으로 조달·배분하고 이를 효율적으로 관리·운용하는 일련의 과정을 의미하고, 재무행정의 핵심을 예산을 합리적으로 편성하고 효율적으로 집행하는 일이다.

2. 재무행정은 금전적 자원의 분배와 조정, 조달 등에 초점을 맞추고 있고, 재무행정의 핵심은 예산을 합리적으로 편성하고 효율적으로 집행해야 한다는 점에서, 재무행정의 기능 중 가장 대표적인 것으로 자원분배의 기능을 들 수 있다.

3. 청소년육성 재원은 그 주체에 따라 중앙정부나 지방자치단체 등 공공부문에 의한 공공재원, 민간단체나 기관에 의한 민간재원 그리고 이 두 가지 재원의 성격을 모두 가지고 있는 기금재원 등으로 구분할 수 있다.

4. 청소년육성 예산에 많은 부분을 차지하고 있는 청소년육성기금은 「청소년 기본법」 제53조 "청소년육성에 필요한 재원을 확보하기 위하여 청소년육성기금을 설치한다."에 그 근거를 두고 1989년부터 조성되기 시작하였다.

5. 청소년 재무행정 개선을 위해서는 청소년 재무행정 분석, 청소년 재무행정력 지원, 청소년 육성 재원 확보 강화를 위한 방안이 필요하다.

참고문헌

권일남(2019). 제6차 청소년정책기본계획 시행 1년에 즈음한 평가와 과제. 오늘의 청소년, 2019년 하반기호.

김동규(2007). **청소년육성제도론**. 서울: 교육과학사.

김지경 · 정윤미(2013). 지방정부 청소년복지예산의 결정요인 분석. **청소년복지연구**, 15(1), 227-256.

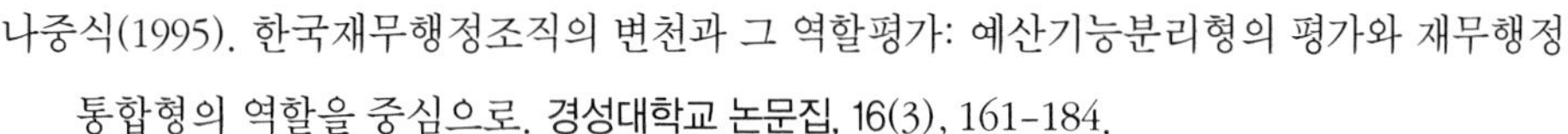
나중식(1995). 한국재무행정조직의 변천과 그 역할평가: 예산기능분리형의 평가와 재무행정 통합형의 역할을 중심으로. 경성대학교 논문집, 16(3), 161-184.

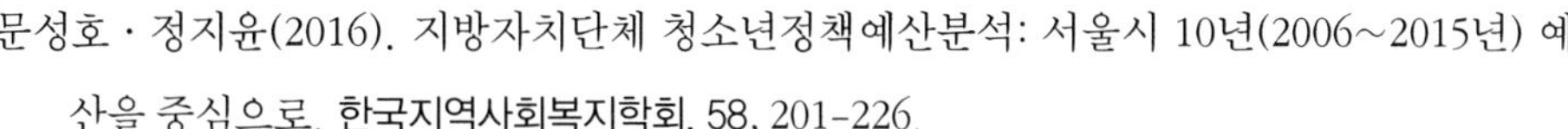
문성호 · 정지윤(2016). 지방자치단체 청소년정책예산분석: 서울시 10년(2006~2015년) 예산을 중심으로. 한국지역사회복지학회, 58, 201-226.

박정수(2006). 행정학 주요 이론의 연구 및 교육에 대한 단상: 재무행정의 연구경향과 실천과제. 한국행정포럼, 113, 10-14.

박진규(2011). 청소년육성기금의 운용 실태와 개선방안 연구. 청소년학연구, 18(7), 287-309.

여성가족부(2018). 제6차 청소년정책 기본계획. 관계부처합동. 서울: 여성가족부.

여성가족부(2020). 2019 청소년백서.

이연희(2009). 청소년정책의 변천에 따른 청소년육성기금 및 재정운용에 관한 연구. 호서대학교대학원 석사학위논문.

이정희(2012). 재무행정연구회 소개 및 재부행정의 이슈와 트렌드. 한국행정포럼, 136, 50-52.

장용덕(2012). 대한불교 조계종 재무행정 개선방안에 관한 연구: 종단 예산운영 시스템을 중심으로. 동국대학교 대학원 석사학위논문.

하동석 · 유종해(2010). 이해하기 쉽게 쓴 행정학용어사전. 서울: 새정보미디어.

하연섭(2010). 정부예산과 재부행정. 서울: 다산출판사.

행정안전부(2018). 2018년 지방자치단체 통합재정 개요. 서울: 행정안전부.

Caiden, N. (1990). Public budgeting in the United States: The state of the discipline. In Naomi B. Lynn and Aaron Wildsvsky (Eds.), *Public Administration: The State of the Discipline*(pp. 228-255). Chatham, NJ: Chatham House.

Musgrave, R. A. (1959). *The Theory of Public Finance: A Study in Public Economy*. New York: McGraw-Hill.

Wildavsky, A. (1961). Political implications of budgetary reform. *Public Administration Review, 21*(4), 183-190.

제6장

청소년 기본법

학습개요

청소년정책 추진의 근간이 되는 「청소년 기본법」은 청소년의 성장을 위해 가정과 사회 및 국가의 책임과 의무 제시 및 그 실천의 근거를 마련했다는 점에서 의의를 지닌다. 이 법은 청소년의 권리 보장, 청소년정책 환경조성 노력, 청소년시설, 청소년지도자, 청소년단체, 청소년활동 및 청소년복지, 청소년육성기금 등에 관한 조항으로 구성되어 있다. 이 장에서는 「청소년 기본법」의 목적, 기본이념, 정의를 포함하여 그 체계를 살펴보고, 그 의미를 탐색하였다. 또한 이를 토대로 「청소년 기본법」 개선방안을 제시하였다.

01 청소년 기본법의 이해

1) 제정 배경

「청소년 기본법」(이하 '기본법')은 1991년 12월 제정되어 1993년 1월부터 시행되었다. 오늘날 모든 청소년정책 추진의 근간이 되는 「기본법」은 청소년의 성장을 위해 가정과 사회 및 국가의 책임과 의무 제시 및 그 실천의 근거를 마련했다는 점에서 의의를 지닌다.

당시 이 법의 제정 이유를 통해 국가의 청소년에 대한 관점을 살펴보면, 청소년은 "미래사회의 주역이 될" 존재이며, 청소년의 바람직한 성장이란 "지식을 바탕으로 건강하고 정서와 용기가 충만하며, 예절과 협동을 바탕으로 공동체적 삶을 실천"하고, "자유민주주의 원칙에 대한 신념과 조국에 대한 긍지를 가지고 인류공영에 이바지할 줄 아는 밝고 능동적인 모습으로 자라는 것"으로 개념화하고 있음을 확인할 수 있다. 초기 「기본법」은 다음과 같은 내용을 주요 골자로 하고 있다.

- 청소년육성에 관해 다른 법률에 우선 적용
- 국무총리 소속 청소년육성위원회 설치
- 지방자치단체에 지방청소년위원회 설치
- 청소년육성에 관한 기본계획 및 시행계획 수립
- 청소년수련시설 설치 · 운영에 관한 사항
- 청소년수련지구 지정에 관한 사항
- 한국청소년개발원과 한국청소년상담원 설립에 관한 사항
- 청소년육성기금 설치에 관한 사항

2005년 2월 전면개정을 거치며 이 법에서 규정하고 있던 청소년활동에 관한 사항

은 「청소년활동 진흥법」으로, 청소년의 복지에 관한 사항은 「청소년복지 지원법」으로 별도 제정하였다. 각 영역에 대한 개별법 제정은 청소년활동 · 청소년복지 · 청소년보호에 대한 정책적 지원이 유기적이고 종합적으로 이루어지도록 하기 위함이었으며, 이러한 전면개정을 통해 「기본법」은 청소년육성의 기본원리와 정책적 근간에 관한 사항을 규정하는 기본법으로서의 성격을 더욱 강화하게 되었다.

- 청소년육성정책 추진 시 청소년 참여 보장
- 청소년특별회의 개최
- 한국청소년진흥센터 설립
- 한국청소년단체협의회 설립

현재 이 법은 청소년의 권리 및 책임과 가정 · 사회 · 국가 · 지방자치단체의 청소년에 대한 책임을 정하고 청소년정책에 관한 기본적인 사항을 규정함을 목적으로 한다(제1조). 기본이념(제2조)으로는 "청소년이 사회구성원으로서 정당한 대우와 권익을 보장받음과 아울러 스스로 생각하고 자유롭게 활동할 수 있도록 하며 보다 나은 삶을 누리고 유해한 환경으로부터 보호될 수 있도록 함으로써 국가와 사회가 필요로 하는 건전한 민주시민으로 자랄 수 있도록 하는 것"을 제시하고 있다. 이러한 기본이념을 구현하기 위해 청소년정책은 다음과 같은 방향으로 추진되어야 한다.

- 청소년의 참여 보장
- 창의성과 자율성을 바탕으로 한 청소년의 능동적 삶 실현
- 청소년의 성장 여건과 사회환경의 개선
- 민주 · 복지 · 통일조국에 대비하는 청소년의 자질 향상

2) 구성 및 주요 용어

(1) 구성

제정 당시 총 10장 76조였던 「기본법」은 2020년 현재 총 10장 66조로 구성되어

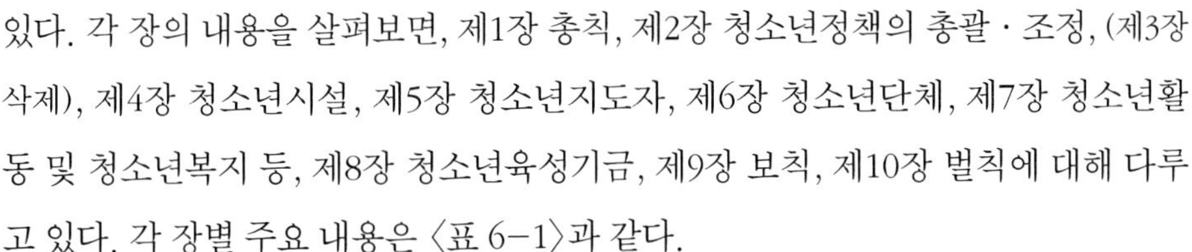

있다. 각 장의 내용을 살펴보면, 제1장 총칙, 제2장 청소년정책의 총괄 · 조정, (제3장 삭제), 제4장 청소년시설, 제5장 청소년지도자, 제6장 청소년단체, 제7장 청소년활동 및 청소년복지 등, 제8장 청소년육성기금, 제9장 보칙, 제10장 벌칙에 대해 다루고 있다. 각 장별 주요 내용은 〈표 6-1〉과 같다.

표 6-1 「청소년 기본법」 체계

장	주요 내용
제1장 총칙	• 목적, 기본이념, 정의, 다른 법률과의 관계 • 청소년의 권리와 책임 • 청소년의 자치권 확대 • 가정, 사회, 국가 및 지방자치단체의 책임
제2장 청소년정책의 총괄 · 조정	• 청소년정책의 총괄 · 조정 • 청소년정책위원회, 지방청소년육성위원회 • 청소년특별회의 • 청소년육성에 관한 기본계획 • 청소년의 달
제3장(삭제)	–
제4장 청소년시설	• 청소년시설의 종류, 설치 · 운영
제5장 청소년지도자	• 청소년지도자와 청소년상담사 양성, 자격, 배치, 채용, 보수교육 • 청소년육성 전담공무원, 청소년육성 전담기구 • 청소년지도위원
제6장 청소년단체	• 청소년단체의 역할, 지원, 수익사업 • 청소년단체협의회
제7장 청소년활동 및 청소년복지 등	• 청소년활동의 지원 • 학교교육 등과의 연계, 청소년 방과 후 활동 • 청소년복지의 향상 • 청소년 유익환경 조성 및 유해환경 규제 • 근로 청소년 및 근로권익 보호
제8장 청소년육성기금	• 기금의 설치, 조성, 사용 등

*주: 제9장(보칙), 제10장(벌칙) 생략

(2) 용어 정의

청소년정책의 기본방향을 함축하는 개념인 '청소년육성'은 "청소년활동을 지원하고 청소년의 복지를 증진하며 근로 청소년을 보호하는 한편, 사회 여건과 환경을 청소년에게 유익하도록 개선하고 청소년을 보호하여 청소년에 대한 교육을 보완함으로써 청소년의 균형 있는 성장을 돕는 것"을 의미한다. 이 정의에 포함된 요소는 '청소년' '청소년활동' '청소년복지' '청소년보호'로, 이 법에서 규정하고 있는 각 용어의 정의(제3조)를 살펴보면 다음과 같다.

먼저, 청소년이란 "9세 이상 24세 이하인 사람"을 말한다. 다만, 다른 법률에서 청소년에 대한 적용을 다르게 할 필요가 있는 경우에는 따로 정할 수 있다. 다음으로 청소년활동은 "청소년의 균형 있는 성장을 위하여 필요한 활동과 이러한 활동을 소재로 하는 수련 · 교류 · 문화활동 등 다양한 형태의 활동"을 말한다. 청소년복지란 "청소년이 정상적인 삶을 누릴 수 있는 기본적인 여건을 조성하고 조화롭게 성장 · 발달할 수 있도록 제공되는 사회적 · 경제적 지원"을 의미한다. 마지막으로 청소년보호는 "청소년의 건전한 성장에 유해한 물질 · 물건 · 장소 · 행위 등 각종 청소년유해환경을 규제하거나 청소년의 접촉 또는 접근을 제한하는 것"을 뜻한다.

이 밖에 이 법에서는 청소년시설을 "청소년활동 · 청소년복지 및 청소년보호에 제공되는 시설"로, 청소년지도자를 청소년지도사와 청소년상담사 그리고 "청소년시설, 청소년단체 및 청소년 관련기관에서 청소년육성에 필요한 업무에 종사하는 사람"으로 정의한다. 마지막으로 청소년단체는 "청소년육성을 주된 목적으로 설립된 법인이나 대통령령으로 정하는 단체"를 의미한다.

02 청소년 기본법의 주요 내용

1) 청소년의 권리보장

「기본법」은 청소년활동 · 청소년복지 · 청소년보호 등 청소년육성의 모든 영역에서 청소년이 가진 기본적 인권과 권리가 존중되어야 할 것을 명시하고 있다(제5조제

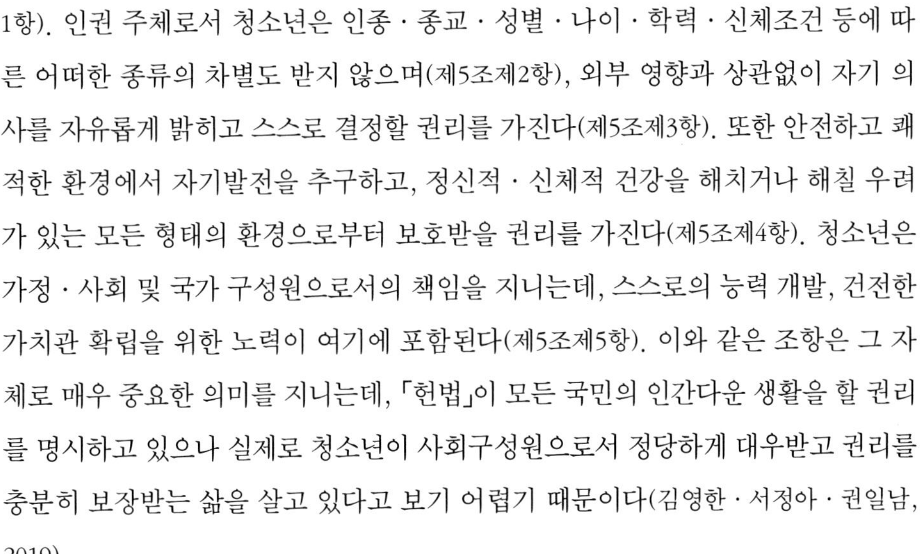

1항). 인권 주체로서 청소년은 인종 · 종교 · 성별 · 나이 · 학력 · 신체조건 등에 따른 어떠한 종류의 차별도 받지 않으며(제5조제2항), 외부 영향과 상관없이 자기 의사를 자유롭게 밝히고 스스로 결정할 권리를 가진다(제5조제3항). 또한 안전하고 쾌적한 환경에서 자기발전을 추구하고, 정신적 · 신체적 건강을 해치거나 해칠 우려가 있는 모든 형태의 환경으로부터 보호받을 권리를 가진다(제5조제4항). 청소년은 가정 · 사회 및 국가 구성원으로서의 책임을 지니는데, 스스로의 능력 개발, 건전한 가치관 확립을 위한 노력이 여기에 포함된다(제5조제5항). 이와 같은 조항은 그 자체로 매우 중요한 의미를 지니는데, 「헌법」이 모든 국민의 인간다운 생활을 할 권리를 명시하고 있으나 실제로 청소년이 사회구성원으로서 정당하게 대우받고 권리를 충분히 보장받는 삶을 살고 있다고 보기 어렵기 때문이다(김영한 · 서정아 · 권일남, 2019).

「기본법」은 최근 개정을 통해 청소년의 자치권 및 참여권의 실질적 보장을 위한 국가 및 지방자치단체의 의무를 보다 분명히 제시하고 있다(〈표 6-2〉 참고). 사회구

표 6-2 「청소년 기본법」 개정문(2017. 12. 12. 개정)

개정이유

국가 및 지방자치단체의 청소년 관련 정책을 심의 · 협의 · 조정하는 기구에 청소년을 포함하여 구성 · 운영할 수 있도록 하고, 청소년참여위원회를 구성 · 운영하여 청소년들의 제안이 정책과정에 반영될 수 있도록 함으로써 청소년의 자치권 및 참여권을 실질적으로 보장하려는 것임.

개정내용

제5조의2제2항 중 "수렴하여야 한다."를 "수렴하여야 하며, 청소년 관련 정책의 심의 · 협의 · 조정 등을 위한 위원회 · 협의회 등에 청소년을 포함하여 구성 · 운영할 수 있다."로 하고, 같은 조에 제4항부터 제6항까지를 각각 다음과 같이 신설한다.

④ 국가 및 지방자치단체는 청소년 관련 정책의 수립과 시행 과정에 청소년의 의견을 수렴하고 참여를 촉진하기 위하여 청소년으로 구성되는 청소년참여위원회를 운영하여야 한다.

⑤ 국가 및 지방자치단체는 제4항에 따른 청소년참여위원회에서 제안된 내용이 청소년 관련 정책의 수립 및 시행 과정에 반영될 수 있도록 적극 노력하여야 한다.

⑥ 제4항에 따른 청소년참여위원회의 구성과 운영에 필요한 사항은 대통령령으로 정한다.

*출처: 법제처 국가법령정보센터(2020. 10. 11. 검색).

성원으로서 청소년은 본인과 관련된 의사결정에 참여할 권리를 가지기 때문에 국가 및 지방자치단체는 이러한 권리를 보장할 의무가 있다. 구체적으로, 국가 및 지방자치단체는 청소년이 원활하게 관련 정보에 접근하고 그 의사를 밝힐 수 있도록 청소년 관련 정책에 대한 자문·심의 등의 절차에 청소년을 참여시키거나 그 의견을 수렴하여야 한다. 이를 실현하기 위한 조치로 청소년으로 구성되는 청소년참여위원회 운영 의무를 명시하고 있으며, 청소년참여위원회를 통해 제안된 내용이 청소년 관련 정책의 수립 및 시행 과정에 반영될 수 있도록 적극 노력해야 하는 국가 및 지방자치단체 의무 또한 강조한다. 더불어 청소년 관련 정책 관련 위원회나 협의회가 청소년을 포함하여 구성·운영할 수 있도록 하고 있다(제5조의2).

2) 청소년정책환경 조성 노력

청소년육성은 곧 청소년이 사회구성원으로서 권리를 보장받으며 민주시민으로 성장할 수 있는 환경을 조성하고 이들의 권리를 보장하는 것으로, 이 법은 청소년육성에 대한 가정과 사회, 국가 및 지방자치단체의 책임을 명시한다. 먼저 가정은 청소년육성에 관한 일차적 책임이 있는 기관으로, 청소년과 함께 교육이나 활동에 참여하고, 유해환경으로부터 청소년을 보호하기 위해 필요한 노력을 하여야 하며, 가정의 문제로 가출이나 비행을 저지르는 청소년의 경우 친권자 또는 친권자 대리인이 보호의무의 책임을 진다(제6조). 사회는 청소년의 일상생활이 즐거울 수 있도록 청소년에 대한 이해를 바탕으로 이들에게 유익한 환경을 조성해야 하고, 경제적·사회적·문화적·정신적으로 취약한 청소년의 삶이 나아질 수 있도록 특별히 관심을 가져야 한다(제7조). 국가 및 지방자치단체는 청소년육성에 필요한 법적·제도적 장치 마련 및 시행의 의무와 함께 근로 청소년의 권익 보호를 위해 힘써야 하며, 가정과 사회의 책임 수행에 필요한 여건 조성, 청소년육성 업무수행을 위한 재원 확보 시책을 수립 및 실시하여야 한다(제8조). 또한 청소년의 권리와 관련된 내용을 널리 홍보하고 교육하여야 한다(제8조의2).

(1) 청소년정책위원회 및 지방청소년육성위원회

2020년 현재 청소년정책 주무부처는 여성가족부로, 청소년정책에 관한 주요 사항을 심의 · 조정하기 위한 청소년정책위원회를 운영한다. 해당 위원회의 위원으로는 정부부처 차관들과 청장들이 포함되며, 청소년정책 관련 학식과 경험이 풍부한 사람과 청소년정책 관련 활동실적이 풍부한 청소년 중 여성가족부장관이 위촉한 자들로 구성된다. 청소년정책위원회에서 다루는 사안은 다음과 같다(제10조).

- 청소년육성에 관한 기본계획의 수립에 관한 사항
- 청소년정책의 분야별 주요 시책에 관한 사항
- 청소년정책의 제도개선에 관한 사항
- 청소년정책의 분석 · 평가에 관한 사항
- 둘 이상의 행정기관에 관련되는 청소년정책의 조정에 관한 사항
- 그 밖에 청소년정책의 수립 · 시행에 필요한 사항으로서 대통령령으로 정하는 사항

지방자치단체 또한 청소년육성에 관한 지방자치단체의 주요 시책을 심의하기 위하여 자치단체장 소속으로 지방청소년육성위원회를 두며, 그 구성이나 조직, 운영 등에 필요한 사항은 조례로 정한다(제11조).

(2) 청소년육성에 관한 기본계획의 수립

정부는 청소년육성에 관한 기본계획을 5년마다 수립해야 한다(제13조). 기본계획에는 아래와 같은 내용이 포함되어야 한다.

- 이전의 기본계획에 관한 분석 · 평가
- 청소년육성에 관한 기본방향
- 청소년육성에 관한 추진목표
- 청소년육성에 관한 기능의 조정
- 청소년육성의 분야별 주요 시책

- 청소년육성에 필요한 재원의 조달방법
- 그 밖에 청소년육성을 위하여 특히 필요하다고 인정되는 사항

청소년육성에 관한 기본계획은 1993년 '제1차 청소년육성5개년계획(1993~1997)'을 시작으로 '제4차 청소년육성5개년계획(2008~2012)'까지 '청소년육성5개년계획'으로 명칭을 유지해 오다가 2010년 청소년정책 관계 기관 협의회를 통해 '제4차 청소년정책기본계획'으로 수정, 보완하게 되었다. 2020년 현재 '제6차 청소년정책기본계획(2018~2022)' 하에 국가 및 지방자치단체의 청소년정책이 수립·추진되고 있다. 여성가족부장관 및 관계 중앙행정기관의 장과 지방자치단체의 장은 기본계획에 따라 연도별 시행계획을 수립·시행하고, 다음 연도 시행계획 및 전년도 시행

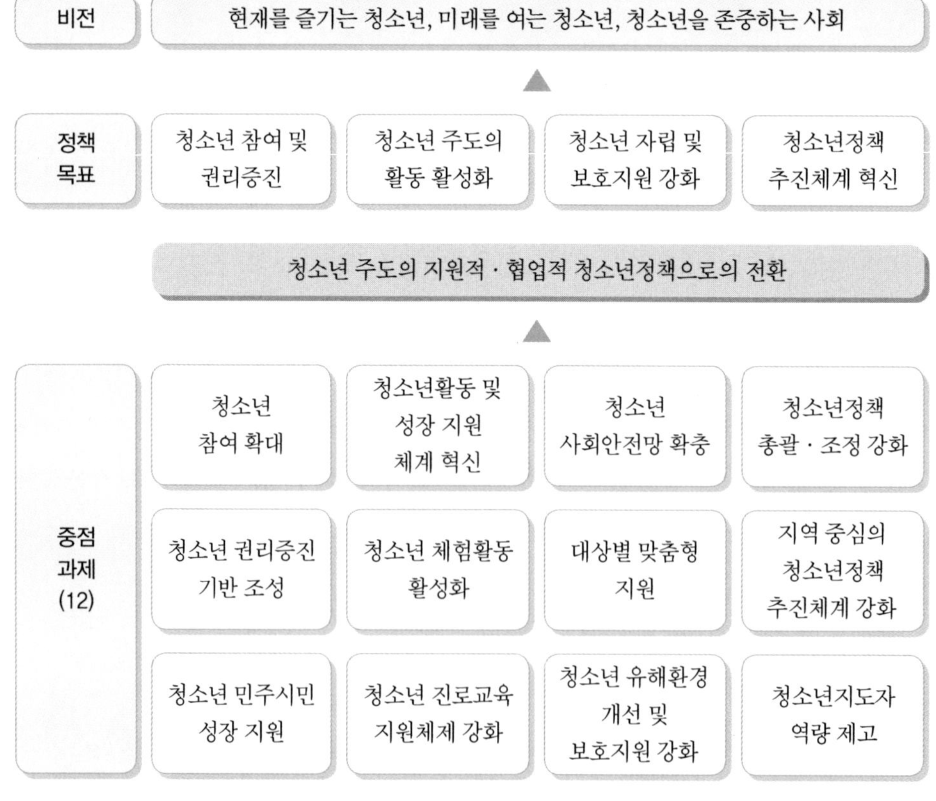

[그림 6-1] 제6차 청소년정책기본계획(2018~2022) 추진방향

*출처: 여성가족부(2018).

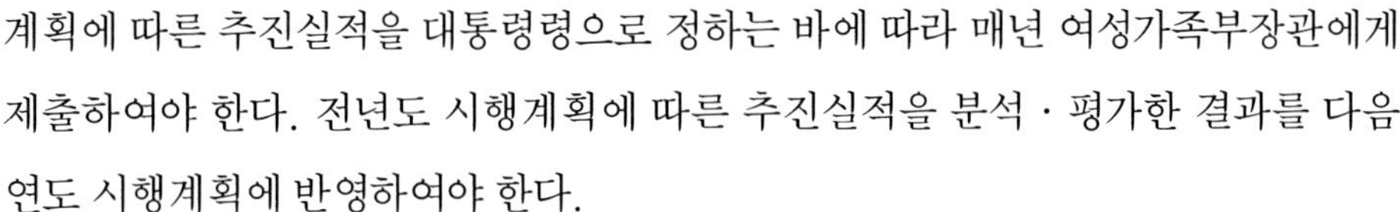

계획에 따른 추진실적을 대통령령으로 정하는 바에 따라 매년 여성가족부장관에게 제출하여야 한다. 전년도 시행계획에 따른 추진실적을 분석 · 평가한 결과를 다음 연도 시행계획에 반영하여야 한다.

3) 청소년시설

청소년시설은 청소년활동, 청소년복지, 청소년보호에 제공되는 시설을 의미한다(제17조). 앞서 살펴봤듯이 '청소년활동'이란 청소년의 균형 있는 성장을 위하여 필요한 활동과 이러한 활동을 소재로 하는 수련활동 · 교류활동 · 문화활동 등 다양한 형태의 활동을 말하고, '청소년복지'란 청소년이 정상적인 삶을 누릴 수 있는 기본적인 여건을 조성하고 조화롭게 성장 · 발달할 수 있도록 제공되는 사회적 · 경제

[그림 6-2] 청소년시설의 유형 및 종류

적 지원을 말하며, '청소년보호'란 청소년의 건전한 성장에 유해한 물질 · 물건 · 장소 · 행위 등 각종 청소년 유해환경을 규제하거나 청소년의 접촉 또는 접근을 제한하는 것을 말한다. 청소년의 건전한 육성을 위해 청소년활동, 청소년복지, 청소년보호는 주로 청소년시설을 중심으로 이루어지고 있다(강병연 · 황수주, 2017).

이 법은 청소년시설의 설치 및 운영(제18조), 지도 및 감독(제19조) 조항을 통해 청소년시설 확충 및 지원을 위한 국가 및 지방자치단체의 의무를 명시하고 있다. 이를 근거로 「청소년활동 진흥법」「청소년복지 지원법」「청소년 보호법」에서는 각 영역의 청소년시설에 대해 보다 구체적으로 규정하고 있다. 청소년시설의 유형 및 종류는 [그림 6-2]와 같다. 영역별 청소년시설의 개념 및 기능은 각 관련법에서 다루고자 한다(청소년활동시설은 제7장, 청소년복지시설은 제8장, 청소년보호시설은 제9장 참조).

4) 청소년지도자

청소년지도자란 이 법 제3조에서 청소년지도사(제21조), 청소년상담사(제22조) 그리고 청소년시설, 청소년단체 및 청소년 관련기관에서 청소년육성에 필요한 업무에 종사하는 사람으로 규정하고 있다. 국가 및 지방자치단체는 청소년지도자의 양성 및 자질 함양을 위한 시책을 마련할 의무가 있다(제20조). 청소년지도자 유형 중 청소년지도사와 청소년상담사가 국가공인자격제도로 운영되고 있으며, 청소년시설에서는 의무적으로 이들을 배치해야 한다(제23조).

표 6-3 청소년지도자의 분류

유형	구분
청소년지도사	1급, 2급, 3급
청소년상담사	1급, 2급, 3급
청소년 일반지도자	청소년시설 · 단체 · 관련기관 종사자
청소년 자원지도자	

*출처: 여성가족부(2019).

(1) 청소년지도사

① 청소년지도사의 개념 및 현황

급격한 사회변화에 따라 청소년문제가 점차 다양한 영역에서 그 심각성을 더하고 있어 체계적인 청소년활동이 점차 중요해지고 있다. 청소년수련활동에 대한 전문지식과 지도기법 및 자질을 갖춘 청소년지도자를 체계적·전문적으로 양성하기 위해 1993년부터 국가공인 청소년지도사를 양성해 오고 있다. 「기본법」의 청소년지도사 양성 및 배치에 관한 조항(제21조)은 이에 대한 법적 근거로 작용한다.

청소년지도사는 1993년부터 2020년 6월까지 1급 1,922명, 2급 40,047명, 3급 14,033명으로 총 56,002명이 배출되었다(청소년지도사 종합정보시스템 홈페이지. 2020. 12. 14. 검색). 2019년에는 총 3,929명의 청소년지도사가 배출되었는데, 이 중 여성이 2,815명으로 71.6%를 차지하고 있다(여성가족부, 2019).

② 청소년지도사 자격 사항

청소년 관련 분야의 경력·기타 자격을 갖춘 자로서 자격 검정에 합격하고 소정의 연수를 마친 자는 청소년지도사라는 국가자격을 부여한다. 청소년지도사는 세부적으로 1, 2, 3급으로 구분되며, 청소년활동(프로그램, 사업)을 전담하여 청소년의 수련활동, 지역·국가 간 교류활동, 동아리활동, 봉사활동, 예술활동 등을 지도한다. 청소년지도사의 등급별 자격검정에 응시할 수 있는 자격기준은 〈표 6-4〉와 같다.

표 6-4 청소년지도사 자격검정 등급별 응시자격기준

구분	자격요건
1급	2급 청소년지도사 자격 취득 후 청소년활동 등 청소년육성업무에 종사한 경력이 3년 이상인 사람
2급	1. 대학졸업(예정)자 또는 이와 같은 수준 이상의 학력이 있는 사람으로서 2급 청소년지도사 자격검정에 필요한 과목 모두를 전공과목으로 이수한 사람 2. 2005년 12월 31일 이전에 대학을 졸업하였거나 이와 같은 수준 이상의 학력을 취득한 사람으로서 별표 1의2에 따른 과목을 이수한 사람

2급	3. 대학원의 학위과정 수료(예정)자로서 2급 청소년지도사 자격검정에 필요한 과목 모두를 전공과목으로 이수한 사람 4. 2005년 12월 31일 이전에 대학원의 학위과정을 수료한 사람으로서 별표 1의2에 따른 과목 중 필수영역 과목을 이수한 사람 5. 대학 졸업 또는 이와 같은 수준 이상의 학력이 있다고 다른 법령에서 인정받은 후 청소년활동 등 청소년육성업무에 종사한 경력이 2년 이상인 사람 6. 전문대학 졸업 또는 이와 같은 수준 이상의 학력이 있다고 다른 법령에서 인정받은 후 청소년활동 등 청소년육성업무에 종사한 경력이 3년 이상인 사람 7. 3급 청소년지도사 자격 취득 후 청소년활동 등 청소년육성업무에 종사한 경력이 2년 이상인 사람 8. 고등학교 졸업 또는 이와 같은 수준 이상의 학력을 인정받은 후 청소년활동 등 청소년육성업무에 종사한 경력이 8년 이상인 사람
3급	1. 전문대학 졸업(예정)자 또는 이와 같은 수준 이상의 학력이 있는 사람으로서 3급 청소년지도사 자격검정에 필요한 과목 모두를 전공과목으로 이수한 사람 2. 2005년 12월 31일 이전에 전문대학을 졸업하였거나 이와 같은 수준 이상의 학력을 취득한 사람으로서 별표 1의2에 따른 과목을 이수한 사람 3. 전문대학 졸업 또는 이와 같은 수준 이상의 학력이 있다고 다른 법령에서 인정받은 후 청소년활동 등 청소년육성업무에 종사한 경력이 2년 이상인 사람 4. 고등학교 졸업 또는 이와 같은 수준 이상의 학력이 있다고 다른 법령에서 인정받은 후 청소년활동 등 청소년육성업무에 종사한 경력이 3년 이상인 사람

*출처: 「청소년 기본법 시행령」 제20조제3항 별표 1.

청소년지도사 자격 검정과목 및 검정방법은 〈표 6-5〉와 같다. 청소년지도사의 합격 기준은 필기시험에서 매 과목 40점 이상, 전 과목 평균 60점 이상의 점수를 얻어야 한다. 필기시험이 면제되는 경우는 2급, 3급 각각에 필요한 자격기준 중 대학(3급은 전문대학 이상) 졸업(예정)자 또는 이와 동등 이상의 학력이 있는 자로서 각급 청소년지도사 자격검정에 필요한 과목 모두를 전공과목으로 이수한 경우이다. 자격검정에 합격한 사람은 30시간 이상 연수에 참여해야 하며, 연수는 청소년지도사로서의 자질과 전문성을 함양하는 내용으로 구성된다.

표 6-5 청소년지도사 자격 검정과목 및 검정방법

구분	검정과목		검정방법
1급	• 청소년연구방법론 • 청소년기관 운영	• 청소년인권과 참여 • 청소년지도자론	• 주 · 객관식 필기시험 (면접 없음)
2급	• 청소년육성제도론 • 청소년심리 및 상담 • 청소년활동 • 청소년프로그램 개발과 평가	• 청소년지도방법론 • 청소년문화 • 청소년복지 • 청소년문제와 보호	• 객관식 필기시험 • 면접(3급 청소년지도사 자격증 소지자는 면접시험 면제)
3급	• 청소년육성제도론 • 청소년심리 및 상담 • 청소년지도방법론 • 청소년프로그램 개발과 평가	• 청소년활동 • 청소년문화 • 청소년문제와 보호	• 객관식 필기시험 • 면접

*출처: 「청소년 기본법 시행령」 제20조제3항 별표 2.

③ 청소년지도사 배치기준

유형별 청소년수련시설 및 청소년단체의 청소년지도사 배치기준은 〈표 6-6〉과 같다. 국가 및 지방자치단체는 이렇게 청소년단체나 청소년시설에 배치된 청소년지도사에게 예산의 범위에서 그 활동비의 전부 또는 일부를 보조할 수 있다(제23조).

표 6-6 청소년시설의 청소년지도사 배치기준

배치대상 청소년시설		배치기준
청소년 수련시설	청소년 수련관	1급 청소년지도사 1명, 2급 청소년지도사 1명, 3급 청소년지도사 2명 이상을 두되, 수용인원이 500명을 초과하는 경우에는 500명을 초과하는 250명당 1급, 2급 또는 3급 청소년지도사 중 1명 이상을 추가로 둔다.
	청소년 수련원	1) 2급 청소년지도사 및 3급 청소년지도사를 각각 1명 이상 두되, 수용정원이 500명을 초과하는 경우에는 1급 청소년지도사 1명 이상과 500명을 초과하는 250명당 1급, 2급 또는 3급 청소년지도사 중 1명 이상을 추가로 둔다. 2) 지방자치단체에서 폐교시설을 이용하여 설치한 시설로서 특정 계절에만 운영하는 시설의 경우에는 청소년지도사를 두지 않을 수 있다.
	유스 호스텔	청소년지도사를 1명 이상 두되, 숙박정원이 500명을 초과하는 경우에는 2급 청소년지도사 1명 이상을 추가로 둔다.

<table>
<tr><td rowspan="3">청소년
수련시설</td><td>청소년
야영장</td><td>1) 청소년지도사를 1명 이상 둔다. 다만, 설치 · 운영자가 동일한 시 · 도 안에 다른 수련시설을 운영하면서 청소년야영장을 운영하는 경우로서 다른 수련시설에 청소년지도사를 둔 경우에는 그 청소년야영장에 청소년지도사를 별도로 두지 않을 수 있다.
2) 국가, 지방자치단체, 그밖에 공공법인이 설치 · 운영하는 청소년야영장으로서 청소년수련 거리의 실시 없이 이용 편의만 제공하는 경우에는 청소년지도사를 두지 않을 수 있다.</td></tr>
<tr><td>청소년
문화의집</td><td>청소년지도사를 1명 이상 둔다.</td></tr>
<tr><td>청소년
특화시설</td><td>2급 청소년지도사 및 3급 청소년지도사를 각각 1명 이상 둔다.</td></tr>
<tr><td colspan="2">청소년단체</td><td>청소년 회원 수가 2천 명 이하인 경우에는 1급 청소년지도사 또는 2급 청소년지도사 1명 이상을 두되, 청소년 회원 수가 2천 명을 초과하는 경우에는 그 초과하는 2천 명마다 1급 청소년지도사 또는 2급 청소년지도사 1명 이상을 추가로 두며, 청소년 회원 수가 1만 명 이상인 경우에는 청소년지도사의 5분의 1 이상은 1급 청소년지도사로 두어야 한다.</td></tr>
</table>

*출처: 「청소년 기본법 시행령」 제25조제2항 별표 5.

④ 청소년지도사 보수교육

청소년시설 및 청소년단체 등에서 청소년육성 업무에 종사하는 청소년지도사는 역량강화 및 자질향상을 위하여 「기본법」 제24조2에 근거하여 2013년부터 보수교육을 의무적으로 받고 있다. 2017년 1월, 「기본법 시행규칙」 제10조의2를 개정하면서 교육시간이 20시간 이상에서 15시간 이상으로 완화되었으며 청소년정책 및 권리교육, 양성평등교육, 아동학대 신고 의무자 교육, 청소년활동과 안전, 직업윤리 등을 필수과목으로 운영하고 있다(여성가족부, 2019).

(2) 청소년상담사

① 청소년상담사 개념 및 현황

변화하는 사회에서 청소년이 능동적으로 삶을 실현하고, 주체적으로 성장할 수 있도록 전방위적으로 돕기 위해 청소년상담의 전문적 자질과 능력을 갖춘 인재 양

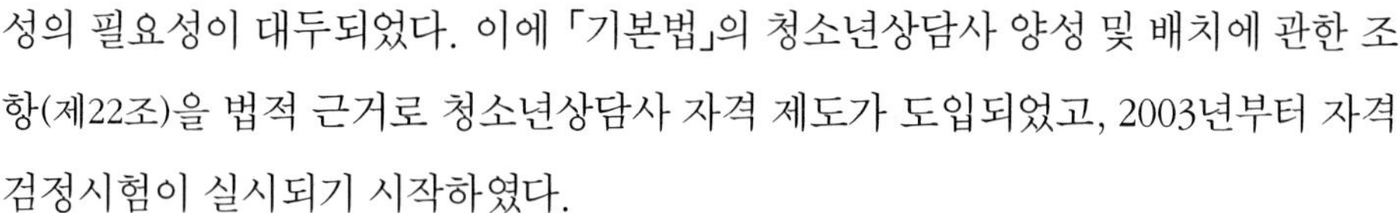

성의 필요성이 대두되었다. 이에 「기본법」의 청소년상담사 양성 및 배치에 관한 조항(제22조)을 법적 근거로 청소년상담사 자격 제도가 도입되었고, 2003년부터 자격검정시험이 실시되기 시작하였다.

2003년부터 2017년까지 총 16회의 청소년상담사 자격검정이 있었으며, 청소년상담사 1급 510명, 2급 5,178명, 3급 11,499명으로 총 17,187명의 청소년상담사를 양성하였다. 2017년에는 2,724명의 청소년상담사가 배출되었는데, 이 중 여성은 89.1%의 비율을 보였다(여성가족부, 2019).

② 청소년상담사 자격사항

청소년상담사는 상담관련 분야를 전공하고 상담실무 경력이나 기타 자격을 갖춘 자로서 자격검정에 합격한 후, 필요한 연수를 마친 자에게 부여하는 국가자격증이다. 청소년상담사는 국가차원의 청소년상담 관련기관인 한국청소년상담복지개발원, 시 · 도 및 시 · 군 · 구 청소년상담복지지원센터, 초 · 중 · 고 · 대학의 학생상담실, 청소년수련관, 청소년쉼터, 청소년 관련 복지시설 등 각종 청소년 관련시설을 포함, 각종 시설의 청소년 관련업무 지원 부서에서 청소년상담업무에 종사한다. 청소년상담사의 등급별 자격검정에 응시할 수 있는 자격기준은 〈표 6-7〉과 같다.

표 6-7 청소년상담사 자격검정 등급별 응시자격기준

구분	자격요건
1급	1. 대학원에서 청소년(지도)학 · 교육학 · 심리학 · 사회사업(복지)학 · 정신의학 · 아동(복지)학 분야 또는 그 밖에 여성가족부령으로 정하는 상담 관련 분야(이하 "상담관련분야"라 한다)의 박사학위를 취득한 사람 2. 대학원에서 상담관련분야의 석사학위를 취득한 후 상담 실무경력이 4년 이상인 사람 3. 2급 청소년상담사로서 상담 실무경력이 3년 이상인 사람 4. 제1호 및 제2호에 규정된 사람과 같은 수준 이상의 자격이 있다고 여성가족부령으로 정하는 사람

2급	1. 대학원에서 상담관련분야의 석사학위를 취득한 사람 2. 대학 또는 다른 법령에 따라 이와 동등한 학력을 인정받는 기관에서 상담관련분야 학사학위를 취득한 후 상담 실무경력이 3년 이상인 사람 3. 3급 청소년상담사로서 상담 실무경력이 2년 이상인 사람 4. 제1호부터 제3호까지에 규정된 사람과 같은 수준 이상의 자격이 있다고 여성가족부령으로 정하는 사람
3급	1. 대학 및 「평생교육법」에 따른 학력이 인정되는 평생교육시설의 상담관련분야의 학사학위를 취득한 사람 2. 전문대학 또는 다른 법령에 따라 이와 동등한 학력을 인정받는 기관에서 상담관련분야 전문학사를 취득한 사람으로서 상담 실무경력이 2년 이상인 사람 3. 대학 또는 다른 법령에 따라 이와 동등한 학력을 인정받는 기관에서 학사학위를 취득한 후 상담 실무경력이 2년 이상인 사람 4. 전문대학 또는 다른 법령에 따라 이와 동등한 학력을 인정받는 기관에서 전문학사 학위를 취득한 후 상담 실무경력이 4년 이상인 사람 5. 고등학교를 졸업하고 상담 실무경력이 5년 이상인 사람 6. 제1호부터 제4호까지에 규정된 사람과 같은 수준 이상의 자격이 있다고 여성가족부령으로 정하는 사람

*출처: 「청소년 기본법 시행령」 제23조제3항 별표 3.

청소년상담사 자격검정은 필기시험과 면접시험으로 구성되어 있으며, 필기시험 과목은 1급 5과목, 2급과 3급은 각각 6과목이며, 합격기준은 매 과목 100점을 만점으로 하여 매 과목 40점 이상, 전 과목 평균 60점 이상이다. 필기시험 합격 후 면접시험을 볼 수 있으며, 면접시험에 합격한 자에 한해 응시자격 기준에 해당하는지에 대한 여부를 확인하기 위하여 서류심사를 실시한 후 이를 통과한 자를 자격검정 최종 합격자로 본다. 청소년상담사 자격 검정과목과 방법은 〈표 6-8〉과 같다.

표 6-8 청소년상담사 자격 검정과목 및 검정방법

구분	검정과목		검정방법
	구분	과목	
1급	필수	• 상담사 교육 및 사례지도 • 청소년 관련법과 행정 • 상담연구방법론의 실제	필기시험, 면접시험
	선택	• 비행상담 · 성상담 · 약물상담 · 위기상담 중 2과목	
2급	필수	• 청소년상담의 이론과 실제 • 상담연구방법론의 기초 • 심리측정 평가의 활용 • 이상심리	
	선택	• 진로상담 · 집단상담 · 가족상담 · 학업상담 중 2과목	
3급	필수	• 발달심리 • 집단상담의 기초 • 심리측정 및 평가 • 상담이론 • 학습이론	
	선택	• 청소년이해론 · 청소년수련활동론 중 1과목	

*출처: 「청소년 기본법 시행령」 제23조제3항 별표 4.

자격검정에 합격한 자는 실무능력 향상을 위해 100시간 이상 의무 연수를 실시하며, 청소년상담복지센터와 청소년쉼터 등 청소년복지시설에 배치 · 활용된다. 청소년상담사 자격연수 과목은 청소년상담 관련 이론과 실제적인 실무를 익힐 수 있도록 구성되어 있으며, 자격연수 형태는 급별 책무에 맞는 질적 교육을 위하여 이론, 세미나, 실습 등으로 구성되어 있다. 등급별 자격연수 과목은 〈표 6-9〉와 같다.

표 6-9 청소년상담사 자격 연수과목

등급	연수과목	
1급	• 청소년 상담 · 수퍼비전 • 청소년 위기개입 II • 청소년 관련법과 정책	• 청소년상담프로그램 개발 • 청소년문제 세미나
2급	• 청소년상담 과정과 기법 • 부모상담 • 청소년 진로 · 학업상담	• 지역사회상담 • 청소년 위기개입 I
3급	• 청소년개인상담 • 청소년매체상담 • 청소년 발달 문제	• 청소년집단상담 • 청소년상담 현장론

*출처:「청소년상담사 자격검정 및 연수 등에 관한 고시」제13조제1항 별표 5.

③ 청소년상담사 배치기준

청소년시설에는 「기본법」에 근거하여 일정한 기준에 따라 청소년상담사를 배치하여야 한다. 청소년상담사 배치기준은 〈표 6-10〉과 같다. 국가 및 지방자치단체는 관련 청소년시설에 배치된 청소년상담사에게 예산의 범위에서 그 활동비의 전부 또는 일부를 보조할 수 있다(제23조).

표 6-10 청소년상담사 배치기준

배치대상 청소년시설	배치기준
「청소년복지 지원법」 제29조에 의거, 특별시 · 광역시 · 도 및 특별자치도에 설치된 청소년상담복지센터	청소년상담사 3명 이상을 둔다.
「청소년복지 지원법」 제29조에 의거, 시 · 군 · 구에 설치된 청소년상담복지센터	청소년상담사 1명 이상을 둔다.
「청소년복지 지원법」 제31조 제1호부터 제3호까지의 규정에 따른 청소년복지시설	청소년상담사 1명 이상을 둔다.

*출처:「청소년 기본법 시행령」제25조제2항 별표 5.

④ 청소년상담사 보수교육

청소년상담사는 매년 8시간 이상의 보수교육을 받아야 한다(제24조의2). 보수교육 의무자는 청소년단체 중 여성가족부장관이 정하여 고시하는 단체와 한국청소년상담복지개발원, 청소년상담복지센터, 이주배경청소년지원센터, 청소년복지시설(청소년쉼터, 청소년자립지원관, 청소년치료재활센터), 학교 및 Wee클래스 · 센터 · 스쿨 등의 종사자이며, 청소년상담사 자격증 소지자 또한 보수교육의 대상이다. 보수교육은 청소년상담 현장에서 요구되는 상담내용과 급별 청소년상담사에게 필요한 역량을 분석하여 교육과정을 구성하여 이러닝 및 집합교육 형태로 진행된다.

(3) 청소년육성 전담공무원

청소년육성 전담공무원에 대해서는 「기본법」 제25조에서 관련 내용을 다음과 같이 규정하고 있다.

- 지방자치단체 또는 청소년육성 전담기구에 청소년육성 전담공무원을 둘 수 있다.
- 청소년육성 전담공무원은 청소년지도사 또는 청소년상담사의 자격을 가진 사람으로 한다.
- 청소년육성 전담공무원은 관할구역의 청소년과 청소년지도자 등에 대하여 그 실태를 파악하고 필요한 지도를 하여야 한다.
- 관계 행정기관, 청소년단체 및 청소년시설의 설치 · 운영자는 청소년육성 전담공무원의 업무 수행에 협조하여야 한다.
- 청소년육성 전담공무원의 임용 등에 필요한 사항은 조례로 정한다.

이러한 규정에 의하면 청소년육성 전담공무원은 '청소년육성업무를 전담하는 공무원이면서 청소년지도 또는 청소년상담사 자격을 갖춘 사람'이다. 김현철과 김선희(2015)는 법에 의거한 이러한 정의가 제한적이고 모호하다고 지적하면서, 이들의 생애과정 연구를 통해 청소년육성 전담공무원을 "청소년지도사 또는 청소년상담사 자격을 가진 공무원, 청소년육성업무 관련 전문직 공무원, 기타 청소년육성업무를 담당하는 학교, 중앙부처 및 지자체의 청소년육성업무 담당부서 및 직영시설에서

청소년육성업무를 담당하는 공무원"으로 재정의한 바 있다. 2017년 수원시가 전국 기초지자체 중 처음으로 청소년육성 전담공무원을 채용했으며, 최근 대구광역시, 경기도 등 임기제공무원 형태로 채용하는 사례가 점차 늘고 있으나, 이 제도가 실질적이고 안정적으로 정착 · 운영되기 위한 노력이 적극적으로 이루어져야 할 필요가 있다.

5) 청소년단체

청소년단체는 학교교육과 서로 보완할 수 있는 청소년활동, 청소년 삶의 질 향상을 위한 청소년복지, 유해환경으로부터의 청소년보호의 역할을 수행한다(제28조).

청소년단체에 대해 국가 및 지방자치단체는 청소년단체의 조직과 활동에 필요한 행정적인 지원을 할 수 있으며, 예산의 범위에서 그 운영 · 활동 등에 필요한 경비의 일부를 보조할 수 있다. 청소년단체의 청소년활동에 필요한 지원 및 협력 기관으로는 학교 및 「평생교육법」 제2조 제2호의 평생교육기관이 있다. 개인 · 법인 또는 단체는 청소년단체의 시설과 운영을 지원하기 위하여 금전이나 그 밖의 재산을 출연하는 방법으로 청소년단체를 지원할 수 있다(제29조). 청소년단체는 정관에서 정하는 바에 따라 청소년육성과 관련된 수익사업을 할 수 있으며, 수익사업의 범위, 수익금의 사용 등 필요한 사항은 대통령령으로 정한다(제30조). 한국청소년단체협의회는 「기본법」에 근거하여 설립된 법인으로, 다음과 같은 활동을 실시한다(제40조).

- 회원단체의 사업과 활동에 대한 협조 · 지원
- 청소년지도자의 연수와 권익 증진
- 청소년 관련 분야의 국제기구활동
- 외국 청소년단체와의 교류 및 지원
- 남 · 북청소년 및 해외교포청소년과의 교류 · 지원
- 청소년활동에 관한 조사 · 연구 · 지원
- 청소년 관련 도서 출판 및 정보 지원
- 청소년육성을 위한 홍보 및 실천 운동

• 제41조에 따른 지방청소년단체협의회에 대한 협조 및 지원
• 그 밖에 청소년육성을 위하여 필요한 사업

6) 청소년활동 및 청소년복지 등

국가 및 지방자치단체는 청소년활동, 청소년복지, 청소년보호를 위한 환경을 조성해야 한다. 먼저 기본적인 청소년활동 지원을 포함하여, 청소년활동과 학교교육 · 평생교육을 연계하여 교육적 효과를 높일 수 있는 시책을 수립 · 시행하여야 한다(제47조). 여기에는 정규교육으로 보호할 수 없는 시간 동안 청소년의 성장 · 발달을 지원하기 위한 청소년 방과 후 활동의 지원이 포함된다(제48조).

다음으로 국가 및 지방자치단체는 청소년복지의 향상(제49조)을 위해 청소년들의 의식 · 태도 · 생활 등에 관한 사항을 정기적으로 조사하고, 이를 개선하기 위하여 청소년의 복지향상 정책을 수립 · 시행하여야 한다. 기초생활 보장, 직업재활훈련, 청소년활동 지원 등의 시책을 추진할 때에는 정신적 · 신체적 · 경제적 · 사회적으로 특별한 지원이 필요한 청소년을 우선적으로 배려하여야 한다. 청소년 삶의 질 향상을 위한 구체적 시책 마련 또한 국가 및 지방자치단체의 역할로 규정하고 있다.

청소년 유익환경의 조성(제51조), 청소년 유해환경의 규제(제52조)는 청소년보호환경 조성을 위해 국가 및 지방자치단체가 수행해야 하는 역할이다. 먼저 청소년 유익환경 조성에는 청소년의 정보화 능력 배양을 위한 환경 조성, 유익한 매체물의 제작 · 보급 장려 및 지원, 주택단지의 청소년시설 배치 등 청소년을 위한 사회환경과 자연환경 조성이 포함된다. 다음으로 청소년 유해환경 규제로는 유해 매체 및 약물 유통 규제, 청소년의 유해업소 출입 또는 고용 규제, 폭력 · 학대 · 성매매 등 유해 행위로부터의 청소년 보호 및 구제가 포함된다. 2016년 12월에는 '근로 청소년의 보호를 위한 신고의무' 조항(제52조의2)이 신설되어, 「청소년복지 지원법」에 따른 청소년복지 관련 기관 및 시설의 장과 종사자, 「학교 밖 청소년 지원에 관한 법률」에 따른 학교 밖 청소년지원센터의 장과 그 종사자, 「아동복지법」에 다른 아동복지시설의 장과 그 종사자가 청소년 근로와 관련한 노동 관계 법령 위반 사실을 알았을 때 고용노동부장관이나 근로감독관에게 신고할 것을 의무화하였다.

7) 청소년육성기금

청소년정책 예산은 청소년육성기금, 일반예산, 광역지역발전특별회계로 구성된다. 2017년도 청소년정책 예산은 총 2,453억여 원으로 일반회계 875억여 원, 광역지역발전특별회계 625억여 원, 청소년육성기금 953억여 원으로 구성되어, 청소년육성기금이 가장 큰 비중을 차지하면서 청소년 참여 지원, 청소년방과후활동 지원, 청소년사회안전망 구축, 청소년쉼터운영 지원, 국립중앙청소년치료재활센터 운영 등에 사용되고 있다(여성가족부, 2019). 청소년육성기금은 청소년육성에 필요한 재원을 확보하기 위해 설치되었으며(제53조), 여성가족부장관이 관리·운용한다. 기금 조성 재원은 다음과 같다.

- 정부의 출연금
- 「국민체육진흥법」 제22조 제4항 제1호 및 「경륜·경정법」 제18조 제1항 제1호에 따른 출연금
- 개인·법인 또는 단체가 출연하는 금전·물품이나 그 밖의 재산
- 기금의 운용으로 생기는 수익금
- 그 밖에 대통령령으로 정하는 수입금

03 청소년 기본법 개선방안

1) 기본법으로서의 지향점 명확화

일반적으로 기본법은 국가의 중요한 정책적 과제에 대해 국민의 권리의무에 영향을 미치는 규정을 포함하지는 않으나 그 정책이나 법적 의미가 지향하는 바가 무엇인지에 대한 기본방침을 명확히 제시해야 한다(박정훈, 2009). 따라서 기본법은 특정한 상황이나 조건을 제시하기보다는 보편적으로 가장 기본이 되는 상황이나 여건을 상정하는 경향을 보인다(김영한·서정아·권일남, 2019). 기본법의 본질은 「헌법」

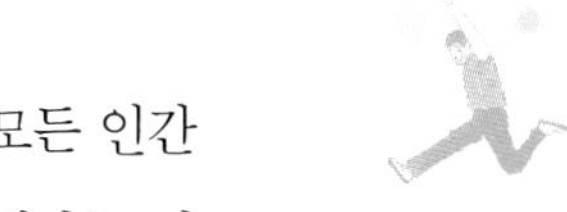

과 개별법 중간에서 이를 연결해 주는 역할을 수행하는 것으로, 「헌법」은 모든 인간의 권리가 어떠한 상황에서도 타인으로부터 억압받거나 침해당해서는 안 된다는 점을 명시하고 있기 때문에 기본법은 해당 분야의 대상에 대한 보호적 속성에 충실해야 한다. 또한 기본법에 규정된 준칙 · 지침 · 시책 등은 관련 법령의 정립에 있어 실질적으로 지도적 · 우월적 · 강령적 · 현장적인 기능과 효력을 가진다(박정훈, 2009).

이러한 측면에서 청소년을 대상으로 하는 「청소년 기본법」은 청소년이라는 조건과 특성으로 인해 타인으로부터 침해나 피해를 당할 여지가 있을 때 이를 원상태로 되돌릴 수 있는 방안을 명확히 제시해 주어야 한다. 김영한 등(2019)은 「청소년 기본법」이 「헌법」에서 명시한 최소한의 기준으로서의 인권을 각 법적 의미에서 얼마나 타당하게 수용하고 있는지 분석하고, 「헌법」 재해석 과정을 통해 「청소년 기본법」이 청소년을 위해 다루어야 할 요소 중 누락한 것은 없는지 판단하고 보완하여 이를 기본법의 규정으로 포함시키는 작업이 필요하다고 하였다. 또한 「헌법」 정신에 내포된 전체 인간존중의 관점을 청소년의 관점으로 재해석하고, 「헌법」의 조항을 통해 청소년에게 부여 가능한 의미를 해석할 필요가 있다고 보았다. 연구자들은 「청소년 기본법」이 지향해야 할 「헌법」의 요소를 〈표 6-11〉과 같이 추출한 바 있다.

표 6-11 「청소년 기본법」이 지향해야 할 「헌법」의 요소

구분	요소
전문	참여, 평등, 다양성, 인권보장, 여가 · 삶 · 행복, 글로벌지향
제1조	국민으로서의 청소년 지위 보장
제10조	청소년의 존재론 및 사회적 주체로서의 권리
제11조	청소년이기에 발생 가능한 차별적 · 환경적 요소 제거 건강한 생활을 위한 기초 여건 제공
제13조	청소년 의사표현의 자유 및 권리 보장
제31조	청소년의 교육권(학교, 학교 밖 등 공간, 학생)
제32조	청소년 아르바이트 등 근로기회 부여 및 근로 내 차별금지 및 권리 보장
제34조	모든 청소년이 인간다운 생활을 위해 보호받을 권리(처한 환경 불문)
제35조	청소년 생활공간의 안락과 쾌적성

*출처: 김영한 · 서정아 · 권일남(2019: 270)에서 재구성.

2) 청소년의 기본권 명시 및 보장 강화

「청소년 기본법」은 청소년의, 청소년에 의한, 청소년을 위한 진정한 의미의 기본권을 보장해야 한다. 그러나 국내 청소년 인권 보장에 관한 내용을 포함한 법은 현재 부재한 상태이다. 사회구성원으로서 청소년의 권위에 대한 인식의 출발점을 보여 주어야 하는 「청소년 기본법」은 청소년의 기본권이 무엇인지, 그 보장을 위한 노력이 무엇인지를 제대로 담고 있지 못하고 있고, 오히려 그 지향점이 분명하지 않고 기본이념이나 정의 또한 명확하게 기술되어 있지 않은 문제가 지적되고 있다(김영한 외, 2019).

유영미(2016)는 「청소년 기본법」이 기본계획으로서 그 실효성을 확보하기는 하였으나 기본법으로서의 역할과 기능을 할 수 있는 법조문 및 내용 구성을 위해 지속적인 정비가 필요하다고 지적하였다. 구체적으로, 대부분의 조항이 청소년수련활동에 치우쳐 있고, 청소년시설, 청소년 관련 기관 및 단체에 관하여 복잡하게 기술하느라 정작 구체적으로 다루어야 할 필수적 청소년 권리와 보장을 위한 내용은 충분히 규정되지 않았음을 지적한 바 있다. 이러한 지적은 최초의 「청소년 기본법」이 「청소년육성법」을 근간으로 제정되면서 당시 청소년분야 핵심정책인 청소년수련활동을 실천하기 위한 구체적인 내용을 중심으로 법이 구성되었던 맥락에 기인한다(김영한 외, 2019). 「청소년 기본법」은 다른 관련 법률과 균형을 맞출 수 있는 체계를 마련함은 물론 청소년의 기본적 인권과 이를 향상하기 위한 법적 근거를 마련하고, 청소년 권리헌장을 구체적으로 법제화해야 하며, 사회 · 문화 · 정치적 주체로서 청소년과 청소년정책의 지향점과 방향이 분명하게 드러나야 할 것이다.

3) 저출산 · 고령화 시대의 청소년 역량 강화 방안 제시

저출산 · 고령화 시대를 맞이하여 대한민국 인재로서의 청소년 역량 강화 방안이 기본법에서 제시될 필요가 있다. 저출산 · 고령화로 인해 성장세대의 인구가 절대적으로 감소하고 있다. 여성가족부(2019)에 따르면 청소년 인구의 구성비는 1980년대에 감소세로 전환되어 2000년 24.5%, 2019년 17.0%까지 낮아졌다. 이러한 감소

경향은 향후 지속될 것으로 예상되며, 2030년 12.6%, 2060년 10.4%까지로 예측된다. 청소년 인구 증가율은 총 인구 증가율보다 낮게 나타나고 있으며, 향후에도 마이너스 성장세를 지속할 것으로 예측된다. 청소년 인구의 감소는 경제활동 인구 및 생산가능 인구의 감소로 이어져 국가 경쟁력을 약화시키고, 부양 세대가 될 청소년의 부담을 증가시킨다.

청소년 인구규모 변화로 인한 인구절벽 현상은 「청소년 기본법」의 중요성이 더욱 강조되어야 하는 배경으로 작용한다. 그동안 정부는 출산율 제고를 위한 국가정책을 최우선 과제로 삼고 적극 노력해 왔으나 경제적 측면만을 강조한 출산율 제고 정책으로는 출산율을 높일 수 없다는 것이 속속 증명되고 있다(동아일보, 2020. 8. 27.). 김민(2019)은 과거 청소년 세대와 비교해 오늘날 청소년이 가지는 부담이 크기 때문에 청소년 핵심 역량 개발을 국가 및 사회 차원에서 마련해야 할 필요성을 제기한 바 있다. 김영한 등(2019) 또한 청소년의 인구통계학적 성장이 낮아지는 현 상황으로 인해 청소년의 심리적 부적응, 정서적 특성의 악화를 유발할 개연성이 더 커졌다고 지적하면서, 이를 극복하도록 하는 청소년의 긍정 성장을 위한 제도적 기반의 중요성을 강조하였다.

이러한 맥락에서 국가 청소년정책의 근간으로서 「청소년 기본법」은 청소년이 갖추어야 할 역량이 무엇인지 제시하고, 그러한 역량을 강화하는 방안을 제시해야 할 것이다. 이를 위해 현 사회에서 요구되는 청소년 핵심역량이 무엇인지에 대해 개인적 측면은 물론 사회구성원으로서, 나아가 사회의 중요한 계층이자 세대로서 중·장기적 관점으로 접근한 심도 있는 논의가 선행되어야 할 것이다.

요약

1. 「청소년 기본법」은 1991년 12월 제정되어 1993년 1월부터 시행되었다. 오늘날 모든 청소년 정책 추진의 근간이 되는 「청소년 기본법」은 청소년의 성장을 위해 가정과 사회 및 국가의 책임과 의무 제시 및 그 실천의 근거를 마련했다는 점에서 의의를 지닌다.

2. 2005년 2월 전부개정을 거치며 이 법에서 규정하고 있던 청소년활동에 관한 사항은 「청소년활동 진흥법」으로, 청소년의 복지에 관한 사항은 「청소년복지 지원법」으로 별도 제정하였다.

3. 청소년활동과 청소년복지의 각 영역에 대한 개별법 제정을 통해, 「청소년 기본법」은 청소년 육성의 기본원리와 정책적 근간에 관한 사항을 규정하는 기본법으로서의 성격을 더욱 강화하게 되었다.

4. 현재 이 법은 청소년의 권리 및 책임과 가정 · 사회 · 국가 · 지방자치단체의 청소년에 대한 책임을 정하고 청소년정책에 관한 기본적인 사항을 규정함을 목적으로 한다(제1조). 기본이념(제2조)으로는 “청소년이 사회구성원으로서 정당한 대우와 권익을 보장받음과 아울러 스스로 생각하고 자유롭게 활동할 수 있도록 하며 보다 나은 삶을 누리고 유해한 환경으로부터 보호될 수 있도록 함으로써 국가와 사회가 필요로 하는 건전한 민주시민으로 자랄 수 있도록 하는 것”을 제시하고 있다.

5. 「청소년 기본법」은 제1장 총칙, 제2장 청소년정책의 총괄·조정, (제3장 삭제), 제4장 청소년시설, 제5장 청소년지도자, 제6장 청소년단체, 제7장 청소년활동 및 청소년복지 등, 제8장 청소년육성기금, 제9장 보칙, 제10장 벌칙으로 구성된다.

6. 「청소년 기본법」은 기본법으로서의 지향점을 명확히 해야 하고, 청소년의 기본권 명시 및 보장 강화 내용을 포함해야 하며, 저출산·고령화 시대의 청소년 역량 강화 방안을 제시할 필요가 있다.

참고문헌

강병연 · 황수주(2017). 청소년육성제도론. 서울: 양성원.

김민(2019). 청소년기본법 개정 필요와 방향. 한국청소년정책연구원. 제31회 청소년정책포럼 청소년정책 관련 법제도 개선 방향, 3-22.

김영한 · 서정아 · 권일남(2019). 미래지향적 청소년 관련 법 정비 방안. 한국청소년정책연구원 연구보고서. 세종: 한국청소년정책연구원.

김현철 · 김선희(2015). 청소년육성 전담공무원의 현황과 전망: 생애과정 연구를 중심으로. 세종: 한국청소년정책연구원.

동아일보(2020.8.27.). '209조 쏟아붓고도 뚝…뚝… 서울 합계출산율 0.64명' https://www.donga.com/news/article/all/20200827/102667455/1

박정훈(2009). 입법체계상 기본법의 본질에 관한 연구: 일본의 기본법을 중심으로. 법조협회, 58(12), 272-317.

법제처 국가법령정보센터(2020.10.11.). https://www.law.go.kr/lsInfoP.do?lsiSeq=4676&ancYd=19911231&ancNo=04477&efYd=19930101&nwJoYnInfo=N&efGubun=Y&chrClsCd=010202&ancYnChk=0#0000에서 검색.

여성가족부(2019). 2019 청소년백서. 서울: 여성가족부.

유영미(2016). 제 · 개정내용을 통한 청소년기본법 변화 고찰. 법학연구, 50, 103-125.

청소년지도사 종합정보시스템(2020. 12. 14). 청소년지도사 배출현황. https://www.youth.go.kr/yworker.

제7장

청소년활동 진흥법

학습개요

「청소년활동 진흥법」은 「청소년 기본법」에 따라 다양한 청소년활동을 적극적으로 진흥하기 위하여 필요한 사항을 정함을 목적으로 한다. 즉, 청소년활동에 대한 정책적 지원이 유기적이고 종합적으로 이루어질 수 있는 토대라 할 수 있다. 이 법은 청소년활동 지원체제 구축, 청소년수련활동 신고제도와 같은 청소년활동의 보장, 청소년활동시설, 청소년수련활동인증제, 청소년수련시설협회, 청소년수련시설과 같은 청소년수련활동의 지원, 청소년교류활동 및 청소년문화활동의 지원에 관한 장으로 구성되어 있다. 이 장에서는 「청소년활동 진흥법」의 목적, 기본이념, 정의를 포함하여 그 체계를 살펴보고, 그 의미를 탐색하였다. 더불어 그 개선방안을 제시하였다.

01 청소년활동 진흥법의 이해

1) 제정 배경

「청소년활동 진흥법」(이하 '활동진흥법')은 2004년 2월 제정되어 2005년 2월부터 시행되었다. 이 법은 "미래사회의 주역이 될 청소년이 수련활동을 비롯한 문화활동, 교류활동 등 다양한 청소년활동을 통하여 자신의 기량과 품성을 함양하고 꿈과 희망을 마음껏 펼칠 수 있도록 하기 위한 제도적 기반을 마련"하고자 제정되었다. 초기 「활동진흥법」은 다음의 내용을 주요 골자로 하고 있다.

- 청소년활동(청소년수련활동, 청소년교류활동, 청소년문화활동)에 대한 정책적 지원
- 국가와 지방자치단체의 청소년활동 지원체제 구축
- 국립청소년수련시설, 지방자치단체 청소년수련관 및 청소년문화의집 설치 · 운영 의무화
- 수련시설 운영 방침
- 청소년수련활동인증제도 운영
- 전통문화를 포함한 청소년 문화활동 활성을 위한 시책 수립 · 시행

「활동진흥법」은 「청소년 기본법」이 2005년 2월 전부개정을 거치며 이 법에서 규정하고 있던 청소년활동에 관한 사항을 별도로 제정한 법이다. 이 법은 「청소년 기본법」 제47조제2항에 따라 다양한 청소년활동을 적극적으로 진흥하기 위하여 필요한 사항을 정함을 목적으로 한다(제1조). 즉, 청소년활동에 대한 정책적 지원이 유기적이고 종합적으로 이루어질 수 있는 토대라 할 수 있다. 2020년 5월 개정까지 총 41회의 개정을 거치며 현재의 구성을 갖추게 되었다.

2) 구성 및 주요 용어

(1) 구성

이 법은 총 8장 72조로 구성되어 있다. 각 장이 담고 있는 내용을 살펴보면, 제1장 총칙, 제2장 청소년활동의 보장, 제3장 청소년활동시설의 종류, 제4장 청소년수련활

표 7-1 「청소년활동 진흥법」 체계

장	주요 내용
제1장 총칙	목적, 정의 관계 기관의 협조 청소년운영위원회
제2장 청소년활동의 보장	청소년활동의 지원 한국청소년활동진흥원의 설치 및 운영 지방청소년활동진흥센터의 설치 청소년활동 정보의 제공 청소년수련활동 계획의 신고 및 운영
제3장 청소년활동시설의 종류	청소년활동시설의 종류 수련시설 설치 및 운영, 종합평가, 이용 청소년이용시설
제4장 청소년수련활동의 지원	청소년수련거리의 개발 · 보급 청소년수련활동인증제도 한국청소년수련시설협회, 지방청소년수련시설협회 청소년수련지구 지정
제5장 청소년교류활동의 지원	청소년교류활동의 진흥 국제청소년교류활동의 지원 지방자치단체의 자매도시협정, 교포청소년교류활동지원 청소년교류센터 설치 · 운영 남 · 북청소년교류활동 지원
제6장 청소년문화활동의 지원	청소년문화활동의 진흥, 기반 구축 전통문화의 계승 청소년축제의 발굴지원 청소년동아리활동, 자원봉사활동의 활성화

*주: 제7장(보칙), 제8장(벌칙) 생략

동의 지원, 제5장 청소년교류활동의 지원, 제6장 청소년문화활동의 지원, 제7장 보칙, 제8장 벌칙에 대해 다루고 있다. 각 장별 주요 내용은 〈표 7-1〉과 같다.

(2) 용어 정의

이 법에서 사용하는 용어의 정의는 다음과 같다(제2조). 먼저, '청소년활동'이란 「청소년 기본법」 제3조제3호에 따른 청소년활동으로, 청소년수련활동, 청소년교류활동, 청소년문화활동으로 구분된다. '청소년수련활동'이란 청소년이 청소년활동에 자발적으로 참여하여 청소년 시기에 필요한 기량과 품성을 함양하는 교육적 활동으로서 청소년지도자와 함께 청소년수련거리에 참여하여 배움을 실천하는 체험활동을 말하며, 숙박형과 비숙박형으로 구분된다. 이때 '청소년수련거리'란 청소년수련활동에 필요한 프로그램과 이와 관련되는 사업을 의미한다. 다음으로 '청소년교류활동'이란 청소년이 지역 간, 남북 간, 국가 간의 다양한 교류를 통하여 공동체의식 등을 함양하는 체험활동을, '청소년문화활동'이란 청소년이 예술활동, 스포츠활동, 동아리활동, 봉사활동 등을 통하여 문화적 감성과 더불어 살아가는 능력을 함양하는 체험활동을 말한다. 이러한 청소년활동에 제공되는 시설을 '청소년활동시설'이라 하며, 청소년수련시설과 청소년이용시설로 구분된다.

표 7-2 청소년활동의 구분

구분	정의
청소년수련활동	• 청소년이 청소년활동에 자발적으로 참여하여 청소년 시기에 필요한 기량과 품성을 함양하는 교육적 활동 • 청소년지도자와 함께 청소년수련거리에 참여하여 배움을 실천하는 체험활동 * 숙박형 청소년수련활동: 19세 미만의 청소년을 대상으로 청소년이 자신의 주거지에서 떠나 청소년수련시설 또는 그 외의 다른 장소에서 숙박 · 야영하는 청소년수련활동
청소년교류활동	청소년이 지역 간, 남북 간, 국가 간의 다양한 교류를 통하여 공동체의식 등을 함양하는 체험활동
청소년문화활동	청소년이 예술활동, 스포츠활동, 동아리활동, 봉사활동 등을 통하여 문화적 감성과 더불어 살아가는 능력을 함양하는 체험활동

02 청소년활동 진흥법의 주요 내용

1) 청소년활동의 보장

(1) 청소년활동 지원체제 구축

「활동진흥법」은 청소년이 "다양한 청소년활동에 주체적이고 자발적으로 참여하여 자신의 꿈과 희망을 실현할 충분한 기회와 지원을 받아야 한다."라고 명시한다(제5조). 청소년활동을 활성화하기 위해 국가 및 지방자치단체는 청소년활동시설, 청소년활동 프로그램, 청소년지도자 등을 위한 시책을 수립・시행해야 할 의무가 있으며, 개인, 법인 또는 단체가 청소년활동을 지원하려는 경우에는 그에 필요한 행정적・재정적 지원을 할 수 있다.

이 법은 청소년활동을 보장하기 위해 국가가 청소년활동 지원체제를 구축할 것을 강조한다. 이러한 측면에서 청소년활동 보장을 위한 대표적인 정책전달체계로 한국청소년활동진흥원이 설립・운영되고 있다. 이 기관은 청소년활동은 물론 청소년육성 전반을 관장하는 공공기관이라 할 수 있다. 구체적으로 다음과 같은 사업을 수행한다(제6조).

- 청소년활동, 청소년복지, 청소년보호에 관한 종합적 안내 및 서비스 제공
- 청소년육성에 필요한 정보 등의 종합적 관리 및 제공
- 청소년수련활동인증위원회 등 청소년수련활동인증제도의 운영
- 청소년 자원봉사활동의 활성화
- 청소년활동 프로그램의 개발과 보급
- 국가가 설치하는 수련시설의 유지・관리 및 운영업무의 수탁
- 국가 및 지방자치단체가 개발한 주요 청소년수련거리의 시범운영
- 청소년활동시설이 실시하는 국제교류 및 협력사업에 대한 지원
- 청소년지도자의 연수
- 숙박형 등 청소년수련활동 계획의 신고 지원에 대한 컨설팅 및 교육

- 수련시설 종합안전 · 위생점검에 대한 지원
- 수련시설의 안전에 관한 컨설팅 및 홍보
- 안전교육의 지원
- 그 밖에 필요한 사업

지방자치단체 또한 지역 내 청소년활동진흥센터를 설치 · 운영함으로써 청소년활동 진흥을 위한 정책적 노력을 기할 수 있다. 「활동진흥법」은 지방청소년활동진흥센터가 수행할 사업에 대해 다음과 같이 제시한다(제7조).

- 지역 청소년활동의 요구에 관한 조사
- 지역 청소년 자원봉사활동의 활성화
- 청소년수련활동인증제도의 지원
- 인증받은 청소년수련활동의 홍보와 지원
- 청소년활동 프로그램의 개발과 보급
- 청소년활동에 대한 교육과 홍보
- 숙박형 등 청소년수련활동 계획의 신고 및 정보공개에 대한 지원
- 그 밖에 청소년활동을 위하여 필요한 사업

한국청소년활동진흥원과 지방청소년활동진흥센터는 청소년의 요구를 수용하여 청소년의 발달단계와 여건에 맞는 프로그램과 정보를 상시 안내하고 제공하여야 한다. 이를 위해 해당 지역 청소년의 활동 요구를 정기적으로 조사하고, 그 결과를 그 지역의 청소년활동시설과 청소년단체에 제공할 의무가 있다(제8조). 청소년수련거리 개발 및 보급은 물론, 학교 및 평생교육시설과의 협력체제 구축 또한 한국청소년활동진흥원과 지방청소년활동진흥센터의 역할이라 할 수 있다. 이러한 협력체제를 통해 학교를 포함한 지역 유관기관들이 필요로 하는 청소년활동 관련 사항을 지원할 수 있다. 「활동진흥법」은 한국청소년활동진흥원과 지방청소년활동진흥센터가 학생 청소년을 위한 수련거리 개발 시 교육청 및 각급 학교에 자료를 요청할 수 있고, 관계 기관은 이러한 요청이 있을 시 적극적으로 협조할 것을 명시하고 있다(제9조).

(2) 청소년수련활동신고

청소년수련활동신고제는 19세 미만 청소년을 대상으로 하는 청소년수련활동 실시 계획을 신고하도록 하고, 신고 수리된 내용을 공개하여 국민이 정보를 활용할 수 있도록 하는 제도로, 참가자에 대한 사전 안전교육과 안전관리 계획 등 최소한의 안전기준 확보를 위해 마련되었다. 2013년 '이동 · 숙박형 청소년활동 사전신고제'로 시행되다가 청소년활동프로그램 관리를 강화하고 체험활동의 사전 안전성 확보를 위한 방향으로 운영하기 위해 2014년부터 '숙박형 등 청소년수련활동 계획의 신고'로 개정되었다. 이를 통해 위험한 수련활동은 인증을 의무화하고, 수행능력이 미흡한 자의 수련활동 위탁을 제한하는 등 안전사고를 미연에 방지하고자 하는 제도적

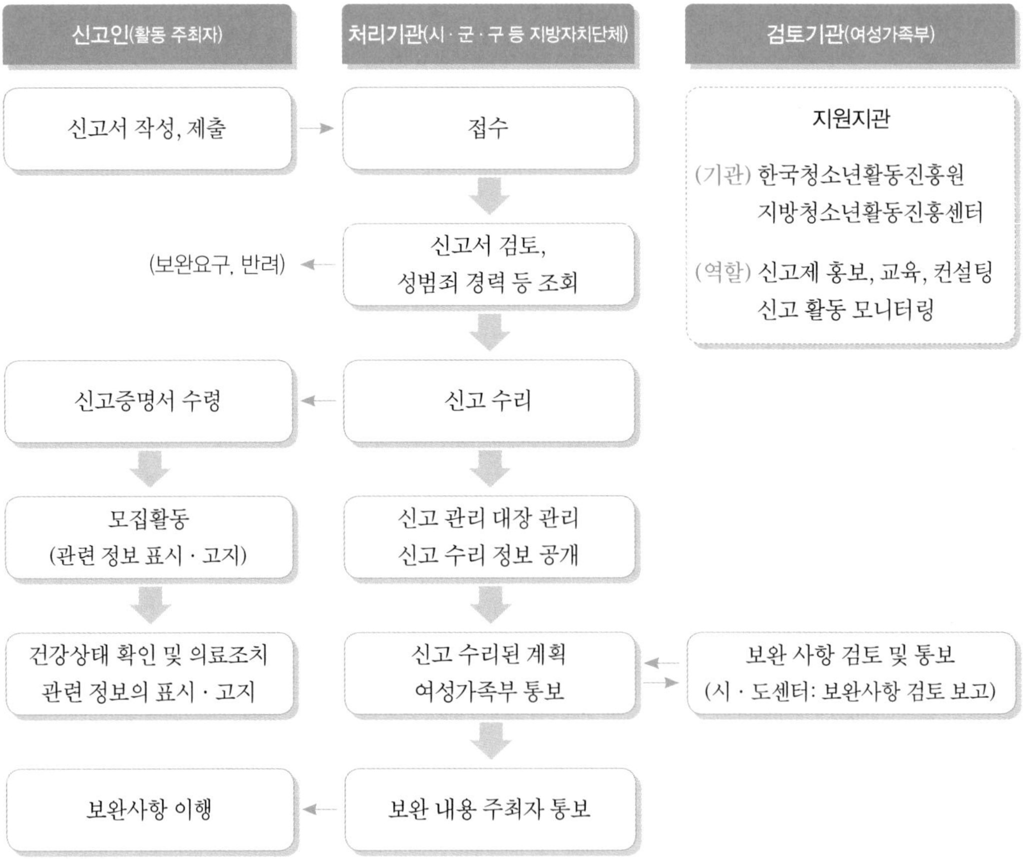

신고인(활동 주최자)	처리기관(시 · 군 · 구 등 지방자치단체)	검토기관(여성가족부)
신고서 작성, 제출 →	접수	지원지관 (기관) 한국청소년활동진흥원 지방청소년활동진흥센터 (역할) 신고제 홍보, 교육, 컨설팅 신고 활동 모니터링
(보완요구, 반려) ←	신고서 검토, 성범죄 경력 등 조회	
신고증명서 수령 ←	신고 수리	
모집활동 (관련 정보 표시 · 고지)	신고 관리 대장 관리 신고 수리 정보 공개	
건강상태 확인 및 의료조치 관련 정보의 표시 · 고지	신고 수리된 계획 여성가족부 통보	⇄ 보완 사항 검토 및 통보 (시 · 도센터: 보완사항 검토 보고)
보완사항 이행 ←	보완 내용 주최자 통보	

[그림 7-1] 청소년수련활동 사전 신고제 추진절차

*출처: 한국청소년활동진흥원 홈페이지.

노력이 지속되고 있다(한국청소년활동진흥원 홈페이지).[1] 청소년수련활동신고제의 절차는 [그림 7-1]과 같다.

청소년수련활동을 주최하려는 자는 여성가족부령으로 정하는 절차와 방법에 따라 지방자치단체장에게 그 계획을 신고하여야 하며, 신고가 수리되기 전에는 모집활동을 할 수 없다(제9조의2).[2] 지방자치단체장은 신고를 받은 날부터 14일 이내에 신고수리 여부를 신고인에게 통지하여야 한다. 이 법은 다음과 같은 사람이 청소년수련활동을 운영 또는 보조할 경우 신고를 수리할 수 없다고 규정하고 있으며, 관계기관의 장은 이를 확인하기 위한 자료 요청이 있을 시 그 요청에 따라야 한다.

- 「아동복지법」 제17조[3] 위반으로 처벌받은 자, 「성폭력범죄의 처벌 등에 관한 특례법」 제2조에 따른 성폭력범죄[4] 또는 「아동 · 청소년의 성보호에 관한 법

1) 한국청소년활동진흥원 홈페이지(https://www.kywa.or.kr/business/business5.jsp)에서 2020. 10. 3. 검색.

2) 다만, 다음 각 호의 경우는 제외한다.
1. 다른 법률에서 지도 · 감독 등을 받는 비영리법인 또는 비영리단체가 운영하는 경우
2. 청소년이 부모 등 보호자와 함께 참여하는 경우
3. 종교단체가 운영하는 경우
4. 비숙박형 청소년수련활동 중 제36조제2항에 따라 인증을 받아야 하는 활동이 아닌 경우

3) 「아동복지법」 제17조
1. 아동을 매매하는 행위
2. 아동에게 음란한 행위를 시키거나 이를 매개하는 행위 또는 아동에게 성적 수치심을 주는 성희롱 등의 성적 학대행위
3. 아동의 신체에 손상을 주거나 신체의 건강 및 발달을 해치는 신체적 학대행위
4. 삭제
5. 아동의 정신건강 및 발달에 해를 끼치는 정서적 학대행위
6. 자신의 보호 · 감독을 받는 아동을 유기하거나 의식주를 포함한 기본적 보호 · 양육 · 치료 및 교육을 소홀히 하는 방임행위
7. 장애를 가진 아동을 공중에 관람시키는 행위
8. 아동에게 구걸을 시키거나 아동을 이용하여 구걸하는 행위
9. 공중의 오락 또는 흥행을 목적으로 아동의 건강 또는 안전에 유해한 곡예를 시키는 행위 또는 이를 위하여 아동을 제3자에게 인도하는 행위
10. 정당한 권한을 가진 알선기관 외의 자가 아동의 양육을 알선하고 금품을 취득하거나 금품을 요구 또는 약속하는 행위
11. 아동을 위하여 증여 또는 급여된 금품을 그 목적 외의 용도로 사용하는 행위

률」 제2조제2호에 따른 아동 · 청소년대상 성범죄[5])를 범하여 형 또는 치료감호를 선고받고 그 형 또는 치료감호의 전부 또는 일부의 집행이 끝나거나 집행이 유예 · 면제된 날부터 10년이 지나지 아니한 사람

- 「청소년 기본법」 제21조제3항에 따라 청소년지도사가 될 수 없는 사람

지방자치단체장은 청소년수련활동 신고 수리 후 그 계획을 여성가족부장관에게 통보하여야 하고, 여성가족부장관은 통보받은 청소년수련활동 계획에 보완이 필요할 경우 그 내용을 지방자치단체장에게 알린다. 지방자치단체장은 그 내용을 청소년수련활동 주최자에게 통보하여야 한다(제9조의2). 신고한 수련활동을 실시하고자 할 때에는 참가 청소년의 건강상태를 확인하여야 하고, 활동 중 의료조치가 필요하거나 참가자가 요청할 경우 의료기관, 약국 등의 시설에서 신속하고 적정한 치료를 받도록 하여야 한다(제9조의3). 신고를 완료한 청소년수련활동 계획은 온라인 종합정보제공시스템인 '청소년활동정보서비스 e-청소년'[6])을 통해 공개하고 있다.

---

4) 「형법」 제2편제22장 성풍속에 관한 죄, 제2편제31장 약취(略取), 유인(誘引) 및 인신매매의 죄, 제2편제32장 강간과 추행의 죄 중 해당 사항, 「형법」 제339조(강도강간)의 죄 및 제342조(제339조의 미수범으로 한정한다)의 죄와 제3조(특수강도강간 등)부터 제15조(미수범)까지의 죄, 다른 법률에 따라 가중처벌되는 죄

5) 「아동 · 청소년의 성보호에 관한 법률」 제7조에서 제15조에 해당하는 죄 : 아동 · 청소년에 대한 강간 · 강제추행 등(제7조), 장애인인 아동 · 청소년에 대한 간음 등(제8조), 13세 이상 16세 미만 아동 · 청소년에 대한 간음 등(제8조의2), 강간 등 상해 · 치상(제9조), 강간 등 살인 · 치사(제10조), 아동 · 청소년성착취물의 제작 · 배포(제11조), 아동 · 청소년 매매행위(제12조), 아동 · 청소년의 성을 사는 행위(제13조), 아동 · 청소년에 대한 강요행위(제14조), 알선영업행위(제15조)
   - 「성폭력범죄의 처벌 등에 관한 특례법」 제3조부터 제15조까지의 죄
   - 「형법」 제297조, 제297조의2 및 제298조부터 제301조까지, 제301조의2, 제302조, 제303조, 제305조, 제339조 및 제342조(제339조의 미수범에 한정한다)의 죄
   - 「아동복지법」 제17조제2호의 죄

6) http://www.youth.go.kr/youth/act/actSearch/allActSearchLst.yt?sSttemnt=Y&menuSn=334&sCurSearchFlag=Y

2) 청소년활동시설

(1) 청소년활동시설의 구분

청소년활동시설은 '청소년수련시설'과 '청소년이용시설'로 규정되어 있다(제10조). 청소년수련시설의 유형으로는 청소년수련관, 청소년수련원, 청소년문화의집, 청소년특화시설, 청소년야영장, 유스호스텔이 있고, 청소년이용시설은 이 외 목적상 청소년활동을 실시할 수 있고, 청소년이 건전하게 이용할 수 있는 시설로 「활동진흥

표 7-3 청소년활동시설의 구분

구분		정의
청소년 수련시설	청소년수련관	다양한 청소년수련거리를 실시할 수 있는 각종 시설 및 설비를 갖춘 종합수련시설
	청소년수련원	숙박기능을 갖춘 생활관과 다양한 청소년수련거리를 실시할 수 있는 각종 시설과 설비를 갖춘 종합수련시설
	청소년문화의집	간단한 청소년수련활동을 실시할 수 있는 시설 및 설비를 갖춘 정보 · 문화 · 예술 중심의 수련시설
	청소년특화시설	청소년의 직업체험, 문화예술, 과학정보, 환경 등 특정 목적의 청소년활동을 전문적으로 실시할 수 있는 시설과 설비를 갖춘 수련시설
	청소년야영장	야영에 적합한 시설 및 설비를 갖추고, 청소년수련거리 또는 야영편의를 제공하는 수련시설
	유스호스텔	청소년의 숙박 및 체류에 적합한 시설 · 설비와 부대 · 편익 시설을 갖추고, 숙식편의 제공, 여행청소년의 활동지원을 기능으로 하는 시설
청소년이용시설		• 수련시설이 아닌 시설로서 그 설치 목적의 범위에서 청소년활동의 실시와 청소년의 건전한 이용 등에 제공할 수 있는 시설 • 문화시설, 과학관, 체육시설, 평생교육기관, 자연휴양림, 수목원, 사회복지관, 시민회관 · 어린이회관 · 공원 · 광장 · 둔치, 그 밖에 이와 유사한 공공용시설로서 청소년활동 또는 청소년들이 이용하기에 적합한 시설, 그 밖에 다른 법령에 따라 청소년활동과 관련되어 설치된 시설(「청소년활동 진흥법 시행령」 제17조)

법」 시행령에서 그 유형을 구체적으로 명시하고 있다(시행령 제17조). 청소년이용시설 중 상시 또는 정기적으로 청소년이 이용 가능하면서 청소년지도사를 배치한 시설은 운영자가 신청하면 청소년이용권장시설로 지정할 수 있고, 그에 따른 지원을 받을 수 있다.

(2) 청소년수련시설의 설치 및 운영

국가 및 지방자치단체는 수련시설을 설치 · 운영할 의무가 있다(제11조). 구체적으로, 국가는 둘 이상의 시 · 도 또는 전국의 청소년이 이용할 수 있는 국립청소년수련시설을 설치 · 운영하여야 하며, 지방자치단체는 시 · 군 · 구에 청소년수련관을, 읍 · 면 · 동에 청소년문화의집을 1개소 이상 설치 · 운영하여야 한다. 그 밖에 청소년특화시설, 청소년야영장 및 유스호스텔 또한 설치 · 운영할 수 있다. 이렇게 설치 · 운영되는 수련시설은 국가로부터 경비의 전부 또는 일부를 보조받을 수 있다.

개인이나 법인 또는 단체도 지방자치단체장의 허가를 받아 수련시설을 설치 · 운영할 수 있다. 이 경우 또한 국가 또는 지방자치단체로부터 그 설치 및 운영에 필요한 경비의 일부를 지원받을 수 있다. 이 법은 수련시설 허가 요건(제12조), 등록 절차(제13조), 운영대표자 자격(제14조) 및 결격사유(제15조), 위탁(제16조)과 관련된 내용을 명시하고 있다. 수련시설 종류별 시설기준은 여성가족부령으로 정하고 있다.

수련시설은 정기적 안전점검을 받아야 하며, 실시 결과를 지방자치단체장에게 제출해야 한다. 그 결과에 따라 개 · 보수 요구를 받을 수 있으며, 이 경우 운영대표자는 그 요구에 따라야 한다(제18조). 이 법은 시설 이용자 대상 안전교육 또한 시설의 의무로 명시하고 있다. 안전교육은 해당 수련시설의 이용 및 활동에 관한 내용을 포함한다(제18조의2). 시설은 또한 지방자치단체가 실시하는 종합 안전 · 위생점검을 받고 그 결과를 공개해야 할 의무가 있다(제18조의3). 여성가족부장관은 수련시설 운영대표자 및 종사자의 안전관리 역량 강화 및 수련시설에서의 안전사고 예방을 위해 안전교육을 실시할 것이 권장된다(제18조의4). 안전교육의 내용 · 방법 · 횟수 등 필요한 사항은 여성가족부령으로 정하고 있다.

시설의 전문성 강화와 운영의 개선 등을 위하여 시설 종합평가가 정기적으로 실시되고 있다(제19조의2). 종합평가는 시설 운영 및 관리 체계, 활동프로그램 운영 등

수련시설 전반에 대한 것으로, 시설은 평가 결과를 공개하여야 한다. 국가 및 지방자치단체는 종합평가 결과 미흡사항에 대한 개선이나 그 밖의 필요한 조치를 요구할 수 있고, 우수한 수련시설에 대하여 포상 등을 실시할 수 있다. 반면, 다음과 같은 사유가 발생한 경우에는 시설 운영 또는 활동이 중지된다.

- 시설이 붕괴되거나 붕괴할 우려가 있는 등 안전 확보가 현저히 미흡한 경우
- 숙박형 등 청소년수련활동의 실시 중 참가자 또는 이용자의 생명 또는 신체에 심각한 피해를 입히는 사고가 발생한 경우
- 「성폭력범죄의 처벌 등에 관한 특례법」 제2조의 성폭력범죄 또는 「아동·청소년의 성보호에 관한 법률」 제2조제2호 및 제3호의 아동·청소년대상 성범죄 및 아동·청소년 대상 성폭력범죄가 발생한 경우
- 「아동복지법」 제17조의 금지행위가 발생한 경우

3) 청소년수련활동의 지원

(1) 청소년수련활동인증제

청소년수련활동인증제는 「활동진흥법」 제35조에 의거하여 시행되는 제도로, 청소년활동이 수련활동으로서 일정 기준 이상의 형식적 요건과 질적 특성을 갖추고 정당한 절차를 거쳐 구성되었음을 공적 기관에 의해 증명하는 제도라 할 수 있다. 청소년활동진흥원은 청소년수련활동인증제의 목적으로, 첫째, 청소년이 안전하고 유익한 활동을 선택하여 참여할 수 있도록 양질의 프로그램을 제공하고, 둘째, 청소년에게 안전하고 질적 수준이 담보된 다양한 청소년활동 정보를 제공하며, 셋째, 참여한 활동내용을 국가가 기록·유지·관리하여 자기계발과 진로모색에 활용하도록 자료를 제공하고, 넷째, 건전한 청소년활동 선택의 장을 조성하고 청소년활동 전반에 대한 국민적 신뢰를 확보하기 위함으로 제시하고 있다(한국청소년활동진흥원 홈페이지).[7]

7) 한국청소년활동진흥원 홈페이지(https://www.kywa.or.kr/business/business3.jsp)에서 2020. 10. 3. 검색.

표 7-4 인증이 필요한 활동유형

활동유형	내용
기본형	전체 프로그램 운영 시간이 3시간 이상으로서, 실시한 날에 끝나거나 1일 1시간 이상의 각 회기로 숙박 없이 수일에 걸쳐 이루어지는 활동
숙박형	숙박에 적합한 장소에서 일정기간 숙박하며 이루어지는 활동
이동형	활동 내용에 따라 선정된 활동장을 이동하여 숙박하며 이루어지는 활동
학교단체숙박형	학교장이 참가를 승인한 숙박형 활동 * 개별단위프로그램: 학교단체숙박형 활동을 구성하는 각각의 프로그램

*출처: 한국청소년활동진흥원 홈페이지[8)]

인증을 받아야 하는 청소년수련활동은 참가 인원이 150명 이상이거나 위험도가 높은 활동(수상 · 항공 · 장거리 걷기 등)이며, 「활동진흥법」 또는 타 법률에 따라 신고 · 등록 · 인가 · 허가를 받지 않은 단체 및 개인은 이러한 수련활동을 운영할 수 없다.

인증수련활동을 운영하고자 하는 국가 및 지방자치단체 또는 개인 · 법인 · 단체는 인증정보시스템을 통해 실시하고자 하는 활동의 인증을 신청할 수 있다. 참가자 모집 혹은 활동개시 45일 이전에 기준별 증빙서류를 구비하여 접수하며, 인증신청 → 형식요건 검사 → 인증신청 접수 → 인증심사원 배정 → (필요시) 제3심사원 배정, 현장방문 실시 → 인증심사 결과 분석 → 인증위원회 심의 · 의결 → 인증여부 공고의 순으로 진행된다. 심사 결과 불인증 시 재심사 요청 또는 인증심사자료 보완 후 차기 회차 인증신청이 가능하고, 인증 시 유효기간 동안 청소년수련활동인증서 발급 및 프로그램 운영이 가능하다. 인증받은 수련활동은 '청소년활동정보서비스 e-청소년'[9)]을 통해 공개되고 있다.

8) 한국청소년활동진흥원 홈페이지(https://www.kywa.or.kr/business/business3.jsp)에서 2020. 10. 3. 검색.

9) https://www.youth.go.kr/youth/act/actSearch/allActSearchLst.yt?sCrtfc=Y&sCurSearchFlag=Y&curMenuSn=1619

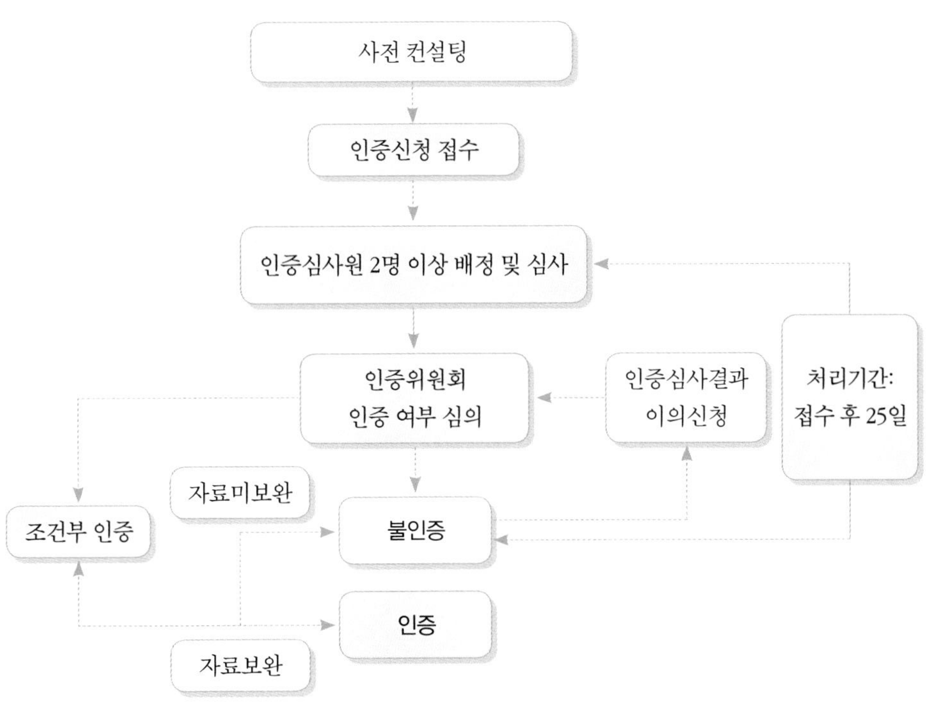

[그림 7-2] 청소년수련활동인증제 인증절차

*출처: 여성가족부 외(2017).

인증기준은 공통기준과 개별기준으로 구성된다. 공통기준은 활동프로그램, 지도력, 활동환경의 3가지 영역으로 구성되어 있다. 각 영역의 내용은 〈표 7-5〉와 같다. 이 외에 숙박형과 이동형을 구분했을 때 적용되는 개별기준이 있고, 위험도가 높은 활동과 학교단체 숙박형에 관한 특별기준이 마련되어 있다.

표 7-5 공통 인증기준

구분	내용
활동프로그램	청소년의 발달 특성과 욕구를 반영하여 프로그램을 개발하고 평가체계를 마련하며 자원의 효율적인 운영계획 수립
지도력	프로그램 운영 및 관리에 적합한 자를 선정, 청소년 참여 인원수 대비 지도자 배치, 위험도가 높은 청소년수련활동에는 유자격자 등 배치
활동환경	청소년들에게 안전하고 적합한 활동환경을 제공할 수 있도록 공간과 설비, 사용여건, 보험가입 등 계획을 철저하게 수립

*출처: 여성가족부 외(2017).

[그림 7-3] 청소년수련활동인증제 인증기준 및 확인요소

*출처: 여성가족부 외(2017).

(2) 청소년수련시설협회

「활동진흥법」 제40조는 청소년수련시설의 운영 및 발전을 위한 시설협회 및 지방청소년수련시설협회 설립이 가능하다고 명시하고 있다. 시설협회의 사업은 다음과 같다.

- 시설협회의 회원인 수련시설 설치 · 운영자 및 위탁운영단체가 실시하는 사업과 활동에 대한 협력 및 지원
- 청소년지도자의 연수 · 권익증진 및 교류사업
- 청소년수련활동의 활성화 및 수련시설의 안전에 관한 홍보 및 실천운동
- 청소년수련활동에 대한 조사 · 연구 · 지원사업
- 제41조에 따른 지방청소년수련시설협회에 대한 지원
- 그 밖에 수련시설의 운영 · 발전을 위하여 필요하다고 여성가족부장관이 인정하는 사업

이 조항에 근거하여 1989년부터 한국청소년수련시설협회가 설립 · 운영되어 오고 있다. 각종 운영지침, 매뉴얼, 통계편람 등 제공, 수련시설 정보 검색, 시설 종합평가 안내 및 결과 공개 등 전국 800여 개 공공 및 민간 청소년수련시설 지원, 청소년수련시설 간 연계협력을 위한 협의와 조정, 청소년수련시설 운영활성화정책 제안 등의 활동을 전개하고 있다.

(3) 청소년수련지구

지방자치단체장은 청소년활동을 지원하기 위하여 필요한 경우 명승고적지, 역사유적지 또는 자연경관이 수려한 지역으로서 청소년활동에 적합하고 이용이 편리한 지역을 청소년수련지구로 지정할 수 있다(제47조). 수련지구를 지정한 경우에는 수련지구 조성계획을 수립 · 시행하여야 한다(제48조). 수련지구에는 〈표 7-6〉과 같은 수련시설이 설치되어야 한다(시행령 제29조제1항 별표 4).

표 7-6 수련지구 설치시설

종류	내용
수련시설	청소년수련원 및 유스호스텔 각각 1개소 이상
체육시설	실내체육시설 1개소 이상 및 실외체육시설 3개소 이상
문화시설	공연장, 박물관, 미술관, 과학관, 그 밖에 이와 유사한 시설 중 1개소 이상
자연탐구시설 또는 환경학습시설	자연학습원, 환경학습장, 동·식물원, 그 밖에 이와 유사한 시설 중 1개소 이상
모험활동시설	수상·해양·항공 또는 산악 훈련장, 극기훈련장, 모험활동장, 그 밖에 이와 유사한 모험활동시설 중 1개소 이상
녹지	수련지구 지정면적의 10% 이상

* 범위 및 면적

가. 시설의 면적은 해당 수련지구 내 전체 시설면적 중 도로·광장 등 공용시설을 제외한 시설면적의 100분의 50 이상이어야 함

나. 시설의 설치에 드는 투자비는 해당 수련지구의 조성에 드는 전체 투자비 중 도로·광장·상하수도 등 기반시설에 투자되는 비용을 제외한 투자비의 100분의 50 이상이어야 함

*출처: 「청소년활동 진흥법 시행령」 별표 4.

4) 청소년교류활동의 지원

청소년교류활동이란 청소년이 지역 간, 남북 간, 국가 간의 다양한 교류를 통하여 공동체의식 등을 함양하는 체험활동으로, 국가 및 지방자치단체는 청소년교류활동 진흥시책을 개발·시행하여야 하고, 청소년활동시설과 청소년단체 등에 대하여 청소년교류활동을 장려하기 위한 다양한 형태의 청소년교류활동 프로그램을 개발하여 운영하게 할 수 있다(제53조). 또한 국가는 청소년교류활동 업무를 효율적으로 지원하기 위하여 청소년교류센터를 설치·운영할 수 있다(제58조).

「활동진흥법」은 청소년교류활동의 유형을 국제청소년교류활동, 지역청소년교류활동, 교포청소년교류활동, 남·북청소년교류활동으로 구분하여 각각을 위한 국가 또는 지방자치단체의 정책적 노력을 명시하고 있다. 먼저, 정부, 민간, 국제기구 등 다양한 단위에서 주관하는 국제청소년교류활동을 지원하기 위해 국가 및 지방자치단체는 관련 시행계획을 수립 및 추진하여야 하고, 다른 국가와 청소년교류협정을

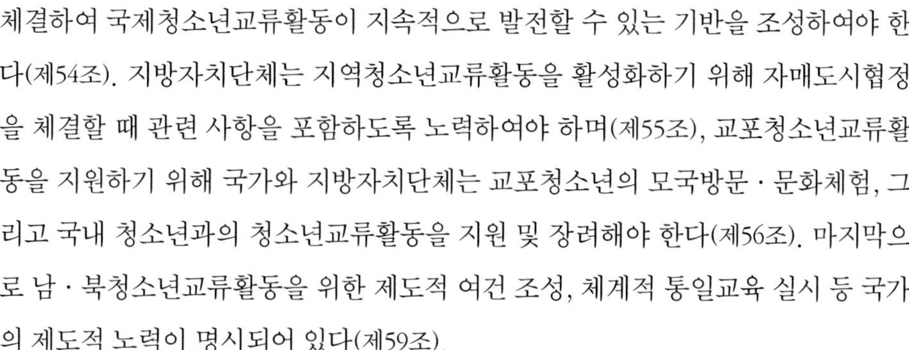

체결하여 국제청소년교류활동이 지속적으로 발전할 수 있는 기반을 조성하여야 한다(제54조). 지방자치단체는 지역청소년교류활동을 활성화하기 위해 자매도시협정을 체결할 때 관련 사항을 포함하도록 노력하여야 하며(제55조), 교포청소년교류활동을 지원하기 위해 국가와 지방자치단체는 교포청소년의 모국방문 · 문화체험, 그리고 국내 청소년과의 청소년교류활동을 지원 및 장려해야 한다(제56조). 마지막으로 남 · 북청소년교류활동을 위한 제도적 여건 조성, 체계적 통일교육 실시 등 국가의 제도적 노력이 명시되어 있다(제59조).

제6차 청소년정책기본계획(2018~2022)은 '청소년 체험활동 활성화'의 정책과제 중 하나로 여성가족부, 외교부, 교육부, 통일부 등이 함께 하는 '국제교류 활성화 및 내실화'와 '남 · 북한 청소년 교류 기반 조성'을 설정한 바 있다(관계부처합동, 2018). 각각에 대한 세부과제는 〈표 7-7〉과 같다.

표 7-7 제6차 청소년정책기본계획(2018~2022) 중 청소년교류활동 관련 내용

정책과제	세부과제
국제교류 활성화 및 내실화	• 청소년 국제교류 활동 정보 공유의 장 마련 –청소년의 주도적 교류활동 지원체계 구축과 청소년 단체 · 시설 등 민간까지 청소년 국제교류 정보 공유를 위한 온라인 시스템 마련 • 청소년 국제교류 프로그램 특성화 및 교류활동 내실화 –국가 간 교류 등 청소년교류 프로그램 운영 및 내실화 –청소년 국제회의 및 활동 체험, 토론 등 직접 교류활동 강화 –청소년 국제교류 분야 인솔자 및 지도자 대상 전문 • 청소년교류의 새로운 모델 개발 및 확산 –국내체류 외국인유학생과 청소년 간 교류활동을 지원하여 실질적인 국내기반 청소년교류 모델 마련 및 확산 –국제교류 참가 국내외 청소년 대상 맞춤형 성평등 프로그램 개발 및 시범 운영 • 2023 세계 잼버리의 성공적 개최를 위한 체계적 기반 마련 –세계 잼버리 개최 종합 계획 수립 및 기반시설 구축 지원 등
남 · 북한 청소년 교류 기반 조성	• 통일체험 연수프로그램 운영 등을 통한 통일 기반 조성 • 통일 대비 북한이탈청소년 대상 프로그램 개발 및 교육 • 청소년 수련시설을 활용한 통일체험 프로그램 개발 및 홍보 추진

*출처: 관계부처합동(2018).

5) 청소년문화활동의 지원

청소년문화활동이란 청소년이 예술활동, 스포츠활동, 동아리활동, 봉사활동 등을 통하여 문화적 감성과 더불어 살아가는 능력을 함양하는 체험활동으로, 국가 및 지방자치단체는 청소년문화활동 프로그램 개발, 문화시설 확충 등 청소년문화활동

표 7-8 제6차 청소년정책기본계획(2018~2022) 중 청소년문화활동 관련 내용

정책과제	세부과제
청소년 문화예술활동 지원	• 청소년 동아리활동 및 어울림마당 활성화 등을 통한 청소년 문화활동 장려 –스스로 구상하고 실행하는 '시 · 도 청소년어울림마당 기획단' 구성 · 운영 및 지역동아리연합회 활동 활성화로 다양한 영역의 동아리활동 참여 확대 –각 부처 · 지자체별 청소년 문화 · 예술활동 프로그램 개발 · 보급 • 문화기반시설 연계를 통한 청소년 문화 활동 지원 –각 지역별 문화 및 자연환경을 활용한 종합 문화 체험사업 개발 지원(예, 경주 新화랑 풍류체험벨트: 화랑정신과 문화를 활용한 각종 교육 · 체험 · 휴양 단지 조성) –문화예술교육 강사 지원사업 운영 • 취약계층 청소년 대상 지역 청소년수련시설 등을 통해 문화 · 예술교육 지원 –도서 · 산간지역 순회 예술강사, 지역별 특성과 수요(예, 대구 뮤지컬)에 따른 장르 확대 –토요문화학교 등 문화예술 사업에 지역 예술단체 · 기관 등 지역 내 문화시설 활용을 통한 수요자 중심 문화예술교육 지원 –청소년 관련 영상 콘텐츠 지원 강화를 통한 청소년 문화활동 활성화 • 문화시설 · 여가시설 등에서의 청소년 우대 활성화 –청소년이 문화시설, 과학관, 체육시설, 평생교육기관, 자연휴양림, 수목원 등 청소년이용시설을 이용하는 경우 이용료 면제 또는 할인 활성화 –청소년증 홍보 · 발급 확대를 통해 청소년 우대 제도의 원활한 시행 도모

*출처: 관계부처합동(2018).

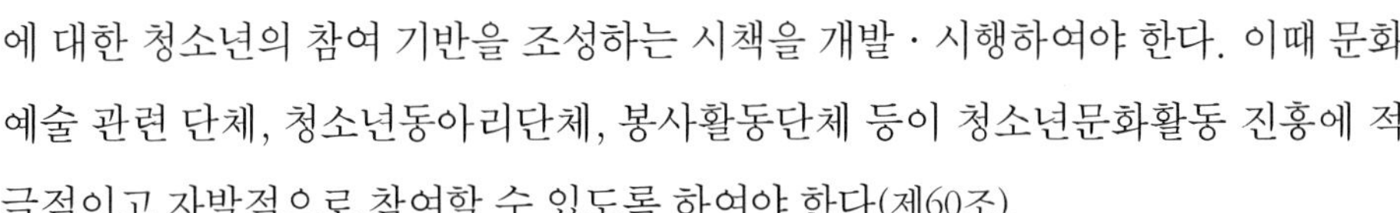

에 대한 청소년의 참여 기반을 조성하는 시책을 개발・시행하여야 한다. 이때 문화예술 관련 단체, 청소년동아리단체, 봉사활동단체 등이 청소년문화활동 진흥에 적극적이고 자발적으로 참여할 수 있도록 하여야 한다(제60조).

국가 및 지방자치단체는 다양한 영역에서 청소년문화활동이 활성화될 수 있도록 기반을 구축하여야 하며, 문화예술 관련 단체 등 각종 지역사회의 문화기관은 청소년문화활동의 기반 구축을 위하여 적극 협력하여야 한다(제61조). 「활동진흥법」은 특히 전통문화가 청소년문화활동에 구현될 수 있도록 하는 시책의 필요성을 명시하고 있다(제62조). 더불어 청소년축제 장려(제63조), 청소년동아리활동의 활성화 지원(제64조), 청소년자원봉사활동의 활성화를 위한 기반 조성(제65조) 노력이 청소년문화활동 지원에 포함된다.

제6차 청소년정책기본계획(2018~2022)은 '청소년체험활동 활성화'의 정책과제 중 하나로 '청소년문화예술활동 지원'을 설정한 바 있다. 세부과제로 '청소년동아리활동 및 어울림마당 활성화 등을 통한 청소년문화활동 장려' '문화기반시설 연계를 통한 청소년문화활동 지원' '문화시설・여가시설 등에서의 청소년 우대 활성화'를 제시하였다(관계부처합동, 2018).

03 청소년활동 진흥법 개선방안

1) 청소년활동이 추구해야 할 방향 및 원칙 제시

현재 「활동진흥법」에는 청소년활동이 추구해야 할 전체적인 방향과 원칙을 제시하는 조항을 찾아보기 어렵다. 청소년활동의 개념은 「청소년 기본법」에서 정의하고 있고 청소년활동 참여 기반에 관해서는 「활동진흥법」에서 확인할 수 있으나, 두 내용 모두에서 궁극적으로 청소년활동이 어떠한 방향을 추구해야 할지에 관한 기본적 원칙은 부재한 상태이다. 먼저 기본법은 청소년활동을 "청소년의 균형 있는 성장을 위하여 필요한 활동"으로 규정하고 있는데, '균형 있는 성장'이라는 목적을 '활동'이라는 수단이 어떻게 달성할 것인지에 관한 내용이 좀 더 구체적으로 제시될

필요가 있다. 다음으로 「활동진흥법」 제5조에서는 청소년이 다양한 청소년활동에 주체적이고 자발적으로 참여할 수 있는 기반을 조성해야 한다고 명시하고 있는데, 주도적 참여가 무엇인지, 이러한 참여를 통해 무엇을 달성할 것인지를 확인하기 어렵다. 즉, 「활동진흥법」에는 청소년 주도성을 포함하여 청소년활동의 증진을 위한 원칙을 명시할 필요가 있다.

전체적으로 「활동진흥법」의 개정은 향후 청소년활동정책의 변화 방향이 고려되어야 한다. 김영한 등(2019)은 청소년활동정책의 향후 변화 방향으로 청소년역량 개발 중심으로의 변화, 중장기적 관점에서의 구조화, 청소년정책의 플랫폼 기능 확대를 제시하면서, 이를 위해 「활동진흥법」이 다음과 같은 요소들을 기준으로 재구조화되어야 할 필요가 있다고 제안하였다.

- 청소년활동의 개념, 범위
- 청소년활동시설 분야, 청소년활동지도자 분야, 청소년활동 프로그램 분야
- 청소년활동지원체계, 청소년활동 검증체계, 청소년활동 전달체계, 청소년활동 안전체계

2) 사회적 기여를 고려한 청소년 주도적 활동으로의 재개념화

「활동진흥법」은 주로 수련활동과 수련시설에 대한 관리감독 내용 강화나 프로그램 운영 시 안전요소 검정 등과 같이 청소년수련활동 안전을 강화하는 방향으로 개정되어 왔다. 그 결과 「활동진흥법」이 오히려 청소년활동의 다양성을 감소시킴은 물론 활동 자체도 위축되는 현상을 보이게 되었다(김영한 외, 2019). 이제 청소년활동은 국가나 시설 주도의 공급 관점에서 벗어난, 청소년이 생산하는 활동을 포함하는 개념으로 서술이 필요하다. 앞서 청소년 주도성을 포함한 청소년활동의 증진을 위한 원칙을 명시할 필요성을 제기했는데, 구체적으로 청소년 주도적 활동에 대한 정의 또는 기본원칙, 판단기준, 위원회 등의 요소를 포함한 법의 구성이 필요하다. 2020년 5월 제정된 「시민사회 발전과 공익활동 증진에 관한 규정」의 기본원칙, 2014년 1월 제정된 「고양시 자치공동체 만들기 지원 등에 관한 조례」의 기본원칙이

표 7-9 주도적 활동 관련 기본원칙의 예

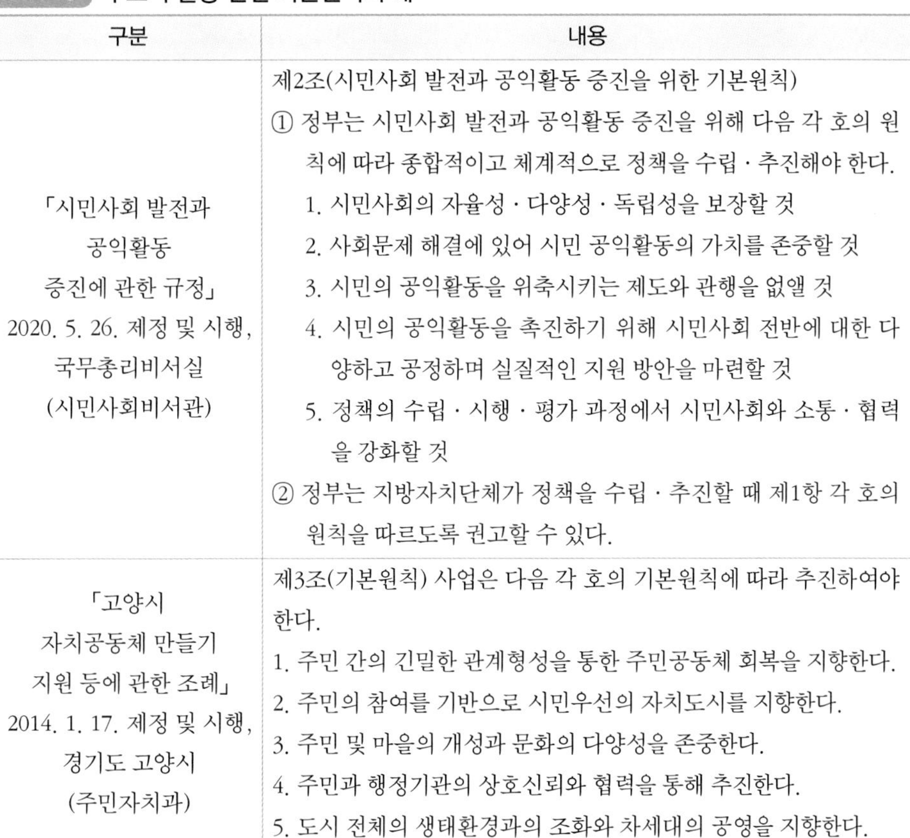

구분	내용
「시민사회 발전과 공익활동 증진에 관한 규정」 2020. 5. 26. 제정 및 시행, 국무총리비서실 (시민사회비서관)	제2조(시민사회 발전과 공익활동 증진을 위한 기본원칙) ① 정부는 시민사회 발전과 공익활동 증진을 위해 다음 각 호의 원칙에 따라 종합적이고 체계적으로 정책을 수립 · 추진해야 한다. 1. 시민사회의 자율성 · 다양성 · 독립성을 보장할 것 2. 사회문제 해결에 있어 시민 공익활동의 가치를 존중할 것 3. 시민의 공익활동을 위축시키는 제도와 관행을 없앨 것 4. 시민의 공익활동을 촉진하기 위해 시민사회 전반에 대한 다양하고 공정하며 실질적인 지원 방안을 마련할 것 5. 정책의 수립 · 시행 · 평가 과정에서 시민사회와 소통 · 협력을 강화할 것 ② 정부는 지방자치단체가 정책을 수립 · 추진할 때 제1항 각 호의 원칙을 따르도록 권고할 수 있다.
「고양시 자치공동체 만들기 지원 등에 관한 조례」 2014. 1. 17. 제정 및 시행, 경기도 고양시 (주민자치과)	제3조(기본원칙) 사업은 다음 각 호의 기본원칙에 따라 추진하여야 한다. 1. 주민 간의 긴밀한 관계형성을 통한 주민공동체 회복을 지향한다. 2. 주민의 참여를 기반으로 시민우선의 자치도시를 지향한다. 3. 주민 및 마을의 개성과 문화의 다양성을 존중한다. 4. 주민과 행정기관의 상호신뢰와 협력을 통해 추진한다. 5. 도시 전체의 생태환경과의 조화와 차세대의 공영을 지향한다.

좋은 예시가 될 수 있다.

청소년 주도적 활동은 사회적 기여를 전제한 개념으로 규정될 필요가 있다. 구체적으로, 주요 사회구성원인 청소년은 청소년활동을 통해 스스로의 사회참여 책임 및 의무를 인지할 수 있어야 하고, 사회권적 측면에서 이를 실천하는 것에 대한 보상을 받아야 한다. 타임뱅크,[10] 아메리코(AmeriCorps) 등 최근 활발하게 논의되고

10) 미국 인권변호사 에드가 칸(Edgar Cahn)이 제안하여 시작된 운동으로, 누군가를 위해 한 시간 동안 봉사나 노동을 하면 그 시간만큼 저축이 되었다가 자신이 원하는 봉사나 노동으로 되돌려받는 방식이다. 전통적으로 구분되는 봉사나 복지의 제공자와 수혜자 간 경계가 허물어지고 호혜성을 기본으로 하는 순환적 흐름이 발생함으로써 공동체 안의 '관계'라는 사회적 자본을 축적하여 커뮤니티를 복원하고 강화시킬 수 있다(프레시안, 2019. 7. 10. 기사).

있는 사회적 통화(social currency),[11] 참여소득[12] 개념은 청소년활동의 재개념화와 이를 보장하기 위한 「활동진흥법」의 방향 설정에 중요한 시사점을 제공한다. 주도적 활동이 사회적 가치를 창출하고, 이에 대한 보상이 시민권의 측면에서 논의되는 선순환 구조를 청소년활동에도 적용한다면 청소년의 주체성과 주도성을 보장하는 청소년활동정책으로의 개선이 가능할 것이다. 이를 위해 청소년활동이 청소년이 시민으로서 가지는 사회권을 증진하는 수단이자 그 자체가 목적이 될 수 있도록 청소년활동에 관한 기존의 관점이 전환되어야 한다. 나아가 「활동진흥법」은 청소년의 사회적 책임 이행에 대한 소득보장, 그리고 이를 통해 경제적 안전과 더불어 실질적 의미에서의 보편적 삶을 누릴 수 있는 기회를 보장하는 방향을 제시하여 추진체계의 근간으로 기능해야 한다.

요약

1. 「청소년활동 진흥법」은 "미래사회의 주역이 될 청소년이 수련활동을 비롯한 문화활동, 교류활동 등 다양한 청소년활동을 통하여 자신의 기량과 품성을 함양하고 꿈과 희망을 마음껏 펼칠 수 있도록 하기 위한 제도적 기반을 마련"하고자 제정되었다. 즉, 청소년활동에 대한 정책적 지원이 유기적이고 종합적으로 이루어질 수 있는 토대라 할 수 있다.
2. 2005년 2월 기본법이 전부개정되면서 기본법에서 규정하고 있던 청소년활동에 관한 사항이 「청소년활동 진흥법」으로 별도 제정되었다. 이후 2020년 5월 개정까지 총 41회의 개정을 거치며 현재의 구성을 갖추게 되었다.

---

11) "새로운 '사회적 통화(social currency)'는 우리가 노인을 돌보고, 어린이를 양육하고, 지역 사회에서 자원봉사를 하고, 환경을 개선하는 것과 같은 더 많은 것을 장려하고 싶은 다양하고 긍정적인 사회적 행동으로 이어지게 합니다(앤드류 양)"(프레시안, 2019. 7. 10. 기사).

12) 사회에 유용한 활동을 수행한 모든 사회구성원에게 지급되는 소득(Atkinson).

3. 현재 「청소년활동 진흥법」은 다양한 청소년활동을 적극적으로 진흥하기 위하여 필요한 사항을 정함을 목적으로 한다(제1조). 총 8장 72조로, 제1장 총칙, 제2장 청소년활동의 보장, 제3장 청소년활동시설, 제4장 청소년수련활동의 지원, 제5장 청소년교류활동의 지원, 제6장 청소년문화활동의 지원, 제7장 보칙, 제8장 벌칙에 대해 다루고 있다.

4. 「청소년활동 진흥법」은 청소년활동이 추구해야 할 방향 및 원칙을 제시하는 방향으로 재구성되어야 한다. 이때 사회적 기여를 고려한 청소년 주도적 활동으로의 재개념화를 전제할 필요가 있다.

참고문헌

관계부처합동(2018). 제6차 청소년정책기본계획(2018~2022).

김영한 · 서정아 · 권일남(2019). 미래지향적 청소년 관련 법 정비 방안. **한국청소년정책연구원 연구보고서**. 세종: 한국청소년정책연구원.

여성가족부 · 한국청소년활동진흥원 · 청소년수련활동인증위원회 청소년활동진흥센터(2017). **청소년수련활동인증제 인증신청 매뉴얼**. 서울: 한국청소년활동진흥원.

청소년활동종합정보 e-청소년. https://www.youth.go.kr

「청소년활동 진흥법」 시행령 별표 4.

프레시안(2019. 7. 10.). 모두의 1시간이 평등한 '타임뱅크'를 아십니까? https://www.pressian. com/pages/articles/248220?no=248220#0DKU (2020. 10. 3. 검색.)

한국청소년활동진흥원 홈페이지. https://www.kywa.or.kr/business/business3.jsp(2020. 10. 3. 검색).

제8장

청소년복지 지원법

학습개요

「청소년복지 지원법」은 「청소년 기본법」이 2005년 2월 전부개정을 거치며 이 법에서 규정하고 있던 청소년복지에 관한 사항을 별도로 제정한 법이다. 이 법은 「청소년 기본법」에 따라 청소년복지 향상에 관한 사항을 규정함을 목적으로 하며, 청소년의 우대, 청소년의 건강보장, 지역사회 청소년통합지원체계, 위기청소년지원, 예방적 · 회복적 보호지원, 청소년복지 지원기관 및 복지시설에 관한 장으로 구성되어 있다. 이 장에서는 「청소년복지 지원법」의 내용과 관련 정책들을 살펴보고, 향후 개선방안에 대해 모색하였다.

01 청소년복지 지원법의 이해

1) 제정 배경

「청소년복지 지원법」(이하 '복지 지원법')은 2004년 2월 제정되어 2005년 2월부터 시행되었다. 이 법은 "청소년의 복지 향상에 대한 가정 · 사회 및 국가의 책임과 의무를 정하고 이를 실천하기 위하여 필요한 사항을 정함으로써 미래사회의 주역이 될 청소년들의 삶의 질 향상과 최적의 성장 · 발달을 도모"하고자 제정되었다. 제정 당시 「복지 지원법」의 주요 내용은 다음과 같다.

- 청소년 관련 정책 수립 등의 절차에 청소년의 참여 또는 의견수렴을 보장하는 조치를 시행하여 청소년이 원활하게 정보에 접근하고 그 의사를 표명할 수 있도록 함.
- 청소년에 대하여 국가 또는 지방자치단체가 운영하는 수송시설, 궁 · 능, 박물관, 공원, 공연장 등의 시설의 이용료를 면제 또는 할인할 수 있도록 함.
- 9세 이상 18세 이하의 청소년이 청소년증을 발급할 수 있도록 함.
- 특별지원 청소년에 대한 생활지원 · 학업지원 · 의료지원 · 직업훈련지원 · 청소년활동지원 등 필요한 지원대책을 강구하도록 함.
- 전문가를 통한 상담과 교육 · 자원봉사 · 수련 · 체육 · 단체활동 등 당해 청소년에 대한 교육적 선도를 실시할 수 있도록 함.

「복지 지원법」은 「청소년 기본법」이 2005년 2월 전부개정을 거치며 이 법에서 규정하고 있던 청소년복지에 관한 사항을 별도로 제정한 법이다. 「청소년 기본법」 제49조 제4항에 따라 청소년복지 향상에 관한 사항을 규정함을 목적으로 하며(제1조), 2018년 12월 개정까지 총 17회의 개정을 거치며 현재의 구성을 갖추게 되었다. 주로 청소

년복지에 대한 사회적 요구, 「정부조직법」 개정으로 인해 제·개정되었으며 그 과정에서 지원 내용이 점차 세분화·전문화되고 인권 측면을 강조하는 방향으로 변화하였다(김영한·서정아·권일남, 2019).

2) 구성 및 주요 용어

(1) 구성

이 법은 총 10장 45조로 구성되어 있다. 각 장이 담고 있는 내용을 살펴보면, 제1장 총칙, 제2장 청소년의 우대 등, 제3장 청소년의 건강보장, 제4장 지역사회 청소년통합지원체계 등, 제5장 위기청소년 지원, 제6장 예방적·회복적 보호지원, 제7장 청소년복지지원기관, 제8장 청소년복지시설, 제9장 보칙, 제10장 벌칙에 대해 다루고 있다.

표 8-1 「청소년복지 지원법」 체계

장	주요 내용
제1장 총칙	• 목적, 정의 • 실태조사
제2장 청소년의 우대 등	• 청소년의 우대 • 청소년증
제3장 청소년의 건강보장	• 건강한 성장지원 • 체력검사와 건강진단 • 건강진단 결과의 분석, 공개 금지
제4장 지역사회 청소년통합지원체계 등	• 지역사회 청소년통합지원체계의 구축·운영 • 운영위원회, 주민의 자원활동 지원 • 상담과 전화 설치
제5장 위기청소년 지원	• 상담 및 교육 • 위기청소년 특별지원, 신청 및 선정 • 청소년 가출 예방 및 보호·지원 • 이주배경청소년에 대한 지원

제6장 예방적 · 회복적 보호지원	• 예방적 · 회복적 보호지원의 실시 등 • 시설의 설치 · 운영 등 • 보호지원후견인
제7장 청소년복지지원기관	• 한국청소년상담복지개발원 설립 및 운영 • 청소년상담복지센터, 이주배경청소년지원센터
제8장 청소년복지시설	• 청소년복지시설의 종류, 설치 및 운영 • 가출청소년의 청소년쉼터 계속 이용 • 청소년복지시설의 종사자

*주: 제9장(보칙), 제10장(벌칙) 생략.

(2) 용어 정의

이 법에서 사용하는 용어의 정의는 다음과 같다(제2조). 먼저 '청소년'이란 「청소년 기본법」 제3조제1호 본문에 해당하는 사람, 즉 9세 이상 24세 이하인 사람을 말한다. 다음으로 '청소년복지'란 「청소년 기본법」 제3조제4호에 따라 청소년이 정상적인 삶을 누릴 수 있는 기본적인 여건을 조성하고 조화롭게 성장 · 발달할 수 있도록 제공되는 사회적 · 경제적 지원을 말한다. '보호자'란 친권자, 법정대리인 또는 사실상 청소년을 양육하는 사람을 가리키며, '위기청소년'이란 가정문제가 있거나 학업 수행 또는 사회 적응에 어려움을 겪는 등 조화롭고 건강한 성장과 생활에 필요한 여건을 갖추지 못한 청소년을 말한다.

02 청소년복지 지원법의 주요 내용

1) 청소년 우대

(1) 청소년 이용료 면제 또는 할인

국가 또는 지방자치단체는 직접 운영하는 수송시설 · 문화시설 · 여가시설 등을 청소년이 이용하는 경우 그 이용료를 면제하거나 할인할 수 있다(제3조제1항). 또한 국가 또는 지방자치단체의 재정적 보조를 받는 자, 관계 법령에 따라 세제상의 혜택

표 8-2 청소년 할인혜택 현황(예시)

구분	할인율 및 할인금액	비고
수송시설	버스(고속버스 제외) · 지하철 20%, 여객선 10%	각 지역 및 기관별로 할인혜택(연령, 할인율 등)은 다를 수 있음
궁 · 능	50%	
박물관	면제~50% 내외	
미술관	30~50% 내외	
공 원	면제~50% 내외	
공연장(자체기획공연)	30~50% 내외	
유원지	30~50% 내외	
영화관	500~1,000원 등	

*출처: 여성가족부(2017).

을 받는 자, 국가 또는 지방자치단체로부터 위탁을 받아 업무를 수행하는 자가 청소년이 이용하는 시설을 운영하는 경우 청소년에게 그 시설의 이용료를 할인하여 주도록 권고할 수 있다(제3조제2항). 이용료를 면제받거나 할인받으려는 청소년은 시설의 관리자에게 주민등록증, 학생증, 청소년증 등 나이를 확인할 수 있는 증표 또는 자료를 제시하면 된다(제3조제3항).

(2) 청소년증

「복지 지원법」 제4조는 청소년증에 관한 조항으로, 9세 이상 18세 이하의 청소년이 청소년증을 발급할 수 있다고 명시하고 있다. 청소년증은 해당 연령에 대한 신분 확인을 통해 다양한 문화체험 기회를 보장하고 청소년의 건강한 성장을 지원하기 위해 2003년에 도입된 제도로, 2004년 「복지 지원법」이 제정되면서 청소년 우대 및 청소년증 발급에 관한 근거 규정을 마련한 후 본격적으로 시행되었다.

청소년증은 청소년 본인 또는 대리인이 청소년증 발급 신청서와 함께 사진 1매를 읍 · 면 · 동 주민센터에 제출하면 발급받을 수 있으며, 발급기간은 14일이 소요된다. 청소년증 신규 발급 및 재발급은 관할 신청기관 외 전국 어디서나 신청할 수 있다. 2017년에는 선불형 교통카드 기능이 추가된 청소년증을 발급하여 대중교통 시설 및 편의점 등 해당 교통카드사의 가맹점에서 결제 및 충전을 할 수 있게 되었고,

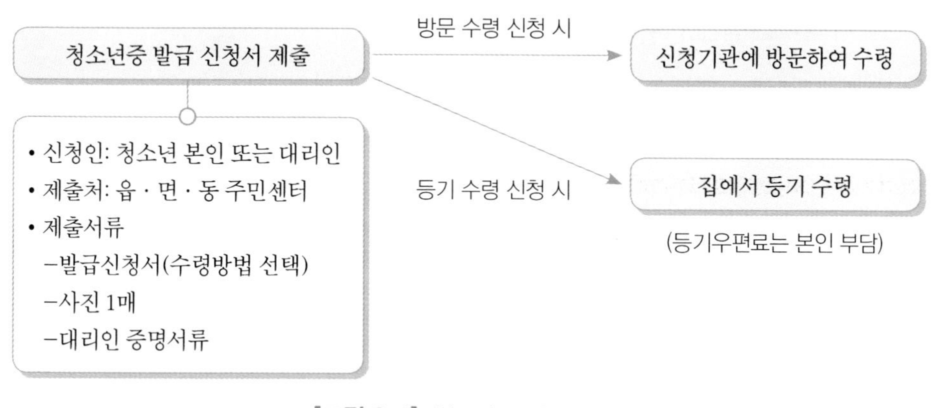

[그림 8-1] 청소년증 발급 절차

*출처: 여성가족부(2019).

2018년에는 온라인에서 청소년증의 분실 및 분실철회 신고와 더불어 재발급 신청이 가능하도록 개편되었다. 청소년증은 경제적인 혜택 외에도 예금통장 개설 등 금융거래와 대학입시 · 검정고시 · 각종 경시대회에서 신분증으로 활용이 가능하다(여성가족부, 2019). 발급 건수가 증가하는 것에 비해 청소년증에 대한 인지도가 보편화되어 있지 않다는 문제가 지적되어 온 가운데(안미영, 2017), 학교 밖 청소년의 신분증 활용, 18세 청소년 투표 시 신분 증명 등 그 활용처가 점차 증가하고 있다.

2) 청소년의 건강보장

「복지 지원법」 제5조는 청소년의 건강한 성장 지원을 위한 국가 및 지방자치단체의 의무를 명시하고 있다. 국가 및 지방자치단체는 청소년의 건강 증진 및 체력 향상을 위한 질병 예방, 건강 교육 등의 필요한 시책을 수립하여야 하며, 여기에는 청소년의 건강 · 체력 기준 설정 및 보급, 여성 청소년의 보건위생에 필수적인 물품 지원이 포함된다. 또한 청소년의 체력검사와 건강진단을 실시하고 분석한 결과를 청소년 본인에게 알려 주어야 하는데, 건강진단 관련 종사자는 불가피한 경우를 제외하고는 건강진단 결과를 공개할 수 없다(제6~8조). 보호자 또한 양육하는 청소년의 건강 증진 및 체력 향상을 위해 노력해야 할 의무가 있다.

3) 지역사회청소년통합지원체계

지방자치단체의 장은 관할구역의 위기청소년을 조기에 발견하여 보호하고, 청소년복지 및 보호를 효율적으로 수행하기 위하여 지방자치단체, 공공기관, 청소년단체 등이 협력하여 업무를 수행하는 지역사회청소년통합지원체계(이하 '통합지원체계')를 구축·운영하여야 한다(제9조). 기존 'CYS-Net'에서 2019년부터 '청소년안전망'으로 명칭이 변경된 통합지원체계는, 특히 경제적·심리적으로 위기 상황에 처해 있는 청소년 지원에 초점을 맞추고 있다. 지역별로 위기청소년을 지원하기 위한 인프라 수준에 차이가 있고, 유관 기관 간 협력체계가 부재하여 대상자 조기발견과 통합적 서비스 제공이 어려운 가운데, 청소년안전망은 개별화된 지역사회 청소년 지원서비스를 통합·연계하여 위기청소년 상담·보호·의료·자립 등 맞춤형 서비스를 원스톱으로 제공하는 것을 목표로 한다(여성가족부, 2019).

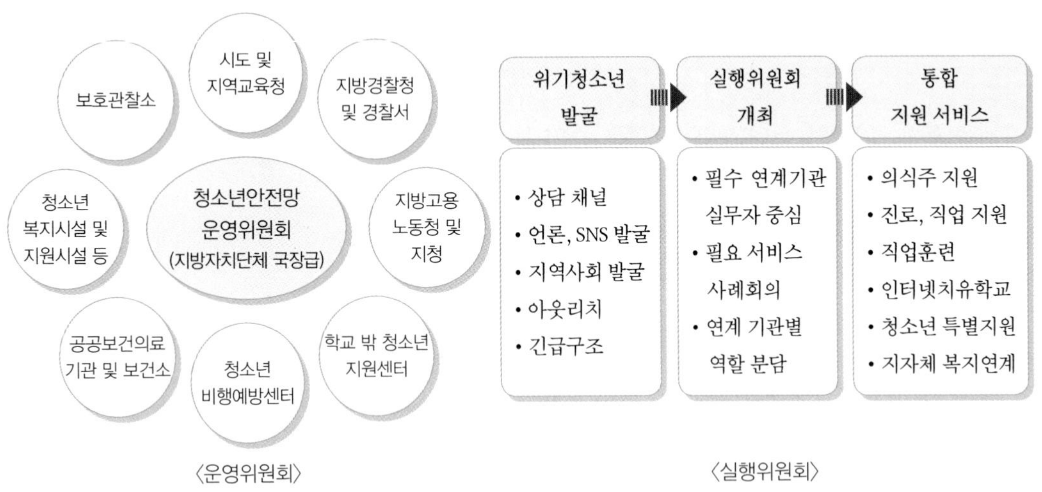

[그림 8-2] 지역사회청소년통합지원체계(청소년안전망) 체계도

*출처: 여성가족부(2019).

4) 위기청소년 지원

(1) 위기청소년 특별지원

「복지 지원법」에서는 국가 및 지방자치단체가 위기청소년 지원의 일환으로 상담 및 교육(제13조)과 특별지원(제14조)을 할 수 있다고 제시한다. 상담 및 교육은 위기청소년에게 효율적이고 적합한 지원을 하기 위하여 위기청소년의 가족 및 보호자를 대상으로 실시할 수 있으며, 일정 소득 이하의 가족 및 보호자의 경우에는 여비 등 실비를 지급한다. 위기청소년 특별지원은 위기청소년에게 필요한 사회적 · 경제적 지원을 의미하는 것으로, 구체적으로 생활지원, 학업지원, 의료지원, 직업훈련지원, 청소년활동지원 등 대통령령으로 정하는 내용에 따라 물품 또는 서비스의 형태로 제공한다. 다만, 위기청소년의 지원에 반드시 필요하다고 인정되는 경우에는 금전의 형태로 제공할 수 있다.

위기청소년을 특별지원 대상 청소년으로 선정하도록 지방자치단체장에게 신청할 수 있는 사람은 청소년 본인 또는 그 보호자, 청소년지도자, 교원, 사회복지사, 청소년 업무를 담당하는 공무원이며, 신청 시 해당 청소년의 동의를 받아야 한다. 지방자치단체장은 신청을 받으면 운영위원회의 심의를 거쳐 선정 여부와 지원 내용 및 기간을 결정한다. 위기청소년 특별지원 기간은 1년 이내이며, 필요한 경우 1년의 범위에서 한 번 연장할 수 있다.[1]

표 8-3 특별지원사업 지원대상 및 사업내용

구분	내용
지원대상	만 9세 이상~만 18세 이하 위기청소년(「초 · 중등교육법」 제2조에 따른 학교에 재학 중인 만 18세 초과 만 24세 이하 청소년 포함) 중 가구소득인정액이 중위소득 72% 이하인 자 (단, 생활지원 및 건강지원은 중위소득 65% 이하인 자)

1) 다만, 학교의 입학금 및 수업료 등과 같은 교육 비용의 지원, 취업을 위한 훈련비의 지원은 두 번까지 연장할 수 있다.

사업 내용	생활지원	• 의 · 식 · 주 등 기초생계비와 숙식 제공 등의 비용 지원 • 월 50만 원 이내
	건강지원	• 신체적 · 정신적으로 건강하게 성장하기 위하여 요구되는 건강검진 및 치료 등을 위한 비용 지원 • 연 200만 원 내외
	학업지원	• 학업을 지속하기 위하여 필요한 교육 비용 지원 • 월 15만 원 이내(수업료, 학교운영비) • 월 30만 원 이내(검정고시)
	자립지원	• 취업을 위한 지식 · 기술 · 기능 등 능력을 향상시키기 위하여 필요한 훈련비 지원 • 월 36만 원 이내
	법률지원	• 폭력이나 학대 등으로 위기상황에 있는 청소년에게 필요한 법률상담 및 소송비용 지원 • 연 350만 원 이내
	상담지원	• 청소년의 건강한 발달을 도모하기 위한 심리 · 사회적 측면의 상담에 필요한 비용 및 서비스 지원 • 월 20만 원 이내(심리검사비 연 25만 원 별도)
	활동지원	• 운영위원회가 필요하다고 인정하는 활동 비용 • 월 10만 원 이내
	그 밖의 지원	• 운영위원회가 예산의 범위 안에서 필요하다고 인정한 지원 • 위 내용과 근접한 유형의 지원 상한액을 참조하여 지원규모 결정

*출처: 여성가족부(2019).

(2) 가출한 청소년 및 이주배경청소년 지원

여성가족부장관 또는 지방자치단체의 장은 청소년의 가출 예방 및 가출한 청소년의 가정 · 사회 복귀를 돕기 위하여 상담, 청소년쉼터의 설치 · 운영, 청소년쉼터 퇴소 청소년에 대한 사후지원 등의 정책적 지원을 해야 한다(제16조). 보호자는 국가 및 지방자치단체 등의 노력에 적극 협조하여야 한다.

국가 및 지방자치단체는 「다문화가족지원법」 제2조제1호[2)]에 따른 다문화가족의

2) 「재한외국인 처우 기본법」 제2조제3호의 결혼이민자와 「국적법」 제2조부터 제4조까지의 규정에 따라 대한민국 국적을 취득한 자로 이루어진 가족.

청소년을 포함하여 국내로 이주하여 사회적응 및 학업수행에 어려움을 겪는 청소년 또한 지원할 의무가 있다. 즉, 이들의 사회적응 및 학습능력 향상을 위해 상담 및 교육 등 필요한 시책을 마련하고 시행하여야 한다(제18조).

5) 예방적·회복적 보호 지원

보호지원은 비행・일탈을 저지른 청소년, 일상생활에 적응하지 못하여 가정 또는 학교 외부의 교육적 도움이 필요한 청소년이 정상적인 가정・학교・사회 생활에 복귀 및 적응하는 데에 도움이 되도록 하는 방법으로, 청소년 본인이 신청하거나, 해당 청소년의 보호자 또는 청소년이 재학 중인 학교의 장이 청소년 본인의 동의를 받아 신청하는 경우 실시할 수 있다(제19조제1항). 보호지원에는 상담・교육・자원봉사・수련・체육・단체활동 등의 다양한 방법이 포함되며(제19조제2항), 6개월 이내로 하되 필요한 경우 청소년 본인의 동의를 받아 한 번 연장할 수 있다(제19조제3항).

국가 및 지방자치단체는 보호지원에 필요한 시설의 설치・운영, 보호지원 프로그램의 개발・보급, 보호지원 활동에 대한 지원 및 지도자 교육 등 보호지원의 실효성을 확보하기 위한 노력을 하여야 한다(제20조). 또한 청소년지도자나 청소년지도위원 중에서 보호지원 대상 청소년을 개인별로 전담하여 지도하는 보호지원후견인을 지정할 수 있다(제21조).

6) 청소년복지지원기관 및 청소년복지시설

(1) 청소년복지지원기관

① 한국청소년상담복지개발원, 청소년상담복지센터

한국청소년상담복지개발원은 「복지 지원법」 제22조에 근거하여 설립・운영되는

「국적법」 제3조 및 제4조에 따라 대한민국 국적을 취득한 자와 같은 법 제2조부터 제4조까지의 규정에 따라 대한민국 국적을 취득한 자로 이루어진 가족.

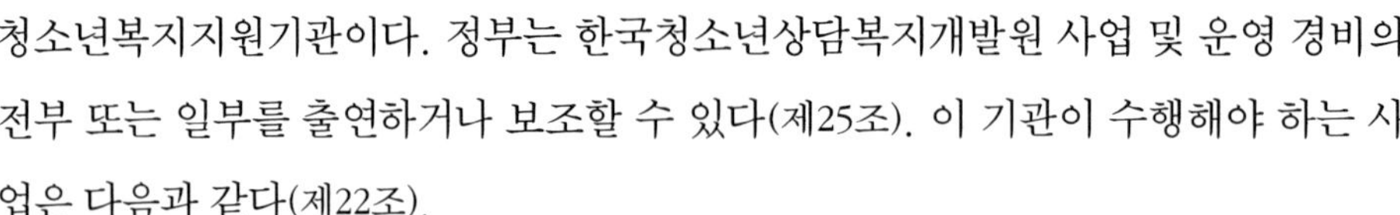

청소년복지지원기관이다. 정부는 한국청소년상담복지개발원 사업 및 운영 경비의 전부 또는 일부를 출연하거나 보조할 수 있다(제25조). 이 기관이 수행해야 하는 사업은 다음과 같다(제22조).

- 청소년상담 및 복지와 관련된 정책의 연구
- 청소년상담 · 복지 사업의 개발 및 운영 · 지원
- 청소년상담기법의 개발 및 상담자료의 제작 · 보급
- 청소년상담 · 복지 인력의 양성 및 교육
- 청소년상담 · 복지 관련기관 간의 연계 및 지원
- 지방자치단체 청소년복지지원기관의 청소년상담 · 복지 관련 사항에 대한 지도 및 지원
- 청소년 가족에 대한 상담 · 교육
- 청소년에 관한 상담 · 복지 정보체계의 구축 · 운영
- 그 밖에 청소년상담원의 목적을 수행하기 위하여 필요한 부수 사업

지방자치단체는 청소년상담복지센터를 설치하여 청소년에 대한 상담 · 긴급구조 · 자활 · 의료지원 등의 사업을 수행한다(제29조). 시 · 군 · 구 청소년상담복지센터는 지방청소년활동진흥센터와 통합하여 운영되기도 한다. 광역단위 청소년상담복지센터는 시 · 군 · 구의 청소년상담복지센터의 업무를 지도 · 지원하여야 한다. 「복지 지원법 시행령」 제14조에 명시된 청소년상담복지센터의 업무는 다음과 같다.

- 청소년과 부모에 대한 상담 · 복지 지원
- 상담 · 복지 프로그램의 개발 및 운영
- 상담 자원봉사자와 청소년지도자에 대한 교육 및 연수
- 청소년 상담 또는 긴급구조를 위한 전화 운영
- 청소년 폭력 · 학대 등 피해 청소년의 긴급구조, 법률 및 의료지원, 일시보호지원
- 청소년의 자립능력 향상을 위한 자활 및 재활 지원
- 그 밖에 청소년상담 및 복지지원 등을 위하여 필요하다고 지방자치단체장이

인정하는 사업

② **이주배경청소년지원센터**

「복지 지원법 시행령」 제15조는 이주배경청소년지원센터의 업무를 다음과 같이 명시한다.

- 이주배경청소년 복지에 관한 종합적 안내
- 이주배경청소년과 그 부모에 대한 상담 및 교육
- 이주배경청소년의 지원을 위한 인력의 양성 및 연수
- 이주배경청소년에 대한 국민의 올바른 이해를 돕기 위한 사업
- 이주배경청소년의 실태에 관한 조사 · 연구
- 이주배경청소년의 사회 적응을 위한 프로그램 개발 및 보급
- 그 밖에 이주배경청소년지원센터의 목적을 수행하기 위하여 필요한 업무

이와 같은 조항에 근거하여 2006년부터 이주배경청소년지원재단 무지개센터가 운영 중이다. 무지개센터는 현재 북한이탈 · 중도입국 · 다문화가족자녀 등 이주배경청소년의 초기지원, 통합지원, 인식개선 등의 사업을 진행하고 있다. 중도입국청소년 대상 프로그램으로는 초기지원사업, 진로교육 기초 프로그램 및 심화 프로그램, 이주배경청소년들이 직업훈련 및 실습교육을 실시하며 직접 운영하는 카페가 있고, 탈북청소년 대상으로는 현장체험프로그램, 통합상담 및 사례관리를 운영 중이다. 이주배경청소년 지원 프로그램으로는 집단상담프로그램, 상담통역지원사 양성, 심리사회적응척도 개발, 맞춤형 정보제공 사업을 실시하고 있다. 이 밖에도 인식개선사업으로 청소년 다문화감수성 증진을 프로그램, 이주배경청소년 멘토링, 이주배경청소년들과 일반청소년들이 함께 하는 통합캠프를 운영하고 있으며, 이주배경청소년 유관기관 실무자 교육과정, 관련 조사연구 또한 실시하고 있다(무지개청소년센터 홈페이지).[3]

3) 이주배경청소년재단 무지개청소년센터 홈페이지(http://www.rainbowyouth.or.kr/page/page19)에서 2020. 10. 4. 검색.

(2) 청소년복지시설

청소년복지시설의 유형으로는 청소년쉼터, 청소년자립지원관, 청소년치료재활센터, 청소년회복지원시설이 있다(제31조). 각 유형별 기능은 〈표 8-4〉와 같다.

표 8-4 청소년복지시설의 종류

종류	기능
청소년쉼터	가출청소년에 대하여 가정 · 학교 · 사회로 복귀하여 생활할 수 있도록 일정 기간 보호하면서 상담 · 주거 · 학업 · 자립 등을 지원하는 시설
청소년자립지원관	일정 기간 청소년쉼터 또는 청소년회복지원시설의 지원을 받았는데도 가정 · 학교 · 사회로 복귀하여 생활할 수 없는 청소년에게 자립하여 생활할 수 있는 능력과 여건을 갖추도록 지원하는 시설
청소년치료재활센터	학습 · 정서 · 행동상의 장애를 가진 청소년을 대상으로 정상적인 성장과 생활을 할 수 있도록 해당 청소년에게 적합한 치료 · 교육 및 재활을 종합적으로 지원하는 거주형 시설
청소년회복지원시설	「소년법」 제32조제1항제1호에 따른 감호 위탁 처분을 받은 청소년에 대하여 보호자를 대신하여 그 청소년을 보호할 수 있는 자가 상담 · 주거 · 학업 · 자립 등 서비스를 제공하는 시설

① 청소년쉼터

청소년쉼터는 가출 청소년을 일정기간 보호하면서 상담 · 주거 · 학업 · 자립 등을 지원하는 시설로 생활보호뿐만 아니라 상담, 자립역량 강화, 고충처리, 문화활동프로그램 기회 제공 등을 통해 가출 청소년이 가정 · 사회로 복귀하도록 지원한다. 청소년보호시설로서 전문적이고 차별화된 지원 서비스를 제공하기 위하여 일시, 단기 및 중 · 장기로 특성화하여 설치 · 운영되고 있다.[4] 자치단체경상보조로 지원되는 청소년쉼터는 2019년 현재 전국에 134개소가 설치 · 운영되고 있다(여성가족부, 2019).

4) 청소년쉼터에 입소한 가출청소년이 가정폭력, 친족에 의한 성폭력, 그 밖에 가정으로 복귀하여 생활하기 어려운 사유로 인해 가출한 경우에는 계속 쉼터를 이용할 수 있다. 이때 가출청소년을 7일의 범위에서 일시적으로 보호하는 청소년쉼터는 제외되며, 거짓 또는 부정한 방법으로 청소년쉼터에 입소한 경우, 청소년쉼터 안에서 현저한 질서문란 행위를 한 경우에는 퇴소시킬 수 있다(제32조의2).

표 8-5 청소년쉼터 유형 및 기능

구분	일시쉼터	단기쉼터	중장기쉼터
기간	24시간 이내 일시보호 (최장 7일까지 연장 가능)	3개월 이내 단기보호 (최장 9개월까지 연장 가능)	3년 이내 중장기보호 (필요시 1년 연장 가능)
이용대상	가출 · 거리배회 · 노숙청소년	가출청소년	가출청소년
주요기능	• 가출청소년 조기구조 · 발견, 단기 · 중장기 청소년 쉼터와 연결 • 위기개입상담, 진로지도, 적성검사 등 상담서비스 제공 • 먹거리, 음료수 등 기본적인 서비스 제공 등	• 가출청소년 문제해결을 위한 상담 · 치료 서비스 및 예방활동 • 의식주 및 의료 등 보호서비스 제공 • 가정 및 사회복귀 대상 청소년 분류, 전문기관 연계 · 의뢰서비스 제공 등	• 가정복귀가 어렵거나 특별히 보호가 필요한 위기청소년을 대상으로 장기간 안정적인 보호서비스 제공
위치	이동형(차량), 고정형(청소년유동지역)	주요 도심별	주택가
지향점	가출예방, 조기발견, 초기개입	보호, 가정 및 사회복귀	자립지원
현황 (2019년)	31개소	63개소	40개소

*출처: 여성가족부(2019).

② 청소년자립지원관

청소년자립지원관은 2012년 「복지 지원법」 전면개정에 따라 청소년복지시설의 유형으로서 법적 근거를 갖추게 되었다. 자립지원관은 일정기간 청소년쉼터 또는 회복지원시설에서 생활하여 지원을 받았음에도 자립 역량이 갖추어지지 않은 19~24세의 후기 청소년에게 자립하여 생활할 수 있는 능력과 여건을 갖추도록 지원하는 시설로서, 청소년쉼터나 청소년회복지원시설과 같은 생활시설이 아닌 주거취약계층 위기청소년의 주거대안을 모색하는 생활관과 지원센터의 기능이 복합된 시설이라 할 수 있다. 독립생활자를 위한 임대료(월세) 지원, 자립생활 체험, 정부차원의 주거취약계층 지원사업 연계 및 취업 · 창업지원, 지속적 근로활동을 통한 자립기반 마련 등 실질적 자립생활을 지원한다.

③ 청소년치료재활센터

최근 주의력결핍과잉행동장애(ADHD), 학업스트레스로 인한 우울증 등 심리 · 정서적 위기를 겪는 청소년이 증가하면서 보다 종합적이고 전문적인 치료 · 재활 서비스의 필요성이 제기되었다. 이에 정부는 2012년 거주형 치유기관인 국립중앙청소년디딤센터를 설립하여 정서적 · 행동적 장애로 어려움을 겪는 청소년에게 심리상담 및 치료, 보호, 자립지도, 교육 등 종합적 · 전문적 치유 서비스를 원스톱으로 제공해 오고 있다(여성가족부, 2019). 국립중앙청소년디딤센터 입소대상자는 ADHD, 우울증, 불안장애, 품행장애 등 정서적 · 행동적 장애를 가진 만 9~18세 청소년이고, 장기 치료 · 재활 과정과 단기 치료 · 재활 과정으로 구분하여 운영하고 있다. 장기 과정은 오름과정(1개월), 디딤과정(4개월), 힐링캠프(4박 5일)가 있고, 입 · 퇴교판정위원회의 입교결정을 통해 입교하여 치료 · 생활 · 교육과정을 이수하게 된다. 단기 과정은 4박 5일의 힐링캠프로 운영된다(국립중앙청소년디딤센터 홈페이지).[5)]

표 8-6 국립중앙청소년디딤센터 사업내용

영역	프로그램	세부프로그램
상담 및 치료	개인 상담 · 치료	놀이치료, 모래놀이치료, 미술치료, 음악치료, 뉴로 · 바이오피드백
	집단 상담 · 치료	구조화 · 비구조화 집단상담, 가족개입프로그램
	기타치료	승마치료, 요가명상치료, 동작치료, 원예치료
생활 공동체	생활동 프로그램	일상생활지도, 가족모임, 디딤성장북 운영
	생활공동체 교육	성장교육, 생활공동체 철학교육, 생활토론
	생활공동체 프로그램	입교생 자치단, 여가모임, 상점제
활동 프로그램	관계형성활동, 관계증진캠프	진로활동
	동아리활동	야외체험활동
	지역사회참여활동	특별활동
대안교육	초등교육	• 수준별 맞춤식 교육 • 창의적 수업 및 인성교육
	중 · 고등교육	

*출처: 국립중앙청소년디딤센터 홈페이지.

5) 국립중앙청소년디딤센터 홈페이지(http://www.nyhc.or.kr/Business010100)에서 2020. 10. 4. 검색.

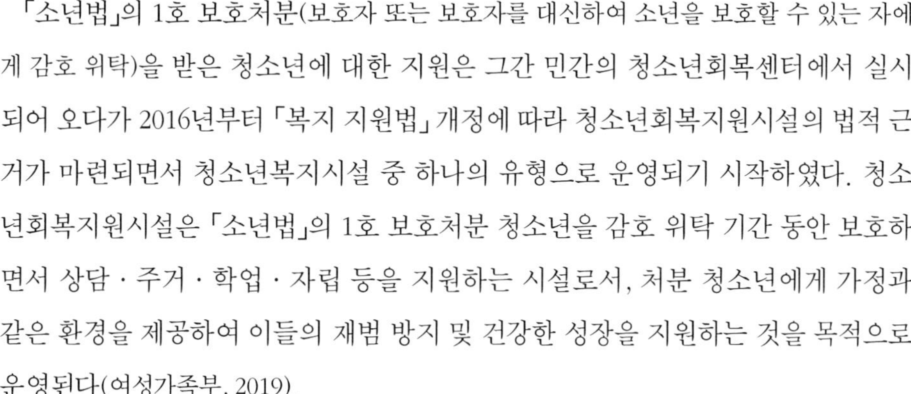

④ 청소년회복지원시설

「소년법」의 1호 보호처분(보호자 또는 보호자를 대신하여 소년을 보호할 수 있는 자에게 감호 위탁)을 받은 청소년에 대한 지원은 그간 민간의 청소년회복센터에서 실시되어 오다가 2016년부터 「복지 지원법」 개정에 따라 청소년회복지원시설의 법적 근거가 마련되면서 청소년복지시설 중 하나의 유형으로 운영되기 시작하였다. 청소년회복지원시설은 「소년법」의 1호 보호처분 청소년을 감호 위탁 기간 동안 보호하면서 상담 · 주거 · 학업 · 자립 등을 지원하는 시설로서, 처분 청소년에게 가정과 같은 환경을 제공하여 이들의 재범 방지 및 건강한 성장을 지원하는 것을 목적으로 운영된다(여성가족부, 2019).

03 청소년복지 지원법 개선방안

1) 법 적용 대상의 확대

「복지 지원법」은 「청소년 기본법」에 근거하여 청소년복지 향상에 관한 사항을 규정함을 목적으로 하고 있으나 그 내용이 중기 청소년(13~18세)에 치중되어 있고, 기본법상의 연령에 포함되는 전기 청소년(9~12세)과 후기 청소년(19~24세)에 관한 내용이 부족하다는 평가를 받는다. 법적 내용과 지원 범위에서 다른 부처의 유사한 대상 관련법들과 상당한 중복성을 보여 그 조정이 필요하다는 문제 또한 제기된다(김영한 외, 2019).

「복지 지원법」이 유사한 대상에 대한 지원법들을 고려하여 지원 내용을 특화시키는 것이 필요하나, 적어도 기본법에서 규정하는 청소년의 전 연령대를 포괄할 수 있도록 타법과의 조정과 균형이 필요하다. 김영한 등(2019)의 연구에서는 전기 청소년에 관한 지원과 권한은 「아동복지법」상 양육시설에 편중되어 있는 상황이라는 점을 지적하면서, 아동과 청소년이 어떠한 법체계하의 시설에 있는가에 따라 받을 수 있는 서비스와 지원의 차이가 이들의 자립과 관련된 지원 서비스의 불균형을 초

래한다고 보았다. 향후 「복지 지원법」은 자립에 관한 사항을 포함함으로써 최근 아동, 청소년복지 지원의 가장 중요하고 당위적인 이슈를 반영할 필요가 있다. 더불어 청소년 우대에 관한 사항에서 대상 연령을 24세까지 확대하는 방향 또한 검토할 필요가 있다.

한편, 최근 국내 중도입국청소년이 증가하는 현실에 반하여 현 「복지 지원법」이 이들의 보호에 충분하지 못하다는 지적 또한 향후 「복지 지원법」 개선에 있어 중요하게 고려될 필요가 있다(윤향희 · 김경제, 2016). 중도입국청소년의 심리 · 정서적 문제, 사회적 적응 문제는 이들이 사회구성원으로서의 자립을 어렵게 하는 상황으로 연결된다. 「복지 지원법」은 「재한외국인 처우기본법」 「다문화가족지원법」 「출입국관리법」 등 관련법들의 사각지대에 놓인 이들의 법적 지위를 보장하고, 그들이 청소년복지 서비스의 수혜대상에 포함될 수 있도록 하는 적극적 노력이 필요하다.

2) 법의 실효성 및 구체성 강화

「복지 지원법」은 「청소년 기본법」에 근거하여 청소년복지 향상에 관한 사항을 규정함을 목적으로 한다고 간단히 규정할 뿐, 어떤 목적을 위해 어떠한 내용을 구현하는지에 관해 체계적으로 제시하고 있지 않다. 또한 「복지 지원법」이 담고 있는 지원서비스와 추진체계인 지역사회통합지원체계는 그 의도와 취지가 좋음에도 불구하고 사실상 효과적으로 작동하지 못한다는 지적이 있다(김영한 외, 2019). 지원 서비스가 실효적으로 전달되지 않는 이유 중 하나는 현 「복지 지원법」상 관련 업무가 대부분 지방자치단체에 이양되어 있기 때문이라 할 수 있다. 「복지 지원법」상의 청소년복지시설이 사회복지시설로 인정되었음에도 불구하고 여전히 종사자 처우가 열악하고 지방자치단체별 차이가 존재한다.

이와 같은 문제를 포함하여, 김영한 등(2019)은 「복지 지원법」이 실효성 및 구체성을 강화하기 위해 자립에 관한 사항을 포함해야 하고, 청소년우대에 관한 사항을 의무 조항으로 수정하는 방안을 제안하였다. 건강지원과 관련해서는 건강검진 사항에 신체적 영역과 함께 정신적 영역을 포함하고, 건강검진 이후 치료나 조치 등을 규정하며, 이에 따라 건강진단 및 진단 결과의 분석, 공개 금지의 원칙 또한 정신

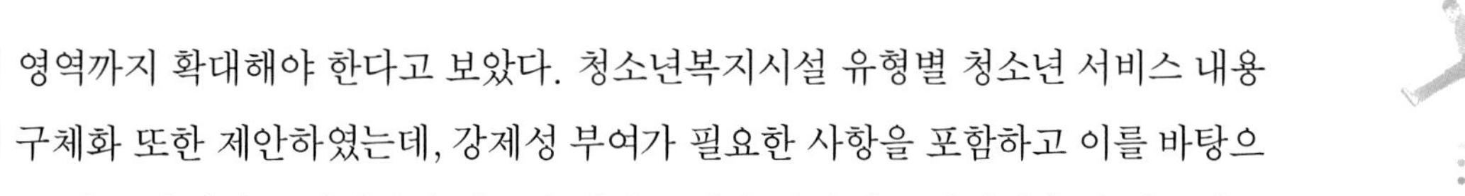

적 영역까지 확대해야 한다고 보았다. 청소년복지시설 유형별 청소년 서비스 내용이 구체화 또한 제안하였는데, 강제성 부여가 필요한 사항을 포함하고 이를 바탕으로 좀 더 효과적이고 체계적인 청소년 서비스 전달 방안이 모색되어야 할 필요성을 제기하였다. 청소년 가출 예방 및 보호 · 지원과 관련해서는 청소년 가출 조기발견에 관한 내용을 신규 조항으로 포함하여 효과적인 청소년 가출 예방 및 조기개입을 실시할 수 있는 근거를 마련하여야 함을 언급하였다. 위기청소년의 유형 세분화 필요성을 언급했는데, 특히 무업 · 무직형 청소년, 은둔형 외톨이 등 사각지대 청소년 지원에 관한 구체적 조항이 포함되어야 할 필요성을 제기하였다. 전반적으로「복지

표 8-7 「청소년복지 지원법」 개정방향

항목	개정내용
전달체계	• 중앙단위-지방단위 청소년복지 전달을 체계화 • 청소년복지 지원을 위한 부처 간 협력 의무 내용 • 복지정책 추진을 위한 중앙정부-지방정부 간 협력체계 및 업무분담사항 명시 • 지역사회 역할 강조
복지대상 확대	• 복지대상 연령확대(후기 청소년 포함) • 연령 확대된 청소년을 대상으로 한 자립, 진로지원 서비스 내용 포함 • 외국국적 청소년 긴급 지원 사항 제시 • 사각지대 청소년 발굴 및 지원을 위한 방안 및 규정 마련
복지의 추진방법 및 양 증대	• 위기청소년 지원을 위한 부처 간 협력사업 개발근거 마련 • 정신보건 분야 지원 구체화 • 건강검진 이후 치료 개입 등 명시 •「아동복지법」과 유사한 수준 및 양의 복지 서비스 제공 • 상담뿐만 아니라 다양한 방식의 전방위적 복지지원 내용 강조
자립지원의 강조	• 자립지원분야의 정의 및 구체적 내용
정보제공 확대	• 온라인, 오프라인 원스톱 정보제공 근거 마련 • 정보제공 관련사항 누설 시 엄벌주의 강화
청소년복지시설 설치기준 마련	• 지역규모별 청소년복지시설 설치기준 마련 및 법적 설치규정 강제화 (지역별 배치 기준 명시)

*출처: 김영한 외(2019).

지원법」이 서비스 지원과 개입에 대한 기존의 초점에서 벗어나 적극적 발굴, 예측, 사후관리를 강조해야 하고, 특히 지역사회청소년통합지원체계의 실질적 역할 수행을 위한 법적 기반이 명시되어야 한다고 보았다.

요약

1. 「청소년복지 지원법」은 2004년 2월 제정되어 2005년 2월부터 시행되었다. 이 법은 "청소년의 복지 향상에 대한 가정 · 사회 및 국가의 책임과 의무를 정하고 이를 실천하기 위하여 필요한 사항을 정함으로써 미래사회의 주역이 될 청소년들의 삶의 질 향상과 최적의 성장 · 발달을 도모"하고자 제정되었다.

2. 「청소년복지 지원법」은 「청소년 기본법」에서 규정하고 있던 청소년복지에 관한 사항을 별도로 제정한 법으로, 「청소년 기본법」에 따라 청소년복지 향상에 관한 사항을 규정함을 목적으로 한다(제1조). 2018년 12월 개정까지 총 17회의 개정을 거치며 현재의 구성을 갖추게 되었는데, 그 과정에서 지원 내용이 점차 세분화 · 전문화되고 인권 측면을 강조하는 방향으로 변화하였다.

3. 「청소년복지 지원법」은 총 10장 45조로, 제1장 총칙, 제2장 청소년의 우대 등, 제3장 청소년의 건강보장, 제4장 지역사회 청소년통합지원체계 등, 제5장 위기청소년 지원, 제6장 예방적 · 회복적 보호지원, 제7장 청소년복지지원기관, 제8장 청소년복지시설, 제9장 보칙, 제10장 벌칙에 대해 다루고 있다.

4. 「청소년복지 지원법」은 향후 법 적용 대상의 확대와 법의 실효성 및 구체성을 강화할 수 있는 방향으로의 개정 검토가 필요하다.

참고문헌

김영한 · 서정아 · 권일남(2019). 미래지향적 청소년 관련 법 정비 방안. **한국청소년정책연구원 연구보고서**. 세종: 한국청소년정책연구원.

안미영(2017). 청소년복지 지원법에 따른 청소년증의 고찰. **사법행정, 58**(2), 43-52.

여성가족부(2017). **2017 청소년백서**. 서울: 여성가족부.

여성가족부(2019). **2019 청소년백서**. 서울: 여성가족부.

윤향희 · 김경제(2016). 중도입국청소년을 위한 청소년복지 지원법의 개선방향. **유럽헌법연구, 20**, 353-388.

국립중앙청소년디딤센터 홈페이지. http://www.nyhc.or.kr/Business010100 (2020.10. 4. 검색).

이주배경청소년재단 무지개센터 홈페이지. http://www.rainbowyouth.or.kr/page/page (2020. 10. 4. 검색).

제9장

청소년 보호법

학습개요

「청소년 보호법」은 "청소년에게 유해한 매체물과 약물 등이 청소년에게 유통되는 것과 청소년이 유해한 업소에 출입하는 것 등을 규제하고 청소년을 유해한 환경으로부터 보호 · 구제함으로써 청소년이 건전한 인격체로 성장할 수 있도록 함"을 목적으로 한다. 이 법은 가정, 사회, 국가와 지방자치단체의 역할 및 책임, 청소년유해매체물의 결정 및 유통 규제, 청소년의 인터넷게임 중독 예방, 청소년유해약물 등, 청소년유해업소, 청소년유해행위 등의 규제, 청소년보호사업의 추진, 청소년보호위원회에 관한 장으로 구성되어 있다. 이 장에서는 「청소년 보호법」의 목적, 기본이념, 정의와 함께 그 체계를 살펴보고, 향후 개선방안을 제시하였다.

01 청소년 보호법의 이해

1) 제정 배경

「청소년 보호법」(이하 '보호법')은 1997년 3월 제정되어 같은 해 7월부터 시행되었다. 당시 이 법은 "우리 사회의 자율화와 물질만능주의 경향에 따라 날로 심각해지고 있는 음란 · 폭력성의 청소년유해매체물과 유해약물 등의 청소년에 대한 유통과 유해한 업소에의 청소년출입 등을 규제함으로써, 성장과정에 있는 청소년을 각종 유해한 사회환경으로부터 보호 · 구제하고 나아가 건전한 인격체로 성장할 수 있도록" 하기 위하여 제정되었다. 제정 당시 「보호법」의 주요 내용은 다음과 같다.

- 보호대상 청소년을 18세 미만의 자로 규정
- 유해환경으로부터의 청소년보호를 위한 국가, 지방자치단체, 사회, 가정의 역할과 책임 명시
- 매체물과 약물 유통업 및 유해업소 운영자와 관련 단체 · 협회의 청소년보호를 위한 자율적 정화 노력과 이에 대한 자율규제의 법적 근거 마련
- 국가와 지방자치단체가 국민의 자율적인 감시 · 고발활동을 지원할 수 있는 근거 마련
- 문화체육부장관 소속하에 합의제행정기관으로 청소년보호위원회 설치
- 청소년보호위원회의 역할(각종 매체물의 유해 여부 심의 · 결정, 청소년유해매체물 목록표와 청소년유해약물목록표 작성 및 배포)
- 청소년유해매체물로 심의 · 결정된 매체물에 대하여 실질적이고 구체적인 유통규제 실시
- 청소년보호를 위하여 유해업소와 유해약물 등에 대한 규제 근거 마련(유해업소의 청소년 고용 금지, 청소년출입제한의무, 청소년 대상 유해약물 판매 금지 등)

• 지역 단위 청소년보호시책의 실효성 제고(청소년출입제한구역 지정 등)
• 한국간행물윤리위원회를 법정 위원회로 변경(음란 · 폭력성 간행물로부터 청소년 보호 강화)
• 법 위반자에게 과징금 부과, 징수금액은 청소년보호와 관련된 용도로만 사용함.

「보호법」은 "청소년에게 유해한 매체물과 약물 등이 청소년에게 유통되는 것과 청소년이 유해한 업소에 출입하는 것 등을 규제하고 청소년을 유해한 환경으로부터 보호 · 구제함으로써 청소년이 건전한 인격체로 성장할 수 있도록 함"을 목적으로 하며(제1조), 2011년 9월 전부개정(2013년 5월 시행)을 포함하여 2020년 3월 개정까지 총 42회의 개정을 거치며 현재의 구성을 갖추게 되었다.

2) 구성 및 주요 용어

(1) 구성

「보호법」은 총 8개 장의 64조항으로 구성되어 있다. 장별 내용을 살펴보면, 제1장 총칙, 제2장 청소년유해매체물의 결정 및 유통 규제, 제3장 청소년의 인터넷게임 중독 예방, 제4장 청소년유해약물등, 청소년유해행위 및 청소년유해업소 등의 규제, 제5장 청소년보호사업의 추진, 제6장 청소년보호위원회, 제7장 보칙, 제8장 벌칙으로 구분된다. 장별 주요 내용은 〈표 9-1〉과 같다.

표 9-1 「청소년 보호법」 체계

장	주요 내용
제1장 총칙	• 목적, 정의 • 가정, 사회, 국가와 지방자치단체의 역할과 책임
제2장 청소년유해매체물의 결정 및 유통 규제	• 청소년유해매체물의 심의 · 결정, 자율규제, 재심의, 취소 • 청소년유해표시 의무, 포장 의무 • 판매 금지, 구분 · 격리, 각종 제한 • 외국 매체물에 대한 특례, 정보통신망을 통한 청소년유해매체물 제공자 등의 공표

제3장 청소년의 인터넷게임 중독 예방	• 인터넷게임 이용자의 친권자 등의 동의 • 인터넷게임 제공자의 고지 의무 • 심야시간대의 인터넷게임 제공시간 제한 • 인터넷게임 중독 등의 피해 청소년 지원
제4장 청소년유해약물 등, 청소년유해행위 및 청소년유해업소 등의 규제	• 청소년유해약물 등의 판매 · 대여 등의 금지 • 청소년 고용 금지 및 출입 제한 등 • 청소년유해행위의 금지 • 청소년 통행금지 · 제한구역의 지정 등 • 청소년에 대하여 가지는 채권의 효력 제한
제5장 청소년보호사업의 추진	• 청소년보호종합대책의 수립 등 • 청소년의 유해환경에 대한 대응능력 제고 등 • 환각물질 중독치료 등 • 청소년보호 · 재활센터의 설치 · 운영
제6장 청소년보호위원회	• 청소년보호위원회의 설치, 구성, 운영

*주: 제7장(보칙), 제8장(벌칙) 생략

(2) 용어 정의

「보호법」에서 정의하는 '청소년'은 만 19세 미만인 사람을 말한다(제2조제1항).[1] 이 법은 매체물과 약물 등의 유통과 업소 출입 등이 청소년에게 유해한 영향을 미치는 상황을 고려하여 '청소년유해매체물' '청소년유해약물' '청소년유해물건' '유통' '청소년폭력 · 학대' '청소년유해환경'을 주요 용어로 사용하고 있다.

먼저 '청소년유해매체물'이란 매체물[2] 중 청소년보호위원회나 각 심의기관이 청

1) 다만, 만 19세가 되는 해의 1월 1일을 맞이한 사람은 제외한다.

2) 매체물은 다음 각 목의 어느 하나에 해당하는 것을 말한다(제6조제2항).

가. 「영화 및 비디오물의 진흥에 관한 법률」에 따른 영화 및 비디오물

나. 「게임산업진흥에 관한 법률」에 따른 게임물

다. 「음악산업진흥에 관한 법률」에 따른 음반, 음악파일, 음악영상물 및 음악영상파일

라. 「공연법」에 따른 공연(국악공연은 제외)

마. 「전기통신사업법」에 따른 전기통신을 통한 부호 · 문언 · 음향 또는 영상정보

바. 「방송법」에 따른 방송프로그램(보도 방송프로그램은 제외)

사. 「신문 등의 진흥에 관한 법률」에 따른 일반일간신문(주로 정치 · 경제 · 사회에 관한 보도 · 논평 및 여론

소년에게 유해한 것으로 심의 또는 결정하거나 확인하여 여성가족부장관이 고시한 매체물을 말한다(제2조제3항). 다음으로 '청소년유해약물'이란 주류, 담배, 마약류, 환각물질, 그 밖에 청소년의 사용을 제한하지 않으면 청소년의 심신을 심각하게 손상시킬 우려가 있는 약물로서 청소년보호위원회가 결정하고 여성가족부장관이 고시한 것을 의미하며, '청소년유해물건'이란 청소년의 심신을 심각하게 손상시킬 우려가 있어 사용을 제한해야 하는 성 관련 물건, 음란성 · 포악성 · 잔인성 · 사행성 등을 조장하는 완구류, 청소년유해약물과 유사한 형태의 제품 등을 말한다(제2조제4항). '청소년유해업소'란 청소년의 출입과 고용이 청소년에게 유해한 것으로 인정되는 청소년 출입 · 고용금지업소와 청소년의 출입은 가능하나 고용이 청소년에게 유해한 것으로 인정되는 청소년고용금지업소를 말한다. 구체적인 유형은 〈표 9-2〉와 같다.

'유통'이란 매체물 또는 약물 등을 판매 · 대여 · 배포 · 방송 · 공연 · 상영 · 전시 · 진열 · 광고하거나 시청 또는 이용하도록 제공하는 행위와 이러한 목적으로 매체물 또는 약물 등을 인쇄 · 복제 또는 수입하는 행위를 말하며(제2조제6항), '청소년폭력 · 학대'란 폭력이나 학대를 통하여 청소년에게 신체적 · 정신적 피해를 발생하게 하는 행위를 말한다(제2조제7항). 마지막으로 '청소년유해환경'이란 청소년유해매체물, 청소년유해약물등, 청소년유해업소 및 청소년폭력 · 학대를 의미한다(제2조제8항).

을 전파하는 신문은 제외한다), 특수일간신문(경제 · 산업 · 과학 · 종교 분야는 제외), 일반주간신문(정치 · 경제 분야는 제외), 특수주간신문(경제 · 산업 · 과학 · 시사 · 종교 분야는 제외), 인터넷신문(주로 보도 · 논평 및 여론을 전파하는 기사는 제외) 및 인터넷뉴스 서비스

아. 「잡지 등 정기간행물의 진흥에 관한 법률」에 따른 잡지(정치 · 경제 · 사회 · 시사 · 산업 · 과학 · 종교 분야는 제외), 정보간행물, 전자간행물 및 그 밖의 간행물

자. 「출판문화산업 진흥법」에 따른 간행물, 전자출판물 및 외국간행물(사목 및 아목에 해당하는 매체물은 제외)

차. 「옥외광고물 등의 관리와 옥외광고산업 진흥에 관한 법률」에 따른 옥외광고물과 가목부터 자목까지의 매체물에 수록 · 게재 · 전시되거나 그 밖의 방법으로 포함된 상업적 광고선전물

카. 그 밖에 청소년의 정신적 · 신체적 건강을 해칠 우려가 있어 대통령령으로 정하는 매체물

표 9-2 청소년유해업소의 종류

구분	내용
청소년출입 · 고용 금지업소	•「게임산업진흥에 관한 법률」에 따른 일반게임제공업 및 복합유통게임제공업 중 대통령령으로 정하는 것 •「사행행위 등 규제 및 처벌 특례법」에 따른 사행행위영업 •「식품위생법」에 따른 식품접객업 중 대통령령으로 정하는 것 •「영화 및 비디오물의 진흥에 관한 법률」 제2조제16호에 따른 비디오물감상실업 · 제한관람가비디오물소극장업 및 복합영상물제공업 •「음악산업진흥에 관한 법률」에 따른 노래연습장업 중 대통령령으로 정하는 것 •「체육시설의 설치 · 이용에 관한 법률」에 따른 무도학원업 및 무도장업 • 전기통신설비를 갖추고 불특정한 사람들 사이의 음성대화 또는 화상대화를 매개하는 것을 주된 목적으로 하는 영업. 다만,「전기통신사업법」 등 다른 법률에 따라 통신을 매개하는 영업은 제외 • 불특정한 사람 사이의 신체적인 접촉 또는 은밀한 부분의 노출 등 성적 행위가 이루어지거나 이와 유사한 행위가 이루어질 우려가 있는 서비스를 제공하는 영업으로서 청소년보호위원회가 결정하고 여성가족부장관이 고시한 것 • 청소년유해매체물 및 청소년유해약물등을 제작 · 생산 · 유통하는 영업 등 청소년의 출입과 고용이 청소년에게 유해하다고 인정되는 영업으로서 대통령령으로 정하는 기준에 따라 청소년보호위원회가 결정하고 여성가족부장관이 고시한 것 •「한국마사회법」 제6조제2항에 따른 장외발매소 •「경륜 · 경정법」 제9조제2항에 따른 장외매장
청소년고용 금지업소	•「게임산업진흥에 관한 법률」에 따른 청소년게임제공업 및 인터넷컴퓨터게임시설제공업 •「공중위생관리법」에 따른 숙박업, 목욕장업, 이용업 중 대통령령으로 정하는 것 •「식품위생법」에 따른 식품접객업 중 대통령령으로 정하는 것 •「영화 및 비디오물의 진흥에 관한 법률」에 따른 비디오물소극장업 •「화학물질관리법」에 따른 유해화학물질 영업. 다만, 유해화학물질 사용과 직접 관련이 없는 영업으로서 대통령령으로 정하는 영업은 제외 • 회비 등을 받거나 유료로 만화를 빌려주는 만화대여업 • 청소년유해매체물 및 청소년유해약물등을 제작 · 생산 · 유통하는 영업 등 청소년의 고용이 청소년에게 유해하다고 인정되는 영업으로서 대통령령으로 정하는 기준에 따라 청소년보호위원회가 결정하고 여성가족부장관이 고시한 것

02 청소년 보호법의 주요 내용

1) 가정, 사회, 국가와 지방자치단체의 역할 및 책임

「보호법」은 청소년보호를 위한 가정의 역할과 책임을 명시한다(제3조). 친권자 또는 친권자를 대신하여 청소년을 보호하는 사람은 청소년이 청소년유해환경에 접촉하거나 출입하지 못하도록 필요한 노력을 하여야 하며, 청소년이 유해한 매체물 또는 유해한 약물 등을 이용하고 있거나 유해한 업소에 출입하려고 하면 즉시 제지하여야 한다. 필요한 경우 청소년보호와 관련된 상담기관과 단체 등에 상담할 수 있고, 청소년이 가출하거나 비행 등을 할 우려가 있을 때 청소년보호 관련기관에 협조를 요청하여야 한다.

사회 또는 청소년보호를 위한 책임을 수행해야 한다(제4조). 청소년유해환경에 대한 청소년의 접근 및 출입을 금지하고, 청소년이 유해한 매체물 또는 약물을 이용하고 있거나 폭력 · 학대 등을 하고 있음을 알게 되었을 때에는 이를 제지하고 선도해야 한다. 또한 청소년에게 유해한 매체물 및 약물 등이 유통되고 있거나 청소년유해업소에 청소년이 고용되어 있거나 출입하고 있을 때, 또는 청소년이 폭력 · 학대 등의 피해를 입었을 때에는 관계기관에 신고 · 고발하는 등의 조치를 해야 한다. 특히 매체물과 약물 유통업자와 청소년유해업소의 경영을 업으로 하는 자, 그리고 이들로 구성된 단체 및 협회 등은 청소년을 보호하기 위하여 자율적인 노력을 다하여야 한다. 예를 들어, 청소년유해매체물과 유해약물 등이 청소년에게 유통되지 않도록 하고 청소년유해업소에 청소년을 고용하거나 청소년이 출입하지 못하도록 하는 등의 노력이 포함된다.

다음으로 국가와 지방자치단체의 책무를 살펴보면 다음과 같다(제5조). 국가는 청소년보호를 위하여 청소년유해환경의 개선에 필요한 시책을 마련하고 시행하여야 하며, 지방자치단체는 해당 지역의 청소년유해환경으로부터 청소년을 보호하기 위하여 필요한 노력을 하여야 한다. 특히 전자 · 통신기술 및 의약품 등의 발달에 따라 등장하는 새로운 형태의 매체물과 약물 등이 청소년의 정신적 · 신체적 건강을 해칠 우려가 있음을 인식하고, 이들 매체물과 약물 등으로부터 청소년을 보호하기 위하여 필요한 기술개발과 연구사업의 지원, 국가 간의 협력체제 구축 등 필요한 노력을 하여야 한다. 또한 청소년 관련 단체 등 민간의 자율적인 유해환경 감시 · 고발 활동을 장려하고 이에 필요한 지원을 할 수 있으며 민간의 건의사항을 관련 시책에 반영할 수 있다.

2) 청소년유해매체물의 결정 및 유통 규제

청소년보호위원회는 매체물이 청소년에게 유해한지를 심의 · 결정[3]하며, 청소년 보호를 위하여 필요할 경우 다른 심의기관에 매체물의 유해 여부 심의를 요청할 수 있다. 매체물 심의 결과 유통이 금지되는 내용이라고 판단하는 경우에는 관계기관에 형사처벌이나 행정처분을 요청해야 하며, 경우에 따라 직권으로 매체물의 종류, 제목, 내용 등을 특정하여 청소년유해매체물로 결정할 수 있다(제7조). 청소년유해매체물로 결정해야 하는 매체물의 기준은 다음과 같으며, 이러한 기준을 구체적으로 적용할 때에는 사회의 일반적인 통념에 따르는 한편, 매체물이 가지고 있는 문학적 · 예술적 · 교육적 · 의학적 · 과학적 측면과 그 특성을 함께 고려하여야 한다(제9조).

- 청소년에게 성적인 욕구를 자극하는 선정적이거나 음란한 것
- 청소년에게 포악성이나 범죄의 충동을 일으킬 수 있는 것
- 성폭력을 포함한 각종 형태의 폭력 행위와 약물의 남용을 자극하거나 미화하는 것
- 도박과 사행심을 조장하는 등 청소년의 건전한 생활을 현저히 해칠 우려가 있는 것
- 청소년의 건전한 인격과 시민의식 형성을 저해하는 반사회적 · 비윤리적인 것
- 그 밖에 청소년의 정신적 · 신체적 건강에 명백하게 해를 끼칠 우려가 있는 것

3) 다만, 다른 법령에 따라 해당 매체물의 윤리성 · 건전성을 심의할 수 있는 기관이 있는 경우에는 예외로 한다.

청소년유해매체물로 심의 · 결정하지 않은 매체물에 대하여는 그 매체물의 특성, 청소년 유해의 정도, 이용 시간과 장소 등을 고려하여 이용 대상 청소년의 나이에 따른 등급을 구분할 수 있다(제8조). 현 「보호법」은 청소년이 이용할 수 있는 매체물의 연령 기준을 9세 이상, 12세 이상, 15세 이상으로 규정하고 있다(「보호법 시행령」 제8조).

매체물의 제작자 및 발행자, 유통행위자 또는 매체물과 관련된 단체는 자율적으로 청소년 유해 여부를 결정하고 결정한 내용의 확인을 청소년보호위원회나 각 심의기관에 요청할 수 있고, 그 결과에 따라 해당 매체물에 확인 표시를 부착할 수 있다. 또한 청소년유해매체물에는 청소년유해표시에 준하는 표시 또는 포장을 하여야 한다(제11조제1항~제4항). 정부는 이러한 자율 규제의 활성화를 위하여 매체물의 제작자 및 발행자, 유통행위자 또는 매체물 관련 단체에 청소년유해매체물 심의기준 등에 관한 교육 및 관련 정보와 자료를 제공할 수 있다(제11조제7항).

청소년유해매체물은 청소년에게 판매 · 대여 · 배포하거나 시청 · 관람 · 이용하도록 제공할 수 없다(제16조). 또한 판매나 대여를 위하여 전시하거나 진열하는 것이 금지된다(제17조). 청소년유해매체물로서 방송을 이용하는 매체물은 정해진 시간에 방송 또한 금지하고 있으며(제18조), 옥외광고물 부착 또한 제한된다(제19조).

정부는 청소년보호위원회와 각 심의기관이 결정, 확인 또는 결정 취소한 청소년유해매체물의 목록과 그 사유 및 효력 발생 시기를 구체적으로 밝힌 목록표를 고시하여야 하며, 관련 정부기관, 지방자치단체, 청소년보호 관련 기관 및 단체에 통보하여야 한다. 필요한 경우 매체물 유통업자와 친권자 등에게 통보 또는 통지할 수 있다(제21조).

3) 청소년의 인터넷게임 중독 예방

16세 미만의 청소년이 인터넷게임[4] 회원으로 가입하고자 할 때에는 친권자 등의 동의를 받아야 한다(제24조). 인터넷게임의 제공자[5]는 16세 미만의 청소년 회원가

4) 「게임산업진흥에 관한 법률」에 따른 게임물 중 「정보통신망 이용촉진 및 정보보호 등에 관한 법률」 제2조제1항제1호에 따른 정보통신망을 통하여 실시간으로 제공되는 게임물.

입자의 친권자 등에게 제공되는 게임의 특성 · 등급 · 유료화 정책 등에 관한 기본적인 사항과 함께 인터넷게임 이용시간, 인터넷게임 이용 등에 따른 결제정보를 알려야 한다(제25조). 또한 16세 미만의 청소년에게 오전 0시부터 오전 6시까지 인터넷 게임을 제공할 수 없다(제26조).

여성가족부장관은 인터넷게임 중독, 즉 인터넷게임의 지나친 이용으로 인하여 인터넷게임 이용자가 일상생활에서 쉽게 회복할 수 없는 신체적 · 정신적 · 사회적 기능 손상을 입은 상태와 같이 매체물의 오용 · 남용으로 신체적 · 정신적 · 사회적 피해를 입은 청소년에 대하여 예방 · 상담 및 치료와 재활 등의 서비스를 지원할 수 있다(제27조).

4) 청소년유해약물 등, 청소년유해업소, 청소년유해행위 등의 규제

「보호법」은 청소년유해약물과 유해물건, 유해업소, 유해행위 등을 규제하고 있으며, 필요한 경우 청소년 통행금지구역 또는 통행제한구역을 지정하도록 하고 있다. 각각의 구체적인 내용을 살펴보면 다음과 같다.

첫째, 청소년을 대상으로 청소년유해약물 등을 판매 · 대여 · 배포하는 것, 청소년의 의뢰를 받아 청소년유해약물 등을 구입하여 청소년에게 제공하는 것, 청소년에게 권유 · 유인 · 강요하여 청소년유해약물 등을 구매하게 하는 것은 「보호법」에 의해 금지된다(제28조). 정부는 청소년유해약물 등 목록표를 작성하여 청소년유해약물 관련기관에 통보하여야 하고, 필요한 경우 약물 유통을 업으로 하는 개인 · 법인 · 단체에 통보할 수 있으며, 친권자 등의 요청이 있는 경우 친권자 등에게 통지할 수 있다(제28조제6항). 또한 청소년유해약물과 청소년유해물건을 제조 · 수입한 자는 청소년유해표시를 하여야 한다(제28조제7항).

둘째, 청소년유해업소 업주는 청소년을 고용할 수 없고, 업소 출입자의 나이를 확인하여 청소년이 그 업소에 출입하지 못하게 하여야 한다. 이를 위해 주민등록증

5) 「전기통신사업법」 제22조에 따라 부가통신사업자로 신고한 자를 말하며, 같은 조 제1항 후단 및 제4항에 따라 신고한 것으로 보는 경우를 포함.

과 같이 나이를 확인할 수 있는 증표를 제시하도록 하여 미리 나이를 확인해야 한다. 다만 청소년이 친권자 등을 동반할 때에는 출입하게 할 수 있다.[6] 청소년유해업소의 업주와 종사자는 청소년의 출입과 고용을 제한하는 내용을 표시하여야 한다(제29조).

셋째, 「보호법」은 청소년을 대상으로 금지되는 유해행위를 다음과 같이 규정한다(제30조).

- 영리를 목적으로 청소년으로 하여금 신체적인 접촉 또는 은밀한 부분의 노출 등 성적 접대행위를 하게 하거나 이러한 행위를 알선·매개하는 행위
- 영리를 목적으로 청소년으로 하여금 손님과 함께 술을 마시거나 노래 또는 춤 등으로 손님의 유흥을 돋우는 접객행위를 하게 하거나 이러한 행위를 알선·매개하는 행위
- 영리나 홍행을 목적으로 청소년에게 음란한 행위를 하게 하는 행위
- 영리나 홍행을 목적으로 청소년의 장애나 기형 등의 모습을 일반인들에게 관람시키는 행위
- 청소년에게 구걸을 시키거나 청소년을 이용하여 구걸하는 행위
- 청소년을 학대하는 행위
- 영리를 목적으로 청소년으로 하여금 거리에서 손님을 유인하는 행위를 하게 하는 행위
- 청소년을 남녀 혼숙하게 하는 등 풍기를 문란하게 하는 영업행위를 하거나 이를 목적으로 장소를 제공하는 행위
- 주로 차 종류를 조리·판매하는 업소에서 청소년으로 하여금 영업장을 벗어나 차 종류를 배달하는 행위를 하게 하거나 이를 조장하거나 묵인하는 행위

넷째, 지방자치단체장은 청소년보호를 위하여 필요하다고 인정할 경우 청소년의 정신적·신체적 건강을 해칠 우려가 있는 구역을 청소년 통행금지구역 또는 청소

6) 다만, 「식품위생법」에 따른 식품접객업 중 대통령령으로 정하는 업소의 경우에는 출입할 수 없다.

년 통행제한구역으로 지정하여야 한다. 또한 시간을 정하여 지정된 구역에 청소년이 통행하는 것을 금지하거나 제한할 수 있다(제31조).

5) 청소년보호사업의 추진

(1) 청소년보호종합대책 및 실태조사

「보호법」은 국가의 청소년보호사업 추진을 위해 정부가 3년마다 청소년보호종합대책을 수립 · 시행할 것을 명시하고 있다(제33조). 여성가족부장관, 관계 중앙행정기관의 장 및 지방자치단체의 장은 종합대책에 따른 연도별 시행계획을 수립 · 시행하고, 요청 시 연도별 시행계획 및 전년도 추진실적 자료를 제공한다(「보호법 시행령」 제30조제3항). 여성가족부는 종합대책의 효과적 수립 · 시행을 위하여 청소년의 유해환경에 대한 접촉실태 조사를 정기적으로 실시하여야 하고, 관계 중앙행정기관 또는 지방자치단체의 장과 협력하여 청소년유해환경에 대한 종합적인 점검 및 단속 등을 실시할 수 있다. 「보호법 시행령」 제30조는 청소년보호종합대책에 포함되어야 할 사항을 다음과 같이 제시하고 있다.

- 청소년 유해매체물 · 청소년 유해약물 등의 규제, 청소년 유해업소로부터 청소년의 보호 등 청소년 유해환경의 개선에 관한 사항
- 인터넷의 건전성 확보 및 인터넷 중독 예방 · 치료와 재활에 관한 사항
- 청소년폭력 · 학대 등 청소년을 대상으로 한 유해행위 예방에 관한 사항
- 청소년 유해환경에 대한 점검 · 단속에 관한 사항
- 그 밖에 청소년보호를 위해 여성가족부장관이 필요하다고 인정하는 사항

2013년 제1차 청소년보호종합대책(2013~2015) 수립을 시작으로 2019년 5월 제3차 청소년보호종합대책(2019~2021)(이하 '제3차 대책')이 발표되었다. 4차 산업혁명으로 대변되는 정보통신기술의 비약적인 발달 등 사회 · 경제적 환경의 변화에 따라 청소년을 둘러싼 각종 생활환경 · 매체환경 등의 변화도 더욱 가속화될 것으로 전망되는 가운데, 제3차 대책은 "청소년이 건강하고 안전한 대한민국 실현"을 비전으

표 9-3 「제3차 청소년보호종합대책(2019~2021)」 비전 및 중점과제 목표

비전	청소년이 건강하고 안전한 대한민국 실현

목표	청소년유해환경 개선 및 자율적 대응역량 강화

정책영역	전략과제	중점과제
매체물	매체이용 환경개선 및 청소년의 건전한 활용능력 함양	1-1. 청소년유해매체물 신속 대응 강화 기반 마련 1-1-1. 신·변종 불법·유해매체 효과적 차단을 위한 제도 개선 1-1-2. 매체물 유통 사업자 자율조치 활성화 및 모니터링 강화
		1-2. 청소년의 건강한 매체 활용 능력 함양 1-2-1. 청소년 맞춤형 미디어 이용역량 강화 교육·프로그램 운영 1-2-2. 건강한 이용습관 형성 및 지도자 역량강화 지원
		1-3. 매체 역기능 피해 청소년의 치유·지원 1-3-1. 인터넷·스마트폰 과의존 피해 회복지원 및 사후관리 강화 1-3-2. 사이버 도박 중독 청소년 발굴·치유 지원 강화
유해약물	유해약물 접촉 차단에 대한 성인의 책무성 및 광고 관리 강화	2-1. 신·변종 유해약물 모니터링 및 대응 강화 2-1-1. 신·변종 유해약물에 대한 대응체계 마련 2-1-2. 유해약물 판매에 대한 모니터링 및 계도·단속 강화
		2-2. 유해약물의 청소년유해성에 대한 인식 제고 2-2-1. 유해약물 예방교육 확대·강화 2-2-2. 유해약물 예방 대국민 캠페인 강화
		2-3. 유해약물 피해 청소년 치료 지원체계 강화 2-3-1. 청소년의 유해약물 피해 치료지원 연계 강화 2-3-2. 공공·민간 치료재활 전문기관 활성화 및 기능 강화
유해업소	유해업소 모니터링 강화 및 자율적 청소년보호 활성화	3-1. 유해업소 모니터링 강화 및 자율적 청소년보호 활성화 3-1-1. 신·변종 유해업소에 대한 대응 및 점검 강화 3-1-2. 교육환경보호구역 정비 및 주요 생활지역 단속 강화
		3-2. 사업자 자율적 청소년보호 활성화 및 신고의식 제고 3-2-1. 청소년출입금지·제한업소의 청소년보호 활성화 3-2-2. 민·관 협력을 통한 모니터링 및 신고의식 제고
유해행위	청소년 폭력 피해 예방 및 회복지원 강화	4-1. 폭력·범죄 피해 및 자살 예방체계 정비 4-1-1. 폭력·범죄·자살 피해 대응체계 강화 4-1-2. 아동·청소년 대상 성범죄 방지 및 단속 강화
		4-2. 폭력 민감성 제고 및 자살·자해 예방 강화 4-2-1. 폭력 및 자살예방 교육·프로그램 확대 4-2-2. 가해·피해 학생 대상 재발 방지 프로그램 강화

		4-3. 폭력 피해 및 자살위험 청소년 보호지원 강화 4-3-1. 폭력피해자 조기발견 및 대응 강화 4-3-2. 폭력 피해 회복 지원 및 2차 피해방지
근로보호	청소년 노동인권 의식제고 및 연계 지원 강화	5-1. 근로권익 보호를 위한 법적 대응 강화 5-1-1. 근로청소년 권익보호 관련 법 · 제도 정비 5-1-2. 청소년 근로사업장 지도감독 강화
		5-2. 고용 사업자 및 청소년 대상 근로보호 인식 제고 5-2-1. 청소년 및 고용 사업자 대상 교육 및 인식 제고 5-2-2. 청소년 근로보호에 관한 정보 제공 강화
		5-3. 근로권익 피해구제 등을 위한 지원체계 구축 5-3-1. 부당행위 피해 청소년 원스톱 해결 및 종합 서비스 연계지원 5-3-2. 청소년 권익 침해 등에 대한 보호기능 강화

추진체계	• 청소년 스스로 대응역량 함양 지원 강화 • 민 · 관 파트너십과 사업자 자율조치 활성화 • 미디어 매개 환경 중심의 통합적 접근

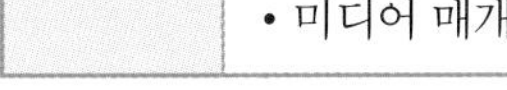

*출처: 여성가족부(2019).

로, "청소년유해환경 개선 및 자율적 대응역량 강화"를 목표로 수립되었다. 즉, 청소년보호정책의 실효성 제고를 위해 청소년 스스로의 대응역량 강화를 위한 대책, 사업자 자율조치 활성화 및 청소년 친화적 환경 조성을 위한 범부처 차원의 종합적 대책이라 할 수 있다(여성가족부, 2019).

제3차 대책의 중점과제를 살펴보면, 유해환경에 대한 노출을 줄이고 청소년 대응역량을 키우기 위한 방안으로 유해매체 영역에서는 청소년의 불건전한 만남을 매개하고 조장하는 랜덤채팅 앱으로부터 청소년을 보호하는 방안을 강구하는 것을 목표로 하고 있고, 유해약물 영역에서는 청소년 음주 시 판매한 사업자 외에 동반한 성인에게도 책임을 부과하는 방안을 마련하는 것을, 유해업소 영역은 학원 등 청소년생활 주변의 신 · 변종 업소에 대한 상시 모니터링(점검)을 실시한다는 전략을 설정하고 있다. 이어 유해행위(폭력 및 피해 예방) 영역은 청소년 대상 고금리 대출 · 갈취 행위에 대해 집중 단속을 실시하는 것을, 근로보호 영역은 배달 · 아르바이트 청소년의 안전 및 피해 회복을 위한 산재보험 적용을 확대하는 것을 주요 목표로 하고 있다.

(2) 유해환경 대응능력 제고 및 중독치료

청소년유해환경에 대한 대응능력 제고와 청소년의 매체물 오용 · 남용으로 인한 피해의 예방 및 해소 등을 위하여 정부는 다음과 같은 사업을 추진할 수 있다(제34조).

- 청소년의 유해환경에 대한 대응능력 제고를 위한 교육 및 프로그램의 개발과 보급
- 청소년의 유해환경에 대한 대응능력 제고와 관련된 전문인력의 양성
- 청소년의 매체물 이용과 관련한 상담 및 안내
- 매체물 오용 · 남용으로 피해를 입은 청소년에 대한 전문적 상담과 치료 등
- 청소년유해약물 피해 예방 및 피해를 입은 청소년에 대한 치료와 재활

또한 청소년의 환각물질 중독을 치료하기 위하여 청소년 전문 치료기관을 지정 · 운영할 수 있다. 이 기관은 환각물질 흡입 청소년의 중독 여부 판별 검사, 환각물질 중독으로 판명된 청소년에 대한 치료와 재활을 실시한다. 환각물질 흡입 청소년에 대하여 본인, 친권자 등의 신청이 있는 경우, 그리고 「소년법」에 따른 법원의 보호처분결정 또는 검사의 조건부기소유예처분 등이 있는 경우 청소년 전문 치료기관에서 중독 여부를 판별하기 위한 검사와 치료 및 재활을 받도록 지원할 수 있다(제34조의2).

(3) 청소년보호 · 재활센터

「보호법」 제35조는 청소년유해환경으로부터 청소년을 보호하고 피해 청소년의 치료와 재활을 지원하기 위하여 청소년보호 · 재활센터를 설치 · 운영할 수 있음을 명시하고 있다. 「보호법 시행령」 제32조는 청소년보호 · 재활센터가 시행하는 사업의 내용을 다음과 같이 제시한다.

- 학습 · 정서 · 행동상의 장애를 가진 청소년에 대한 보호 · 상담 및 치료 · 재활 지원
- 약물 또는 인터넷 중독 청소년에 대한 보호 · 상담 및 치료 · 재활 지원

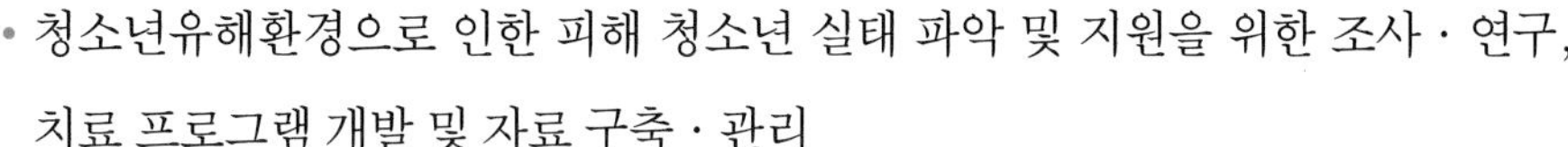

- 청소년유해환경으로 인한 피해 청소년 실태 파악 및 지원을 위한 조사 · 연구, 치료 프로그램 개발 및 자료 구축 · 관리

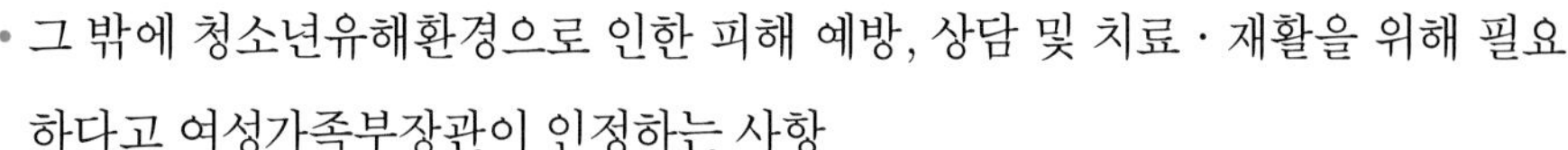

- 그 밖에 청소년유해환경으로 인한 피해 예방, 상담 및 치료 · 재활을 위해 필요하다고 여성가족부장관이 인정하는 사항

6) 청소년보호위원회

청소년보호위원회는 여성가족부장관 소속 기구로, 청소년유해매체물, 청소년유해약물등, 청소년유해업소 등의 심의 · 결정 등에 관한 사항, 과징금 부과에 관한 사항, 여성가족부장관이 청소년보호를 위하여 필요하다고 인정하여 심의를 요청한 사항 등을 심의 · 결정한다(제36조).

위원회는 위원장 1명을 포함한 11명 이내의 위원으로 구성한다. 이 중 여성가족부장관이 지명하는 청소년업무 담당공무원 1명이 당연직 위원으로 포함되고, 그 밖의 위원은 다음의 사항에 해당하는 사람 중 위원장의 추천을 받아 여성가족부장관의 제청으로 대통령이 임명하거나 위촉한다(제37조).

- 판사, 검사 또는 변호사로 5년 이상 재직한 사람
- 대학이나 공인된 연구기관에서 부교수 이상 또는 이에 상당하는 직에 있거나 있었던 사람으로서 청소년 관련 분야를 전공한 사람
- 3급 또는 3급 상당 이상의 공무원이나 고위공무원단에 속하는 공무원과 공공기관에서 이에 상당하는 직에 있거나 있었던 사람으로서 청소년 관련 업무에 실무 경험이 있는 사람
- 청소년 시설 · 단체 및 각급 교육기관 등에서 청소년 관련 업무를 10년 이상 담당한 사람

03 청소년 보호법 개선방안

1) 청소년보호 재개념화

청소년보호의 개념과 관점은 시대사적 변화를 거쳐 왔다. 청소년이 부모의 소유물로 인식되었던 18세기에 청소년보호는 국가가 개입하지 않는 사적(私的) 영역이었다가 19세기 산업혁명이 진행되면서 청소년 계층의 빈곤, 노동착취 등과 같은 심각한 반인권적 문제의 해결 측면에서 청소년보호가 공적(公的) 영역으로 인식되기 시작하였다. 이후 20세기에 들어서면서 복지국가가 출현하면서 국가가 본격적으로 가정의 청소년 자녀 양육 및 보호 기능을 보조하게 되었다(김지연 · 정소연, 2017). 우리나라는 1997년 「청소년 보호법」을 제정하면서 청소년에 대한 제도적 보호 노력을 지속해 왔다. 이 법에서 내포하는 청소년보호의 개념은 '청소년에게 유해한 환경을 규제하거나, 이것들로부터 청소년의 접근을 제한하는 것'이다. 청소년이 성장과정에서 위험요인에 노출되지 않도록 보호하는 것은 국가와 사회의 책임이지만, 청소년을 미성숙한 존재이자 사회적 약자, 보호의 객체로 규정하여 규제나 제한에만 초점을 맞추는 것은 청소년보호에 대한 협의의 개념에 머무는 것이라 할 수 있다. 법률을 기반으로 이들의 생활을 제한하는 데 초점을 맞추는 제도적 개입을 의미하기 때문이다(김도영 · 권남희 · 노자은, 2020).

배규한(2014)은 사회적 차원에서의 청소년보호란 미래의 바람직한 사회구성원을 양성하기 위한 것이기 때문에 청소년이 사회의 가치와 규범을 공유하고 구성원으로서 역할을 다할 수 있는 능력을 갖출 수 있도록 지원해야 한다고 언급하였다. 이에 청소년보호의 광의적 개념을 "위험에 노출된 청소년은 물론 모든 청소년이 건강한 성장을 통하여 각자의 잠재적인 역량을 최대한 계발할 수 있도록 제도적으로 보호하고 지원해 주는 것"으로 제시하였다. 김지연과 정소연(2017) 또한 이제 청소년보호정책은 유해환경을 규제하고 이에 대한 청소년의 접촉을 차단하는 것에 그치는 것이 아닌, "청소년의 발달과정과 일상생활 장면에서 직면할 수 있는 발달적(developmental) · 상황적(situational) 위기와 위험 가능성을 예방하고, 성장과 발달을 지원하는 일련의 사회적 노력"을 모두 포함해야 함을 강조하였다. 이처럼 청소년보호정책의 범위를 광의적으로 해석하면 청소년의 모든 생활영역에서 보호를 목적으로 하는 교육, 보건, 복지, 의료, 근로 등 일반 사회정책 상당수가 포함된다(김지연 · 정소연, 2017).

국내에서 청소년보호를 위한 제도적 장치들이 시행되어 온 지 약 20년이 지났다. 청소년보호정책에 관한 위와 같은 논의를 고려하여, 성숙한 사회일수록 청소년의 기본권을 보장하기 위해 적극적으로 보호하면서도 지원하고자 하는 정책을 강구하고자 노력한다는 인식을 전제로 현행 청소년보호정책이 설정하는 청소년보호의 재개념화를 위한 심도 있는 논의가 필요하다.

2) 사회구성원으로서의 청소년 권리에 기반한 관점 적용

현대 사회에서 청소년이라는 존재가 지닌 중요성과 가치는 더욱 커지고 있다. 이러한 시대적 변화 가운데 청소년보호의 목적과 방법에 대한 재검토가 필요하다. 김도영 등(2020)은 사회구성원으로서 청소년의 중요성과 가치가 더욱 강조되고 있는 현 사회에서는 청소년들이 사회적 패러다임의 틀 안에서 건강하게 성장하면서 공통의 사회적 가치와 목표를 습득하고 지켜 나갈 수 있는 환경 조성을 위한 노력이 필요하다고 하였다. 저자들은 이러한 맥락에서 현행 청소년보호정책이 정부 주도적으로 시행되고 있고, 관련 정책이 기성세대의 가치관에 바탕을 두고 있으며, 국내 청소년보호정책을 청소년에게 유해한 환경을 통제하거나 차단하는 부정적 접근(negative approach)을 취하고 있으며, 국가 발전을 위한 거시적 접근이 아닌 문제청소년이나 보편적 범주 바깥에 있는 미성년자 개인 또는 개별행위에 초점을 맞추는 미시적 접근(micro approach)의 양상을 보이고 있다는 점에서 그 한계를 지적한다.

청소년보호는 청소년이 시민이기 때문에 보장받을 수 있는 권리의 측면을 포함하고 있음을 기억해야 한다. 그러나 현 청소년보호정책은 청소년 스스로 잠재능력을 계발하고 건강하게 성장할 수 있도록 지원하기보다는 기성세대의 관점에서 청소년의 안전을 보장하기 위한 울타리를 설정하고 있어, 보호론적 접근의 성격이 강하다(김도영 외, 2020; 배규한, 2014). 김지연과 정소연(2017)은 청소년보호를 위한 국

가의 역할에 대한 고민에 있어 청소년이 "보호대상임과 동시에 인권주체라는 이중지위(dual status)를 가진 존재"라는 점을 고려해야 한다고 강조한 바 있다. 청소년의 행동이 기성세대의 양식과 가치관에 부합하지 않는다는 이유로 위험행동(risk behavior)이나 문제행동으로 규정되어 제재당하는 오류를 발생시키지 않으려면 청소년보호의 목적과 대상, 방법의 결정에 있어 당사자인 청소년의 관점을 적용하는 것이 필요하다(김도영 외, 2020; 김지연 · 정소연, 2017). 또한 매체의 발달로 인해 수많은 정보가 쏟아져 나오고 이에 대한 청소년의 접근이 쉬워진 현대 사회에서 청소년과 성인의 생활환경을 분리하는 것의 어렵고, 청소년의 활동 반경을 제한하기 위한 목적으로 이를 분리하는 것은 바람직하지 않다(배규한, 2014). 청소년보호정책은 환경에 대한 규제와 단속에서 탈피하여 그 대상인 청소년에 대한 직접서비스로서의 속성을 포함할 필요가 있다(김지연 · 정소연, 2017) 이제는 청소년을 사회적 약자이면서 보호의 객체로 규정하여 청소년의 생활을 제한하는 데 초점을 맞춘 청소년보호가 아닌, 청소년을 국가발전의 성장 동력으로 보는 미래지향적 접근이 필요하다(배규한, 2014).

요약

1. 「청소년 보호법」은 1997년 3월 "우리 사회의 자율화와 물질만능주의 경향에 따라 날로 심각해지고 있는 음란·폭력성의 청소년유해매체물과 청소년유해약물 등의 청소년에 대한 유통과 유해한 업소에의 청소년출입 등을 규제함으로써, 성장과정에 있는 청소년을 각종 유해한 사회환경으로부터 보호 · 구제하고 나아가 건전한 인격체로 성장할 수 있도록"하기 위하여 제정되었다.

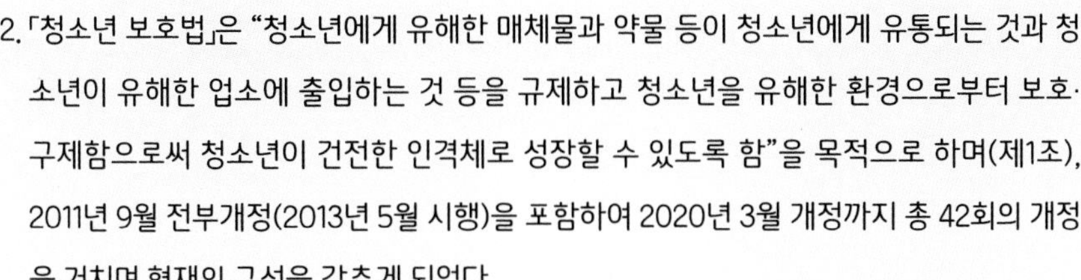

2. 「청소년 보호법」은 "청소년에게 유해한 매체물과 약물 등이 청소년에게 유통되는 것과 청소년이 유해한 업소에 출입하는 것 등을 규제하고 청소년을 유해한 환경으로부터 보호·구제함으로써 청소년이 건전한 인격체로 성장할 수 있도록 함"을 목적으로 하며(제1조), 2011년 9월 전부개정(2013년 5월 시행)을 포함하여 2020년 3월 개정까지 총 42회의 개정을 거치며 현재의 구성을 갖추게 되었다.

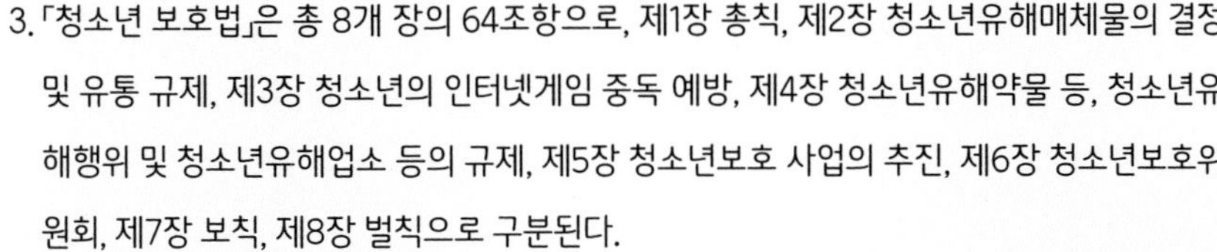

3. 「청소년 보호법」은 총 8개 장의 64조항으로, 제1장 총칙, 제2장 청소년유해매체물의 결정 및 유통 규제, 제3장 청소년의 인터넷게임 중독 예방, 제4장 청소년유해약물 등, 청소년유해행위 및 청소년유해업소 등의 규제, 제5장 청소년보호 사업의 추진, 제6장 청소년보호위원회, 제7장 보칙, 제8장 벌칙으로 구분된다.

4. 향후 「청소년 보호법」은 청소년보호의 개념을 재규정하고, 사회구성원으로서의 청소년 권리에 기반한 관점을 적용한 방향으로 개정이 필요하다.

김도영 · 권남희 · 노자은(2020). 청소년문제와 보호. 서울: 학지사.

김지연 · 정소연(2017). 청소년보호정책 현황분석 및 개선방안 연구. 세종: 한국청소년정책연구원.

배규한(2014). 미래 청소년보호의 바람직한 방향. 한국청소년연구, 25(4), 113-136.

여성가족부(2019). 제3차 청소년보호종합대책(2019~2021). 서울: 여성가족부.

제10장

아동·청소년의 성보호에 관한 법률

학습개요

「아동 · 청소년의 성보호에 관한 법률」은 아동과 청소년을 성범죄로부터 보호하고 이들이 건강한 사회구성원으로 성장하기 위해 지원함을 목적으로 하는 법이다. 흔히 줄인 말로 '아청법'이라고도 불리지만, 공식 약칭은 「아동과 청소년 성보호법」이다. 이 법에서는 건전하고 성범죄 없는 사회 구축을 위해 아동 · 청소년 대상 성범죄의 처벌과 절차에 관한 특례를 규정하고 있다. 그리고 더 나아가 피해 아동과 청소년을 위한 구제 및 지원 절차를 별도로 마련하고 있다. 이 장에서는 법의 이해를 위해 제정 배경과 법률 구성을 설명하였고, 법의 주요 내용과 법률에 해당되는 제도 그리고 개선사항을 제시하였다.

01 아동·청소년의 성보호에 관한 법률의 이해

1) 제정 배경

「아동 · 청소년의 성보호에 관한 법률」은 2000년 2월 3일 「청소년 성보호에 관한 법률」(이하 '청소년 성보호법')로 제정되었다. 이 법은 아동 · 청소년 대상 성범죄의 처벌과 절차에 관한 특례를 규정하고 피해아동 · 청소년을 위한 구제 및 지원 절차를 마련하였다. 특히 아동 · 청소년 대상 성범죄자를 체계적으로 관리함으로써 아동 · 청소년을 성범죄로부터 보호하고 아동 · 청소년이 건강한 사회구성원으로 성장할 수 있도록 지원하고 있다.

이 법이 제정된 가장 중요한 시사점은 사회가 청소년의 성보호에 대해 본격적인 관심을 보이면서 이를 위한 구체적인 법제도적 수단을 강구하기 시작했다는 것이다. 또한 청소년의 성호보라고 하는 공익을 달성하기 위해 도입된 법제도적 수단들에 대한 사법심사가 본격적으로 진행되기 시작했다는 점에서 중요한 시사점이 있다(황성기, 2003).

「청소년 성보호법」 이전에도 청소년의 성보호를 위한 개별법과 규정은 존재하였다. 예컨대 「청소년 보호법」 「윤락행위등방지법」 「성폭력범죄의 처벌 및 피해자 보호 등에 관한 법률」 등에서 청소년의 성보호를 위한 개별규정을 두고 있었다. 하지만 「청소년 성보호법」 이전의 개별법 규정은 개별적이고도 단편적인 접근방법을 채택한 반면에, 처음 제정된 「청소년 성보호법」은 청소년의 성보호만을 목적으로 하는 별도의 단행법률이라는 점에서 비로소 우리 사회가 청소년의 성보호에 대한 전반적인 법제도적 접근방법을 채택하였다고 볼 수 있다(김지선 · 이병희, 2001).

청소년을 유해환경으로부터 보호하기 위하여 1997년 「청소년 보호법」이 제정되었는데 이 법은 사회적 문제가 되고 있는 청소년 학대행위 등의 사회적 일탈행위에 대한 규제미비라는 문제점이 제기되었다. 그래서 아동과 청소년의 성보호를 위하

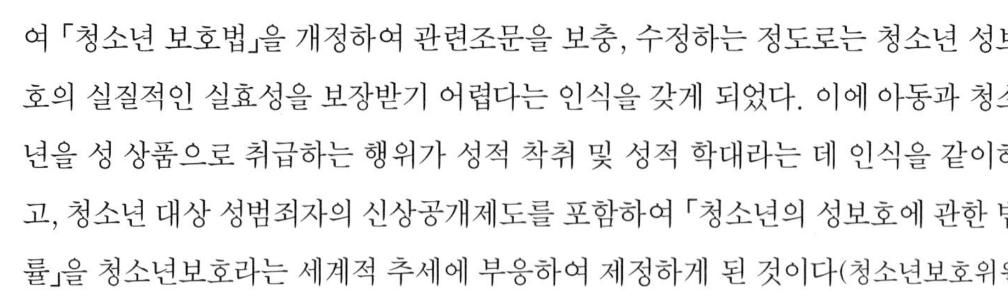

여 「청소년 보호법」을 개정하여 관련조문을 보충, 수정하는 정도로는 청소년 성보호의 실질적인 실효성을 보장받기 어렵다는 인식을 갖게 되었다. 이에 아동과 청소년을 성 상품으로 취급하는 행위가 성적 착취 및 성적 학대라는 데 인식을 같이하고, 청소년 대상 성범죄자의 신상공개제도를 포함하여 「청소년의 성보호에 관한 법률」을 청소년보호라는 세계적 추세에 부응하여 제정하게 된 것이다(청소년보호위원회, 2000).

처음 제정 당시 총 4장 21조로 되어 있었으며, 청소년을 대상으로 하는 성산업 업주에 대한 가중처벌주의와 신상공개 채택, 불법고용 및 매매춘 청소년에 대한 불처벌주의 채택, 매매춘 고객에 대한 형사처벌 등을 담고 있다. 좀 더 구체적으로 요약하면 다음과 같다.

첫째, 청소년 본인, 청소년을 알선한 자 또는 청소년을 실질적으로 보호 · 감독하는 자에게 금품 및 기타 재산상 이익이나, 직무 · 편의제공 등 대가를 제공하거나 이를 약속하고 성교행위 또는 유사성교행위를 하는 청소년의 성을 사는 행위를 처벌한다(제2조 및 제5조).

둘째, 폭행 · 채무 · 고용관계 등을 이용하여 청소년의 성을 사는 행위의 상대방이 되도록 강요한 자와 청소년의 성을 사는 행위를 알선하거나 장소 · 자금 · 토지 · 건물 등을 제공한 자를 처벌한다(제6조 및 제7조).

셋째, 청소년이 등장하는 청소년이용음란물을 제작 · 수입 · 수출한 자, 영리를 목적으로 판매 · 대여 · 배포하거나 공연히 전시 또는 상영한 자 및 청소년이용음란물 제작자에게 청소년을 알선한 자 등을 처벌한다(제8조).

넷째, 청소년에 대하여 강간, 강제추행 등 성폭력을 가하거나 위계 또는 위력으로 청소년을 강음 또는 추행한 자를 가중 처벌한다(제10조).

다섯째, 청소년의 성을 사는 행위를 한 자 등 이 법에 정한 범죄행위를 범하고 형이 확정된 자에 대하여는 청소년보호위원회가 당해 범죄자의 신상을 공개할 수 있도록 한다(제20조).

2001년에 법이 제정된 가장 큰 이유 중의 하나는 청소년을 보호하기 위함이다. 즉, 사회통념상 성인으로 간주되는 대학생 · 근로청소년들이 자유롭게 사회활동을 할 수 있도록 하기 위하여 보호대상 청소년의 연령을 조정하고, 청소년유해업소 업주가 종업원 고용 시에 연령을 확인하도록 하여 청소년 고용을 사전에 차단하며, 그 밖에 현행 제도의 운영과정에서 나타난 일부 미비점을 개선 · 보완하려는 것이었다.

그 후 10번의 개정을 거쳐 10년이 지난 2010년 1월 1일부터 「아동 · 청소년의 성보호에 관한 법률」(이하 '청소년 성보호법')로 그 명칭을 개정하여 아동도 이 법에 따른 보호대상임을 명확히 하였다. 특히 「청소년 성보호법」에서 아동 · 청소년의 성매매 행위가 아닌 아동 · 청소년의 성을 사는 행위라는 용어를 사용한 것은 아동 · 청소년은 보호대상에 해당하고, 성매매의 주체가 될 수 없다는 점을 감안하여 아동 · 청소년의 성을 사는 사람을 주체로 표현한 것이라고 할 수 있다(김민영 · 강동욱, 2018). 이때 법에 따른 보호대상임을 명확히 하고, 아동 · 청소년을 대상으로 한 유사성교행위 및 성매수 유인행위 처벌규정을 신설하며, 성범죄 피해자 및 보호자에 대한 합의 강요행위 처벌규정을 신설하여 아동 · 청소년의 성보호를 더욱 강화하는 한편, 아동 · 청소년 성범죄자는 재범 가능성 및 범죄의 경중 등을 고려하여 정보통신망을 통하여 신상정보를 공개하도록 함으로써 아동 · 청소년 성범죄에 대한 경각심을 제고하고, 양벌규정을 보완하며, 의무의 실효성 확보를 위한 과태료를 신설하는 등 제도 전반의 미비점을 개선하고 보완하였다. 주요 내용을 요약하면 다음과 같다.

첫째, 법명을 「아동 · 청소년의 성보호에 관한 법률」로 개정하고, 아동 · 청소년을 대상으로 한 유사성교행위에 대하여 3년 이상의 유기징역에 처하도록 한다(제7조제2항).

둘째, 아동 · 청소년의 성을 사기 위하여 아동 · 청소년을 유인하거나 성을 팔도록 권유한 자는 1년 이하의 징역 또는 1천만 원 이하의 벌금에 처하도록 한다(제10조제2항).

셋째, 아동 · 청소년 관련기관의 장이 검사에게 친권상실 청구를 하도록 요청하는 경우 청구를 요청받은 검사는 해당 기관 · 시설 또는 단체의 장에게 그 처리결과를 통보하도록 한다(제14조제2항).

넷째, 폭행이나 협박으로 아동 · 청소년 대상 성폭력범죄의 피해자 및 그 보호자를 상대로 합의를 강요한 자는 7년 이하의 유기징역에 처하도록 한다(제17조).

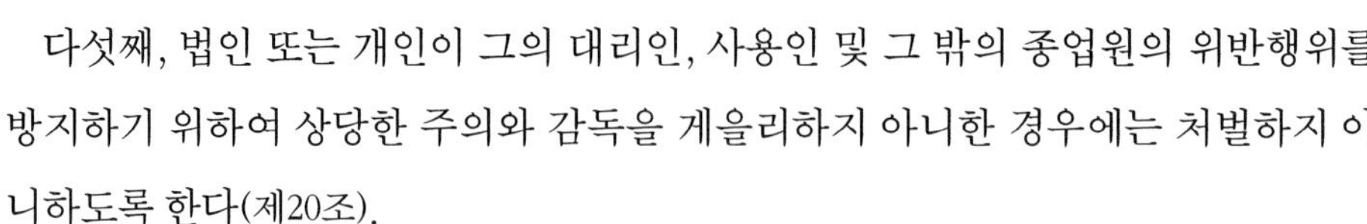

다섯째, 법인 또는 개인이 그의 대리인, 사용인 및 그 밖의 종업원의 위반행위를 방지하기 위하여 상당한 주의와 감독을 게을리하지 아니한 경우에는 처벌하지 아니하도록 한다(제20조).

여섯째, 법원은 범죄가 중하거나 재범 가능성이 있는 아동·청소년 대상 성범죄자의 신상정보를 정보통신망을 이용하여 공개하도록 하는 명령을 성범죄 사건의 판결과 동시에 선고하도록 한다(제38조제1항).

일곱째, 아동·청소년 대상 성범죄로 형 또는 치료감호를 선고받아 확정된 자는 그 형 또는 치료감호의 전부 또는 일부의 집행을 종료하거나 집행이 유예·면제된 날부터 10년간 아동·청소년 관련 교육기관 등에 취업을 할 수 없도록 한다(제44조제1항).

여덟째, 신고의무자가 직무상 아동·청소년 대상 성범죄 발생 사실을 알고 수사기관에 신고하지 아니한 경우 3백만 원 이하의 과태료를 부과하도록 한다(제49조제3항).

2) 아동·청소년의 성보호에 관한 법률 구성

「청소년 성보호법」은 전체 6장과 67조로 구성되어 있다. 제1장은 목적, 정의, 해석상·적용상의 주의, 국가와 지방자치단체의 의무, 사회의 책임, 홍보영상의 제작·배포·송출을 다루고 있고, 제1조에서 제6조로 구성되었다.

제2장은 제7조에서 제33조이고, 주요 내용은 아동·청소년 대상 성범죄의 처벌과 절차에 관한 사항을 다루고 있다. 즉, 아동·청소년에 대한 강간·강제추행 등, 예비·음모, 장애인인 아동·청소년에 대한 간음 등, 13세 이상 16세 미만 아동·청소년에 대한 간음 등, 강간 등 상해·치상, 강간 등 살인·치사, 아동·청소년 성착취물의 제작·배포 등, 아동·청소년 매매행위, 아동·청소년의 성을 사는 행위 등, 아동·청소년에 대한 강요행위 등, 알선영업행위 등, 피해자 등에 대한 강요행위, 온라인서비스제공자의 의무, 신고의무자의 성범죄에 대한 가중처벌, 형법상 감경규정에 관한 특례, 공소시효에 대한 특례, 형벌과 수강명령 등의 병과, 재범여부조사, 판결 전 조사, 친권상실청구 등, 피해아동·청소년의 보호조치 결정, 수사 및

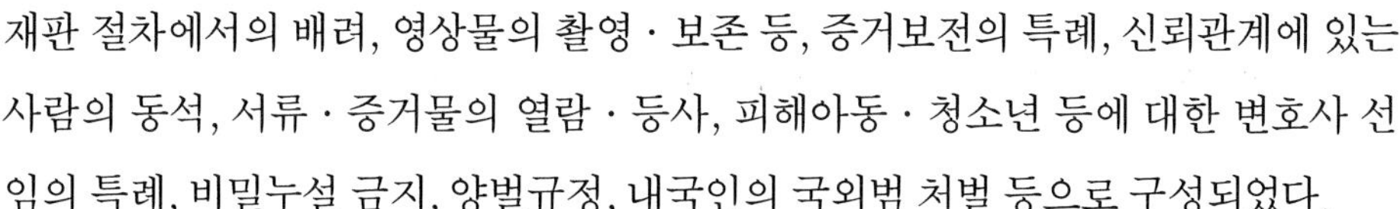

재판 절차에서의 배려, 영상물의 촬영·보존 등, 증거보전의 특례, 신뢰관계에 있는 사람의 동석, 서류·증거물의 열람·등사, 피해아동·청소년 등에 대한 변호사 선임의 특례, 비밀누설 금지, 양벌규정, 내국인의 국외범 처벌 등으로 구성되었다.

제3장은 제34조에서 제48조이고, 주요 내용은 아동·청소년 대상 성범죄의 신고·응급조치와 피해아동·청소년의 보호·지원을 다루고 있다. 즉, 아동·청소년 대상 성범죄의 신고, 신고의무자에 대한 교육, 피해아동·청소년의 보호, 피해아동·청소년 등의 상담 및 치료와 관련한 사항, 아동·청소년의 선도보호 등에 관한 내용으로 대상 아동·청소년에 대한 수사, 성매매 피해아동·청소년에 대한 조치 등, 소년부 송치, 대상아동·청소년 등에 대한 보호처분, 피해아동·청소년 등을 위한 조치의 청구, 피해아동·청소년 등에 대한 보호처분의 판결 등, 피해아동·청소년 등에 대한 보호처분의 변경과 종결, 가해아동·청소년의 처리, 보호시설, 상담시설, 아동·청소년 대상 성교육 전문기관의 설치·운영, 성매매 피해아동·청소년 지원센터의 설치, 교육프로그램 운영에 관한 사항이 주요 내용이다.

제4장은 성범죄로 유죄판결이 확정된 자의 신상정보 공개와 취업제한 등에 관한 내용이고, 제49조에서 제60조로 구성되어 있다. 등록정보의 공개, 등록정보의 고지, 고지명령의 집행, 고지정보의 정정 등, 공개명령의 집행, 계도 및 범죄정보의 공표, 비밀준수, 공개정보의 악용금지, 아동·청소년 관련기관 등에의 취업제한 등, 성범죄 경력자 점검·확인, 취업자의 해임요구 등 포상금과 권한의 위임에 관한 사항이 주요 내용이다.

제5장은 보호관찰은 제61조에서 제64조로 구성되었는데 보호관찰, 보호관찰 대상자의 보호관찰 기간 연장 등, 보호관찰 대상자의 신고 의무, 보호관찰의 종료 등을 주요 내용으로 하고 있다.

제6장은 벌칙으로 제65조에서 제67조로 구성되었고, 주요 내용은 벌칙과 과태료에 대한 내용으로 구성되었다.

02 아동·청소년의 성보호에 관한 법률의 주요 내용

1) 아동·청소년의 성보호에 관한 법률의 용어 해설

「아동 · 청소년의 성보호에 관한 법률」에 적용되는 아동 · 청소년은 19세 미만의 자를 말한다. 다만, 19세에 도달하는 연도의 1월 1일을 맞이한 자는 제외한다. 「청소년 기본법」「청소년복지 지원법」「학교 밖 청소년 지원에 관한 법률」에서는 청소년을 청소년 기준법에 준하여 9세 이상 24세 이하로 규정하고 있지만 보호를 주요 목적으로 하는 법령인 「청소년 보호법」과 「아동 · 청소년의 성보호에 관한 법률」에서는 19세 미만으로 정의하고 있다.

'아동 · 청소년 대상 성범죄'란 아동 · 청소년에 대한 강간 · 강제추행, 장애인인 아동 · 청소년에 대한 간음, 강간 등 상해 · 치상, 강간 등 살인 · 치사, 아동 · 청소년성착취물의 제작 · 배포, 아동 · 청소년 매매행위, 아동 · 청소년의 성을 사는 행위, 아동 · 청소년에 대한 강요행위, 알선영업행위 등이다. 또한 「성폭력범죄의 처벌 등에 관한 특례법」에 의거 특수강도강간, 특수강간, 친족관계에 의한 강간, 장애인에 대한 강간 · 강제추행, 13세 미만의 미성년자에 대한 강간 · 강제추행, 강간 등 상해 · 치상, 강간 등 살인 · 치사, 업무상 위력 등에 의한 추행, 공중 밀집 장소에서의 추행, 성적 목적을 위한 다중이용장소 침입행위, 통신매체를 이용한 음란행위, 카메라 등을 이용한 촬영(허위영상물 등의 반포 등, 촬영물 등을 이용한 협박 · 강요), 미수범 등이 여기에 속한다. 형법에 의거해서는 강간, 유사강간, 강제추행, 준강간, 준강제추행, 미수범, 강간 등 상해 · 치상, 강간 등 살인 · 치사, 미성년자 등에 대한 간음, 업무상위력 등에 의한 간음, 미성년자에 대한 간음과 추행, 강도강간 등이다. 또한 「아동복지법」에 의해서는 아동에게 음란한 행위를 시키거나 이를 매개하는 행위 또는 아동에게 성적 수치심을 주는 성희롱 등의 성적 학대행위를 의미한다.

'아동 · 청소년 대상 성폭력범죄'란 아동 · 청소년 대상 성범죄에서 아동 · 청소년성착취물의 제작 · 배포 등, 아동 · 청소년 매매행위, 아동 · 청소년의 성을 사는 행위 등, 아동 · 청소년에 대한 강요행위 등, 알선영업행위 등을 제외한 아동 · 청소년

에 대한 강간 · 강제추행 등, 장애인인 아동 · 청소년에 대한 간음 등, 13세 이상 16세 미만 아동 · 청소년에 대한 간음 등, 강간 등 상해 · 치상, 강간 등 살인 · 치사 등이 이에 해당된다.

'성인 대상 성범죄'란 「성폭력범죄의 처벌 등에 관한 특례법」에 따라 성풍속에 관한 죄 중 음행매개, 음화반포 등, 음화제조 등, 공연음란의 죄가 해당되고, 약취(略取), 유인(誘引) 및 인신매매의 죄 중 추행, 간음 또는 성매매와 성적 착취를 목적으로 범한 추행, 간음 또는 성매매와 성적 착취를 목적으로 범한 추행, 간음 또는 성매매와 성적 착취를 목적으로 추행, 간음 또는 성매매와 성적 착취를 목적으로 죄를 범하여 약취, 유인, 매매된 사람을 상해하거나 상해에 이르게 한 경우에 한정한다. 강제추행, 간음 또는 성매매와 성적 착취를 목적으로 또는 추행, 간음 또는 성매매와 성적 착취를 목적으로 죄를 범하여 약취, 유인, 매매된 사람을 살해하거나 사망에 이르게 한 경우에 한정한다.

'아동 · 청소년의 성을 사는 행위'란 아동 · 청소년, 아동 · 청소년의 성(性)을 사는 행위를 알선한 자 또는 아동 · 청소년을 실질적으로 보호 · 감독하는 자 등에게 금품이나 그 밖의 재산상 이익, 직무 · 편의제공 등 대가를 제공하거나 약속하고 성교행위, 구강 · 항문 등 신체의 일부나 도구를 이용한 유사성교행위, 신체의 전부 또는 일부를 접촉 · 노출하는 행위로서 일반인의 성적 수치심이나 혐오감을 일으키는 행위, 자위행위 어느 하나에 해당하는 행위를 아동 · 청소년을 대상으로 하거나 아동 · 청소년으로 하여금 하게 하는 것을 말한다.

'아동 · 청소년성착취물'이란 아동 · 청소년 또는 아동 · 청소년으로 명백하게 인식될 수 있는 사람이나 표현물이 등장하여 성교행위, 구강 · 항문 등 신체의 일부나 도구를 이용한 유사성교행위, 신체의 전부 또는 일부를 접촉 · 노출하는 행위로서 일반인의 성적 수치심이나 혐오감을 일으키는 행위, 자위행위 등의 어느 하나에 해당하는 행위를 하거나 그 밖의 성적 행위를 하는 내용을 표현하는 것으로서 필름 · 비디오물 · 게임물 또는 컴퓨터나 그 밖의 통신매체를 통한 화상 · 영상 등의 형태로 된 것을 말한다. '피해아동 · 청소년'이란 구강 · 항문 등 신체의 일부나 도구를 이용한 유사성교행위, 신체의 전부 또는 일부를 접촉 · 노출하는 행위로서 일반인의 성적 수치심이나 혐오감을 일으키는 행위, 자위행위, 아동 · 청소년에 대한 강

간·강제추행, 장애인인 아동·청소년에 대한 간음, 13세 이상 16세 미만 아동·청소년에 대한 간음, 강간 등 상해·치상, 강간 등 살인·치사, 아동·청소년성착취물의 제작·배포, 아동·청소년 매매행위, 아동·청소년의 성을 사는 행위, 아동·청소년에 대한 강요행위, 알선영업행위 죄의 피해자가 된 아동·청소년을 말한다.

'성매매 피해아동·청소년'이란 피해아동·청소년 중 아동·청소년의 성을 사는 행위자의 상대방 또는 아동·청소년의 성을 사기 위하여 아동·청소년을 유인하거나 성을 팔도록 권유한 자의 상대방, 아동·청소년에 대한 강요행위와 알성영업행위 죄의 피해자가 된 아동·청소년을 말한다.

'온라인서비스제공자'란 다른 사람들이 정보통신망을 통하여 온라인 자료를 이용할 수 있도록 서비스를 제공하는 자로서 대통령령으로 정하는 자를 말한다.

'등록정보'란 법무부장관이 「성폭력범죄의 처벌 등에 관한 특례법」에 따라 아동·청소년 대상 성범죄 유죄판결이나 약식명령이 확정된 자 또는 심신장애로 인하여 사물을 변별할 능력이 없거나 의사를 결정할 능력이 없는 자의 행위는 벌하지 아니하나 죄를 다시 범할 위험성이 있다고 인정되는 자에 따라 공개명령이 확정된 자는 신상정보등록 대상자가 된다.

2) 아동·청소년의 성보호를 위한 주요 제도

(1) 성범죄자 신상정보 공개·고지제도

성범죄자 신상정보 공개·고지제도는 아동·청소년 및 일반국민을 지원 대상으로 성범죄자의 신상정보를 인터넷과 앱을 통해 공개하고, 읍·면·동 주민에게 우편으로 고지함으로써 성범죄 예방 및 재범 방지를 목적으로 하고 있다. 공개방법은 인터넷 공개 전용 홈페이지(성범죄자 알림e)를 통해 공개한다. 성범죄자 신상정보에 대한 접근성을 높여 성범죄 예방에 도움이 되도록 성범죄자 알림e 스마트폰 앱 서비스를 2014년 7월부터 시행하고 있다. 성범죄자 신상정보 공개·고지제도는 법원이 「청소년 성보호법」에 따라 판결로 공개 및 고지 명령을 등록대상 성범죄 사건의 판결과 동시에 선고하고, 법무부에서 신상정보를 등록한 후 공개 및 고지에 필요한 정보를 여성가족부에 송부하면 여성가족부에서 공개와 고지 명령을 집행한다.

신상공개제도는 도입 초기부터 위헌성 논란을 겪었는데 국가청소년위원회는 2001년 8월 30일 제1차로 169명의 청소년 대상 성범죄자의 명단을 공개한 바 있다. 비록 헌법재판소에서 합헌 판결이 있었으나 오히려 다수는 위헌 의견을 제시하였던 바 최초 도입된 신상공개제도가 그대로 유지되기는 어려웠다. 그러나 2005년 12월 29일부터 시행된 「청소년의 성보호에 관한 법률」(법률 제7801호)은 일반적 신상공개제도와 제한적 열람제도를 도입하였다(박경철, 2011). 2008년 2월 4일부터 시행되어 오고 있는 「청소년의 성보호에 관한 법률」(법률 제8634호)은 인터넷과 정부청사 게시판을 통한 일반적 신상공개제도를 폐지하고 특정 범죄에 대한 법원의 판결이 있는 경우에 그 대상자로 하여금 성명, 주민등록번호, 거주지, 사진, 차량 등을 등록하도록 하며, 등록된 정보에 대한 열람명령이 있는 경우에는 등록대상자의 주소지 인근에 거주하는 청소년의 법정대리인 등이 열람할 수 있도록 하였다(동법 제37조).

2010년부터 시행된 「아동 · 청소년의 성보호에 관한 법률」(법률 제9765호)은 등록된 성범죄자의 신상정보를 정보통신망을 통하여 일반 대중에게 공개하도록 하였다. 이와 유사한 시기에 제정된 「성폭력범죄의 처벌 등에 관한 특례법」(법률 제10258호)은 아동 · 청소년 대상 성범죄자뿐 아니라 성인을 대상으로 한 성범죄자도 신상정보 등록대상자로 규정하고, 이 등록된 정보를 일반인에게 공개하도록 하였다. 결론적으로 거의 대부분의 성범죄자는 2011년을 전후로 하여 신상정보 등록 · 공개 · 고지의 대상에 포함되었다(이용식, 2016).

(2) 아동 · 청소년 관련기관 등에의 취업제한

성범죄 경력조회 신청은 설치 또는 설립 인가 · 신고를 관할하는 지방자치단체장, 교육감 또는 교육장 등 아동 · 청소년 관련기관 등을 운영하려는 자의 신청을 받아 경찰서(형사과)에 성범죄 경력조회를 신청하고, 교육감은 위탁교육기관의 장에 대해 성범죄 경력을 조회할 수 있다. 아동 · 청소년 관련기관 등의 장은 취업(예정)자로부터 동의서를 제출받아 성범죄 경력조회 신청서를 작성하여 경찰서(형사과)에 동의서를 첨부하여 제출하고, 성범죄 경력조회 시 본인이 조회를 신청할 수 있다.

성범죄자에 대한 취업제한제도는 2005년 「청소년 성보호법(법률 제7801호)」 개정으로 도입되었다. 2010년 4월에는 성인 대상 성범죄자에게도 취업제한제도를 적용

하는 방향으로 「청소년 성보호법(법률 제10260호)」이 개정되었다.

여성가족부장관 또는 관계 중앙행정기관의 장에게는 소관 아동·청소년 관련기관 등에 성범죄자의 취업 여부 점검·확인이 2012년 8월 2일부터 의무화되었다. 또한 기존에 지침으로 그 주기를 연 1회 이상 점검하도록 명시하던 것을 2016년 11월 30일부터 연 1회로 법제화하였다. 2018년 1월에는 헌법재판소의 결정을 반영한 「청소년 성보호법」의 개정이 있었다(법률 제15352호). 주된 내용을 살펴보면 다음과 같다. 법원은 성범죄로 형 또는 치료감호를 선고하면서 이와 동시에 아동·청소년 관련기관 등에의 취업제한 명령을 선고하도록 한다. 또한 취업제한 기간을 죄의 경중과 재범 위험성을 고려, 차등하여 법원이 선고한다.

취업제한 대상자는 아동·청소년 대상 성범죄 또는 성인 대상 성범죄로 형 또는 치료감호를 선고받아 확정된 자이다. 취업제한 기간은 형 또는 치료감호의 전부 또는 일부의 집행을 종료하거나 집행이 유예·면제된 날부터 10년 범위 안에서 정한다(「청소년 성보호법」 제56조제1항).

「청소년 성보호법」 제56조에 따르면, 제1호에서 제21호로 취업제한 대상기관을 열거하고 있다. 1호에는 「유아교육법」상 유치원이며, 「지방교육자치에 관한 법률」 제32조에 따른 교육기관 중 아동·청소년을 대상으로 하는 교육기관이다(「청소년 성보호법」 제56조 제1~21호). 또한 운영자·근로자 또는 사실상 노무제공자 사이에 업무상 또는 사실상 위력관계가 존재하거나 존재할 개연성이 있는 시설 및 아동·청소년이 선호하거나 자주 출입하는 시설 등으로서 해당 시설 등의 운영과정에서 운영자·근로자 또는 사실상 노무제공자에 의한 아동·청소년 대상 성범죄의 발생이 우려되는 시설 등의 취업제한 기관 및 업무를 추가하였다.

또한 아동·청소년 대상 또는 성인 대상 성범죄자 해임요구 불이행기관, 성범죄 경력조회를 이행하지 않은 아동·청소년 관련기관의 장에게 과태료를 부과한다. 관계 중앙행정기관의 장은 성범죄 경력자의 점검·확인 결과를 그 점검·확인이 끝난 날로부터 2개월 이내에 제출하여 여성가족부에서 구축·운영하고 있는 인터넷 홈페이지(성범죄자 알림e)에 3개월 이상 공개한다. 성범죄자 취업제한제도는 취업자 개개인에 대한 경력조회에서 성범죄 경력자가 취업이 제한되는 시설을 운영 또는 취업하였는지를 점검·확인하여 그 결과까지 공개하는 구조를 갖춤으로써 아

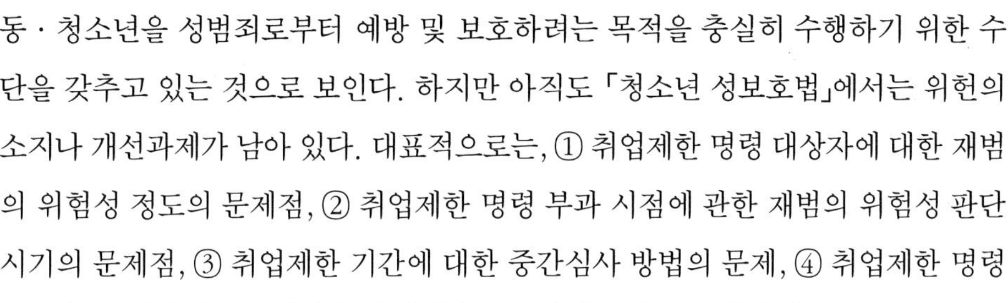

동 · 청소년을 성범죄로부터 예방 및 보호하려는 목적을 충실히 수행하기 위한 수단을 갖추고 있는 것으로 보인다. 하지만 아직도 「청소년 성보호법」에서는 위헌의 소지나 개선과제가 남아 있다. 대표적으로는, ① 취업제한 명령 대상자에 대한 재범의 위험성 정도의 문제점, ② 취업제한 명령 부과 시점에 관한 재범의 위험성 판단 시기의 문제점, ③ 취업제한 기간에 대한 중간심사 방법의 문제, ④ 취업제한 명령 대상자 중 상대적으로 경미한 성범죄자를 포함하고 있는 문제점이다(여경수, 2018).

우리나라뿐만 아니라 유럽연합 국가와 미국, 영국에서는 청소년에게 성범죄를 저지른 자들이 다시는 재범을 하지 않도록 법적인 조치에 만전을 기하고 있다. 이들 국가에서도 성범죄자들이 청소년과 관련된 직업을 수행하지 못하도록 법률적인 조치를 취하고 있다(Jacobs, 2012). 특히 미국은 「메이건스법(Megan's Law)」에 따라 주(州)마다 취업제한을 실시하고 있는데, 그 기간은 최소 10년에서 평생(종신)토록으로 정하고 있으며, 취업제한 기관/시설은 학교, 아동보호시설, 공원, 운동장 등 아동 · 청소년에게 접근 가능한 영역으로 하고 있다. 이러한 취업제한을 위해 미국의 24개 주는 성범죄 전과자에 대해 거주제한을 하고 있는데, 그 구역은 학교나 아동보호 시설, 공공수영장, 공용놀이터, 운동장, 교회 혹은 아동 · 청소년들의 접근이 가능한 공원 · 상가, 심지어 버스정류장 주변 등이다(Joseph, 2007).

(3) 성범죄 경력자 점검 · 확인: 아동 · 청소년 대상 성범죄 신고의무제도

아동 · 청소년 대상 성범죄 신고의무제도는 2006년(6월 30일)에 신설되었고, 아동 · 청소년 대상 성범죄 신고의무자 교육은 2008년부터 실시하고 있다. 신고의무 위반 시 과태료 부과 규정은 2010년(1월 1일)에 신설되었고, 2012년(8월 2일)에 과태료 세부 기준을 마련하였으며, 1회 변경되었다(2013년 6월 19일). 신고의무자가 아동 · 청소년 대상 성범죄를 알게 된 그 즉시 인근 수사기관(112, 경찰서 등)에 신고하여야 하고, 상담 또는 자문이 필요한 경우는 전국청소년성문화센터, 성폭력상담소, 해바라기아동센터, 아동보호전문기관 등과 연계할 수 있다.

신고의무의 기관 · 시설 또는 단체의 장과 그 종사자가 직무상 아동 · 청소년 대상 성범죄 발생사실을 알고 수사기관에 신고하지 아니하거나 거짓으로 신고한 경우에는 300만 원 이하의 과태료가 부과된다.

03 아동 · 청소년의 성보호에 관한 법률 개선방안

현재 청소년은 스마트폰과 인터넷의 대중화에 따른 개방된 성의식으로의 변화 분위기 속에서 왜곡된 성문화와 접촉할 수 있는 기회가 상당히 늘었다는 점에서 심각성을 내포하고 있다. 특히 아동, 성년, 노인층에 비해서 청소년이 스마트폰에 과다 의존하는 위험이 심각한 것으로 나타났다(한국정보화진흥원, 2018). 이러한 환경 속에서 성인에 비하여 상대적으로 인지능력과 판단능력 등이 낮은 아동과 청소년은 성매매에 쉽게 노출될 수 있기 때문에 성매매 피해에 대한 보호를 위해 피해 범위를 최대한 확대하여 이들을 성범죄로부터 보호하고, 아동과 청소년이 건강한 사회구성원으로 성장할 수 있도록 하여야 한다는 점에 그 의의가 있다. 특히 텔레그램 n번방 성착취 범죄는 여느 성매매 범죄보다 훨씬 심각하다. 온라인과 오프라인이라는 차이만 있을 뿐 아동과 청소년을 유인하고, 협박하는 방식은 성매매 현장의 일상이었다. 그러나 2019년 10월, 유엔 아동권리위원회는 대한민국 정부에 다음과 같이 권고하고 있다.

> "성매매 및 성적 학대에 연관된('대상아동') 모든 아동, 다시 말해 만 18세 미만의 모든 개인을 법률상 '피해자'로 명시, '보호처분' 폐지, 지원 서비스 및 법적 조력 제공, 보상과 구제를 포함한 사법절차 접근성 보장 등을 포함하여, 범죄자로 취급하지 않고 피해자로 처우하라."

「청소년 성보호법」이 성매매에 가담한 아동 · 청소년을 '보호'하고 '선도'하는 것을 목적으로 하고 있지만, 현행법은 성매매에 유입된 아동 · 청소년을 '피해아동 · 청소년'과 '대상아동 · 청소년'으로 구분하여, 자발적으로 성매매에 가담한 것으로 판단되는 아동 · 청소년, 즉 '대상아동 · 청소년'에게는 사실상 형사처벌에 준하는 처분을 부과하고 있다. 이는 아동 · 청소년이 스스로 피해 사실을 드러내기 어렵게 하며 성 매수자와 알선자들이 이 약점을 악용해 지속적으로 성매매를 강요하는 요인으로 작용하고 있다. 마치 n번방 피해아동 · 청소년이 지속적으로 끔찍한 일을 경

험하면서도, 누구에게도 신고하지 못하고 착취의 굴레 속에서 계속 고통받을 수밖에 없는 것과 같다.

그러나 적용 과정에서 가장 문제가 되는 부분 중 하나는 새로운 일대일 관계로서의 원조교제 사건에서 그 대가관계가 불분명한 경우이다. 즉, 명확한 대가관계로 설정하기 어려운 청소년과 성인의 일회적 성관계를 어떻게 해석할 것인가의 문제이다. 사회적 약자로서의 청소년을 기본전제로 할 때 이들을 경제적으로 우위에 있는 성인에 의한 피해자로 규정하고 대가관계가 성립됨을 인정해야 한다는 입장과 그 반대의 입장이 대립하고 있는 것이다. '가난을 벗어날 다른 방법이 없어서' '성폭행의 상처 때문에' 등의 이유가 성매매의 주요 원인이었던 과거와는 달리, '심심해서' 남자를 만나고 그 과정에서 성행위가 이루어지는 상황이 생겨나고 있다. 또한 일부 청소년은 집, 학교 그리고 그곳의 질서를 결정하는 어른들을 벗어나서, 간섭받지 않으며 잠자리와 먹을 것을 해결하기 위해 성인을 만난다. 성인들이 보기에 성인과 청소년의 만남에서 가장 중요한 것이 성관계의 여부라면, 청소년의 입장에서 볼 때는 누구의 간섭 없이 자신의 의식주를 채워 줄 수 있는지 여부가 중요하며, 여기에서 성행위는 부차적 혹은 도구적 의미로 받아들여지고 있다. 이러한 점에서 과거의 전통적인 매매춘이나 산업형 매매춘에서 벗어나 청소년 측에서의 적극적이고 자발적인 성매매가 주류를 이루어 대부분 일회성 성매매의 유형을 띠고 있기도 하다(조성연 · 이용교 · 방은령, 2000).

'대상아동 · 청소년' 조항을 삭제하자는 요구는 벌써 10년도 넘게 이어져 왔다. 2017년 국가인권위원회에서는 '대상아동 · 청소년'을 '피해아동 · 청소년'으로 개정하는 것이 바람직하다는 권고를 발표하였으며, 2018년 2월, '대상아동 · 청소년' 조항을 삭제하는 개정안이 국회 여성가족위원회를 통과한 바 있지만, 이 개정안은 가결된 지 2년이 넘은 지금까지도 법무부의 반대 등으로 상정조차 되지 못하고 있다.

성매매 대상아동 · 청소년에 대한 형사처벌을 찬성하는 이유는 성매매를 한 청소년에게 일종의 면죄부를 부여하는 결과를 초래한다는 점과 그로 인해 청소년 성매매가 범죄가 아닌 것으로 오인될 소지를 제공하고, 청소년의 성매매를 간접적으로 조장할 우려가 있다는 점이며, 만약 대상아동 · 청소년들을 처벌하지 않을 경우 상습적 성매매를 할 가능성이 높다는 점이다. 그러나 대상아동 · 청소년을 보호하고

선도해야 하는 이유는 십대 청소년들이 가출과 동시에 빈곤층으로 추락하는 것은 십대에 대한 보호를 가정 또는 소수의 복지시설에 전가하는 상황, 사회적 안전망이 부재한 현실과 밀접한 연관이 있기 때문이다. 따라서 「청소년 성보호법」과 관련하여 몇 가지 제안을 하면 다음과 같다.

1) 아동·청소년 대상 성범죄자 재범방지 강화

범죄자를 검거하는 것도 중요하지만 이들이 처벌받은 이후에 다시 범죄를 저지르지 않도록 예방하는 것도 매우 중요하다. 이러한 과정은 하나의 단순한 해법이나 규제, 제한으로만 가능한 것은 아니다. 다양한 정책적·사회적·개인적 차원의 고려를 통해 문제가 되는 부분을 제대로 파악하여 강구하는 것이 필요하다.

현재 아동·청소년 대상 성범죄자 재범방지 교육은 법원으로부터 성범죄 재범예방 수강명령, 치료프로그램 이수명령 부과자, 교도소 내 아동·청소년 대상 성범죄자, 벌금형을 선고받은 아동·청소년 대상 강제추행 범죄자, 아동·청소년 성매수자 및 알선업자 등을 대상으로 보호관찰소에서 진행된다.

집행유예 및 선고유예자와 실형을 선고받은 자를 구분하여 교육 및 치료를 해야 한다. 즉, 집행유예자는 보호관찰소에서, 출소 후의 성범죄자는 성폭력상담소나 민간치료시설(재범방지 위탁교육기관)에서, 실형을 선고받은 자는 치료감호소에서 재범방지 교육과 치료를 실시해야 한다. 현 치료감호소의 실태를 살펴보면, 가해자의 경우 중증 환자(정신분열, 지적장애, 뇌전증 등)에 대한 치료만 하고 있다. 그러므로 가해자를 저위험군과 고위험군으로 분류하여 치료 및 교육할 수 있는 시스템 구축과 지원이 필요하다. 고위험군으로서 대체로 재범률이 높은 집단이나 죄질이 나쁜 경우, 특히 성범죄자 중에서도 아동·청소년, 장애인과 같은 취약 계층을 주로 대상으로 삼는 범죄자일 경우는 더욱 강도 높은 교육과 치료가 필요하다. 또한 유전자정보은행을 통한 관리, 삼진아웃제도 도입에 대한 개선안도 검토가 필요하다. 일본의 경우에는 재범방지조치 대상자로 등록하여 일정기간 이상 추적관리하여 집중관찰할 수 있도록 강화하는 방법도 시행하고 있다(Oyunchimeg Tsend-Ayush, 2010).

2) 성매매 용어에 대한 개선

아동을 대상으로 하는 성매매를 '성착취'라는 용어로 대체하자는 주장이 꾸준히 제기되어 왔다. 즉, 「청소년 성보호법」에서 다루고 있는 성매매는 잘못된 전제에서 출발하고 있다. 아동 · 청소년을 '피해와 대상'으로 나누고 성매매를 아동 · 청소년에게 보호처분을 부과하는 규정형식은 아동 · 청소년의 성을 구매의 대상으로 바라보고, 그들의 성적자기결정권을 성매매결정권으로 간주하는 잘못된 전제에서 접근하고 있다. 아동 · 청소년의 성을 구매할 수 있다는 것은 아동 · 청소년의 성을 매매할 수 있는 것으로 전제한다. 성매매 대상 아동 · 청소년에게 형벌권을 면제해 주고, 보호처분을 부과함으로써 국가가 강제 개입하여 아동 · 청소년에게 책임을 부과한다는 것은 국가가 아동 · 청소년에게 성매매결정권한을 인정해 주는 결과가 된다.

과거 일본에서 유래한 '원조교제'의 언어적 의미는 '서로 도우면서 교제한다'는 뜻이다. 하지만 원조교제는 "성인(주로 남성)이 금전적 대가를 주고, 어린 청소년(주로 소녀)의 성을 직접적인 거래를 통해서 사고파는 신종 소녀 매매춘 행위"를 지칭하는 용어로 사용되고 있다. 이러한 이유로 원조교제라는 용어의 부적합성이 지적되어 왔으며, 경찰청에서는 원조교제의 대체 용어를 공모하여 "청소년성매매"라는 용어를 선정하였고, 이후로 "원조교제"를 "청소년성매매"의 용어로서 공식적으로 사용하고 있다(박성수, 2004).

다시 말하면, 아동 · 청소년의 성을 보호하는 중심개념은 사실상 '아동 · 청소년에 대한 성적 악용이나 남용'이 되어야 하고, 이러한 성적 악용이나 남용 행위로부터의 보호는 아직 성숙한 성의식을 갖추지 못한 아동 · 청소년을 근본적으로 보호하는 데 기여할 수 있을 것이다(송문호 · 홍춘희, 2017).

이와 같이 「청소년 성보호법」은 아동 · 청소년의 성을 매매의 대상으로 보고 있다는 점에서 성매매에 대한 용어를 개선할 필요가 있다. 특히 성매매는 아동 · 청소년이 책임져야 하는 비행이 아니고, 더욱이 청소년들이 돈을 벌기 위한 가장 쉬운 방법으로 성매매를 선택하는 것처럼 묘사하는 문제의 근거가 되기도 한다. 이에 아동 · 청소년을 대상으로 하는 성매매는 성착취라는 인식의 전환이 필요하므로 「청소년 성보호법」 제2조에서 규정하고 있는 정의에 대한 재검토가 필요하다(원혜욱 · 홍민지, 2020).

3) 아동·청소년 대상 성범죄 신고의무자 확대 및 보호

아동과 청소년을 대상으로 하는 성범죄자에 대해서는 사후적 관리조치에 관한 사항들이 대부분이다. 아동과 청소년 대상 성범죄 신고의무자의 경우 친족이나 이웃에게 확대하고, 불이행에 대한 제재 규정을 두는 것도 검토해 볼 필요가 있다(윤덕경·김한균·천재영·홍소성, 2017). 또한 신고의무자의 불이행에 대한 과태료 부과도 중요하지만 그보다는 아동과 청소년 대상 성범죄에 대해 누구나 신고할 수 있도록 신고체계를 간소화하고 홍보를 강화하되, 신고자에 대한 신원노출 금지 등의 실질적인 보호장치와 민·형사상 및 행정상의 책임 면제규정이 필요하다. 다만 신고사례가 오인신고로 판단될 경우 면책규정을 두는 것이 필요하며, 포상금제도를 확대하여 성범죄로부터 안전한 지역사회를 만드는 데 지역주민 모두가 기여하여야 한다.

4) 아동·청소년 대상 성매매자의 처벌 강화

성매매 대상이 아동·청소년일 경우 가해자는 심리적 지지를 제공하는 방식으로 아동·청소년의 성을 용이하게 착취할 수 있게 된다. 아동·청소년 성매매에서 아동·청소년이 성매수자에 의한 부당한 경험을 하는 경우가 무려 50%로 나타났으며, 이 중에서 불법영상 촬영, 외부에 알리겠다는 협박, 콘돔 미사용, 성병 전염, 낙태 강요 등 그 유형이 매우 심각한 것으로 나타났다. 특히 10대 아동·청소년에게 나체 또는 성적인 사진을 요구하는 행위는 추가로 영상물 유포 등의 성범죄로 이어질 수 있어 그 문제가 심각하다(이수정, 2019).

일반적으로 성매매 관련 문제는, 첫째, '불법 성매매 알선·구매'는 조직적인 것이 현실이다. 둘째, 인터넷 매개형 성매매 알선의 인적·물적 규모가 광범위하고 지속적으로 증가하고 있는 점이다. 셋째, 성매매 업주와 경찰 간의 '새롭지 않은' 유착관계를 넘어, 시민단체-경찰-운영자-업주 간 새로운 공생관계가 발견되고 있다는 점이다. 특히 아동·청소년과 직접적인 성매매를 하는 성인 외에 성매매를 알선하는 행위자들에게도 가해자와 동일한 법적 제한이 필요하다.

성매매 업주와 만나지 않고도 광고비를 받아 업소 예약을 안내하는 광고를 싣거나 후기 게시글까지 개입하며 체계적 관리를 통해 수익을 창출한다. 성매매 업소는 수동적으로 손님을 받는 것이 아니라 플랫폼을 활용해 광고를 싣고 후기 글을 이용한 2차 광고 효과로 구매자를 적극적으로 유인해 매출을 올린다. 구매자들은 포털사이트의 음란물이나 광고를 통해 사이트에 접속하고 회원가입을 하며 후기 게시판을 살펴본 후 '좋은 후기'를 받은 업소의 성매매 여성을 찾아가 '실제' 성구매를 하고 다시 후기를 올린다. 이들은 더 이상 단순히 사이트의 이용자나 고객 혹은 성구매자가 아니다. 성매매의 알선자, 디지털성범죄의 가해자, 음란물의 생산자가 되기 때문이다(이나영 · 정지혜, 2019). 따라서 아동 · 청소년 대상 성매매 관련자들에 대한 법적인 처벌을 더욱 강화할 필요가 있다.

요약

1. 「아동 · 청소년의 성보호에 관한 법률」은 아동 · 청소년 대상 성범죄의 처벌과 절차에 관한 특례를 규정하고 피해아동 · 청소년을 위한 구제 및 지원 절차를 마련하며 아동 · 청소년 대상 성범죄자를 체계적으로 관리함으로써 아동 · 청소년을 성범죄로부터 보호하고 아동 · 청소년이 건강한 사회구성원으로 성장할 수 있도록 함을 목적으로 한다.

2. '아동 · 청소년'이란 19세 미만의 자를 말하고, 19세에 도달하는 연도의 1월 1일을 맞이한 자는 제외한다.

3. '피해아동 · 청소년'은 「성폭력범죄의 처벌 및 피해자 보호 등에 관한 법률」 등에 해당되는 죄와 아동 · 청소년에 대한 강간 · 강제추행, 이용음란물의 제작 · 배포, 매매행위 죄의 피해자가 된 아동 · 청소년을 말한다.

4. '대상아동 · 청소년'은 아동 · 청소년의 성을 사는 행위 죄의 상대방이 된 아동 · 청소년을 말한다.

5. 이 법을 해석 · 적용할 때에는 아동 · 청소년의 권익을 우선적으로 고려하여야 하며, 이해관계인과 그 가족의 권리가 부당하게 침해되지 아니하도록 주의하여야 한다.

6. 「아동 · 청소년의 성보호에 관한 법률 시행령」은 「아동 · 청소년의 성보호에 관한 법률」에서 위임된 사항과 그 시행에 필요한 사항을 규정함을 목적으로 하고, 「아동 · 청소년의 성보호법에 관한 법률 시행규칙」은 「아동 · 청소년의 성보호에 관한 법률」 및 같은 법 시행령에서 위임된 사항과 그 시행에 필요한 사항을 규정함을 목적으로 한다.

7. 성범죄의 경력조회를 요청하려는 지방자치단체의 장, 교육감, 교육장 또는 시설 · 기관 또는 사업장의 장은 경찰관서의 장에게 요청하여야 한다.

참고문헌

김민영 · 강동욱(2018). 성매매 아동 청소년 보호를 위한 법제도 검토와 개선방안: 청소년 성보호법을 중심으로. 한양법학, 29(4), 1-30.

김지선 · 이병희(2001). 청소년 성보호 현형과 대책 연구. 서울: 청소년보호위원회.

도미향 · 윤지영(2004). 청소년 성매매 성보호법에 관한 연구. 한국가족복지학, 9(1), 19-33.

박경철(2011). 최근의 성범죄 대응방안의 헌법적 문제점: 현행 신상등록제도와 신상공개제도를 중심으로. 강원법학, 33, 1-47.

박성수(2004). 청소년성매매의 현황과 방지대책에 관한 연구. 한국경찰학회보, 7, 123-149.

송문호 · 홍춘희(2017). 아동 청소년 성보호의 문제점과 개선방안 연구. 동북아법연구, 10(3), 807-833.

여경수(2018). 헌법상 성범죄자의 취업제한 명령제도의 현안. 동아법학, 79, 1-25.

원혜욱 · 홍민지(2020). 온라인에 기반한 아동 · 청소년 대상 성착취에 대한 법제도 개선방안. 피해자학연구, 28(1), 121-150.

윤덕경 · 김한균 · 천재영 · 홍소성(2017). 아동 · 청소년 대상 성범죄자 제재정책의 효과성 증진을 위한 개선방안 연구. 서울: 한국여성정책연구원.

이나영 · 정지혜(2019). 성매매 알선 · 후기 사이트: 변화하는 성착취 유비쿼터스. 젠더와 문화, 12(2), 193-230.

이수정(2019). 온라인 기반 청소년 성착취 체계 분석과 법 · 제도적 대응방안. 서울: 한국여성인권진흥원.

이용식(2016). 성범죄자 신상등록 · 신상공개 · 신상고지 제도에 관한 소고. 피해자학연구, 24(1), 175-196.

조성연 · 이용교 · 방은령(2000). 청소년의 원조교제에 대한 탐색적 연구. 청소년복지연구, 2(2), 99-116.

청소년보호위원회(2000). 청소년의 성보호에 관한 법률 해설. 서울: 청소년보호위원회.

한국정보화진흥원(2018). 2017년 스마트폰 과의존 실태조사. 서울: 한국정보화진흥원.

황성기(2003). 청소년 성보호에 관한 법적 고찰. 한림법학 FORUM, 12, 31-63.

Jacobs, J. B. (2012). Blitsa, Dimitra, US, EU and UK employment vetting as strategy for preventing convicted sex offenders from gaining access to children. *European Journal of Crime, Criminal Law & Criminal Justice, 20*(3), 1-36.

Joseph, L. L. (2007). Off to Elba: The Legitimacy of sex offender residence and employment restrictions. 40 Akron L. Rev, Akron Law Review.

Oyunchimeg Tsend-Ayush (2010). 아동성폭력범죄에 대한 효과적 대응을 위한 각국의 처벌규정 및 양형실태 분석. 충북대학교 대학원 석사학위논문.

제11장

청소년 관련법

학습개요

「헌법」상 청소년은 인간으로서의 존엄과 가치를 가지며 행복을 추구할 권리를 가지고 있고, 성인과 동일하게 「헌법」상 보장된 모든 기본권을 누릴 수 있다. 따라서 청소년은 실성법상 보장된 모든 권리를 향유할 수 있으며 책임과 의무가 수반된다.

청소년 관련법은 청소년에 직접 또는 간접적으로 영향을 미치는 법률로서 청소년의 권리의무나 청소년 대상 서비스에 관계된 모든 법을 말한다. 정부의 각 부처마다 해당 부처의 업무내용과 연관하여 청소년을 대상으로 하는 많은 법률이 제정되어 시행되고 있다. 여성가족부 소관 청소년 관련법은 「청소년 기본법」 「청소년 보호법」 「청소년활동 진흥법」 「청소년복지 지원법」이다.

이 장에서는 여성가족부 소관 법률 외에 변화하는 외부환경에 능동적으로 대응하기 위한 청소년 대상 관련법을 소개하고자 한다. 이러한 법률의 공통점은 국가의 청소년정책에 있어서 미래 청소년을 위한 법적 · 제도적 장치 마련이면서 보다 장기적이고 체계적이며 일관성 있는 정책 수립과 시행방안들을 제시한다.

01 아동복지법

1) 제정 배경

「아동복지법」의 제정 목적은 아동이 건강하게 출생하여 행복하고 안전하게 자랄 수 있도록 아동의 복지를 보장하는 것이다. 아동복지에 대한 관심을 역사적으로 살펴보면 근대적 의미의 아동복지는 식민지 시대에 시작되어 해방과 한국전쟁을 겪으면서 수많은 요보호아동의 보호문제를 해결하기 위한 임시방편적 대안으로 이어지다가 1961년 전쟁고아를 비롯한 요보호아동을 구제하기 위한 일종의 보호법으로서 「아동복리법」이 제정되었다.

그러나 최초 「아동복지법」의 입법화 시도는 1952년에 반관반민(半官半民)의 기관으로 발족한 한국아동복리위원회에서 아동복지법기초분과위원회를 구성하여 1년간의 심의와 연구를 거쳐 보건사회부에 건의한 것이었다. 이 법안을 기초로 하여 1957년 1월 17일 보건사회부에서 독자적인 법안을 초안하여 법제처의 심의를 의뢰하였으나, 당시 국가 예산의 부족 때문에 반송되었다가 5.16 군사정권 때 당시 '국가최고회의'에 다시 제안되어, 1962년 「아동복리법」으로 제정되었다(김만두, 1992). 처음 법에서는 요보호아동에 대한 국가책임이 처음으로 법제화되었고, 국가의 개입이 사후적이며, 책임의 주체를 기본적으로 가족으로 보아 가정보호를 강조하였다(허남순 외, 2002).

1981년 「아동복리법」을 「아동복지법」으로 전면개정하면서 아동복지의 대상을 요보호아동에서 일반아동을 포함하는 모든 아동으로 확대함으로써 아동복지의 모든 대상들에 대해 보편주의를 지향하게 되었고, 입양, 시설수용, 가정위탁 등으로 아동복지서비스의 형태가 더욱 다양화되고 확대되면서 전문성이 강조되기 시작했다(최윤영, 2013).

1989년 아동복지시설의 종류에 탁아시설이 추가되고, 일부 내용이 개정되었지만

같은 해 「모자복지법」이 제정되면서 관련 사항이 삭제되고, 종사자수와 자격을 조정하는 항목이 수정되었다.

1993년 「영유아보육법」의 재정과 1997년 「사회복지사업법」의 개정에 따라 「아동복지법」의 내용이 일부 수정되었지만, 전면개정이 된 시점은 1999년 한국아동학대예방협회가 「아동학대방지법」 시안을 발표(1993. 9.)한 이후부터이다.

1998년 개정된 「아동복지법」은 「사회복지사업법개정법률」에 따른 것으로 종래 아동복지시설의 설치(제20조)와 관련하여 사회복지법인과 재단법인이 아동복지시설을 설치하고자 할 때는 '도지사의 인가' 사항이었던 것을 '도지사에게 신고' 사항으로 바꾸었다.

2000년 이후 개정은 당시 우리 사회의 아동복지 수요에 능동적으로 대응하고 심각한 사회문제로 지적된 바 있는 아동학대에 대한 보호 및 아동안전에 대한 제도적 지원을 공고히 하고자 한 것이었다.

2004년의 개정은 아동의 권리증진과 건강한 출생 및 성장을 위해 종합적인 아동정책을 수립하고, 관계부처의 의견을 조정하며, 그 정책의 이행을 감독하고 평가하기 위하여 국무총리 소속하에 아동정책조정위원회를 두도록 하고, 상습적으로 아동을 학대하는 행위자에 대한 형을 2분의 1까지 가중하도록 하였다.

2008년 개정은 당시 어린이 유괴 · 살해 사건이 빈번하게 발생하고, 아동학대범죄가 줄지 아니하여 아동안전 등에 대한 국민적 불안감이 확산되고 있음에 따라 국가나 지방자치단체는 실종 · 유괴 예방교육을 실시하고, 아동보호구역에 폐쇄회로 텔레비전을 설치하거나 그 밖의 필요한 조치를 할 수 있도록 하는 등 아동이 안전하고 건전하게 성장할 수 있는 환경을 조성하도록 하였다.

이처럼 일반적으로 「아동복지법」은 대상 아동의 욕구 변화에 따라 제 · 개정된 것이 아니라 정책의 필요나 관련법의 제 · 개정으로 인해 변화되었음을 알 수 있다. 이에 아동이라는 인격체를 중심으로 법이 구성되기보다는 정부와 보호자의 관점을 벗어나지 못하고 있다. 따라서 법의 흐름이 최소한의 복지만을 구현하고자 하는 동정적이고 잔여적인 시각에 머무르고 있다고 평가받고 있다(문영희, 2011).

2) 구성 및 주요 내용

「아동복지법」은 7장, 75조로 구성되어 있다. 제1장은 총칙으로 목적, 기본이념, 정의, 국가와 지방자치단체의 책무, 보호자 등의 책무, 어린이날 및 어린이 주간에 대한 내용이 담겨 있다.

제2장은 아동복지정책의 수립 및 시행 등에 관한 사항으로 아동정책기본계획의 수립, 연도별 시행계획의 수립·시행 등, 계획수립의 협조, 아동정책조정위원회, 아동권리보장원의 설립 및 운영, 아동종합실태조사, 아동정책영향평가, 아동복지심의위원회, 아동복지 전담공무원, 아동위원에 관한 사항을 다루고 있다.

제3장은 아동에 대한 보호서비스 및 아동학대의 예방 및 방지에 관한 사항으로 보호조치, 사회보장정보시스템의 이용, 보호대상아동의 양육상황 점검, 보호대상아동의 퇴소조치 등, 보호대상아동의 사후관리, 금지행위, 친권상실선고의 청구, 아동의 후견인 선임 청구, 아동의 후견인 선임, 보조인 선임, 아동학대의 예방과 방지 의무, 학생 등에 대한 학대 예방 및 지원, 피해아동 등에 대한 신분조회 등 조치, 아동학대사례전문위원회, 아동학대예방의 날, 홍보영상의 제작·배포·송출, 아동학대 신고의무자에 대한 교육, 아동학대 예방교육의 실시, 아동학대 등의 통보, 피해아동 응급조치에 대한 거부금지, 사후관리 등, 국가아동학대정보시스템, 피해아동 및 그 가족 등에 대한 지원, 아동학대행위자에 대한 상담·교육 등의 권고, 아동관련기관의 취업제한 등, 취업제한명령을 선고받은 자에 대한 취업 등의 점검·확인, 취업자의 해임요구, 아동학대에 대한 법률상담, 아동학대 전담의료기관의 지정 등을 담고 있다.

제4장은 아동에 대한 지원서비스에 관한 사항을 규정하고 있다. 안전기준의 설정, 아동의 안전에 대한 교육, 아동보호구역에서의 영상정보처리기기 설치, 아동안전 보호인력의 배치, 아동긴급보호소 지정 및 운영, 건강한 심신의 보존, 보건소의 업무, 취약계층 아동에 대한 통합서비스지원, 자립지원, 자립지원계획의 수립, 자립지원 관련 업무의 위탁, 아동자립지원추진협의회, 자산형성지원사업, 자산형성지원사업 관련 업무, 자산형성지원사업 관련 업무의 위탁, 다함께돌봄센터 서비스 지원사항 등에 관한 사항을 다루고 있다.

제5장은 아동복지시설에 관련된 사항으로 아동보호전문기관의 설치, 아동보호전문기관의 업무, 아동학대사례전문위원회의 설치 · 운영, 아동보호전문기관의 성과평가, 가정위탁지원센터의 설치, 가정위탁지원센터의 업무, 아동복지시설의 설치, 휴업 · 폐업 등의 신고, 아동복지시설의 종류, 아동전용시설의 설치, 학대피해아동쉼터의 지정, 아동복지시설의 종사자, 아동복지시설 종사자의 교육훈련, 시설의 개선, 사업의 정지, 시설의 폐쇄, 아동복지시설의 장의 의무, 아동복지단체의 육성 등에 관한 사항을 담고 있다.

제6장 보칙에는 비용보조, 비용 징수, 보조금의 반환명령, 국유 · 공유 재산의 대부, 면세, 압류금지, 비밀유지의 의무, 연차보고서, 조사, 청문, 권한의 위임 · 위탁, 유사명칭의 사용금지, 벌칙 적용에서의 공무원 의제 등에 관한 사항을 담고 있다.

제7장은 벌칙으로 아동을 대상으로 하는 금지행위를 위반했을 때 처벌하는 내용과 상습범, 미수범, 양벌규정, 과태료와 관련된 사항을 담고 있다.

(1) 목적과 이념

아동이 건강하게 출생하여 행복하고 안전하게 자랄 수 있도록 아동의 복지를 보장하는 것을 목적으로 한다. 「아동복지법」의 이념은, 첫째, 아동 자신 또는 부모의 성별, 연령, 종교, 사회적 신분, 재산, 장애유무, 출생지역, 인종 등에 따른 어떠한 종류의 차별도 받지 아니하고 자라나야 한다. 또한 아동은 완전하고 조화로운 인격발달을 위하여 안정된 가정환경에서 행복하게 자라나야 한다. 그리고 아동에 관한 모든 활동에 있어서 아동의 이익이 최우선적으로 고려되어야 한다. 마지막으로 아동은 아동의 권리보장과 복지증진을 위하여 이 법에 따른 보호와 지원을 받을 권리를 가진다.

(2) 주요 제도: 아동학대 신고제도

「아동복지법」 제26조(아동학대 신고의무와 절차)제1항에서는 "누구든지 아동학대를 알게 된 때에는 아동보호전문기관 또는 수사기관에 신고할 수 있다."라고 규정하고, 동조 제2항에는 아동학대신고의무자를 명시하였으며, 이들에게는 "그 직무상 아동학대를 알게 된 때"에는 즉시 아동보호전문기관 또는 수사기관에 신고하도록 의무를 부과하고 있다. 이들 아동학대 신고의무자 대상을 보면 많은 부분이 아동·청소년활동 또는 학습기관에 종사하거나 이들 관련단체에 소속된 관련자들로 명시되어 있다(문영희, 2011).

아동학대가 가정 내에서 이루어지는 경우가 많고, 피해아동이 스스로 이를 극복하는 것이 매우 어려운 실정이므로 이들에 대한 보호나 구제는 사실상 국가기관의 개입에 의해서 비로소 효과적으로 이루어진다.

또한 아동학대 신고의무를 이행하도록 하기 위해서는 그에 관한 교육활동이 필수적이다. 이에 「아동복지법」 제26조제3항에 일정한 교육의무기관의 장은 소속 신고의무자에게 신고교육을 실시하고, 그 결과를 관계 중앙행정기관의 장에게 제출하도록 규정하고 있다.

어린이집, 유치원, 학교, 종합병원, 아동복지시설 외에 「공공기관의 운영에 관한 법률」에 따른 공공기관과 대통령령으로 정하는 공공단체의 장은 아동학대의 예방과 방지를 위하여 필요한 교육을 연 1회 이상 실시하고, 그 결과를 보건복지부장관에게 제출하도록 강화하고 있다.

신고의무와 관련한 교육에는 ① 아동학대 예방 및 신고의무에 관한 법령, ② 아동학대 발견 시 신고 방법, ③ 피해아동 보호 절차 등이 포함되어야 하고, 매년 1시간 이상 실시하여야 한다. 교육방법으로는 집합교육, 시청각교육 또는 인터넷 강의 등의 방법으로 할 수 있다. 신고교육 의무기관이 신고의무 교육을 실시하지 않은 경우 "300만 원 이하의 과태료"가 부과된다(「아동복지법」 제75조제3항제1의2호). 과태료 부과기준에 따르면 다음 〈표 11-1〉에 나타난 바와 같이 위반 횟수(최근 1년간 같은 위반행위로 과태료 부과처분을 받은 경우에 적용)에 따라 부과금액이 2단계로 구분된다. 이 개별기준에 따른 금액은 위반행위의 정도, 동기와 그 결과 등을 고려하여 2분의 1 범위에서 감경 또는 가중할 수 있다. 「아동복지법」 개정 이전에는 신고의무교육 불이행에 대하여는 제재규정이 없었으나, 교육 강화를 위하여 2015년 3월 27일 「아동복지법」 개정(법률 제13259호, 2015. 9. 28. 시행)으로 과태료를 부과할 수 있도록 한 것이다.

표 11-1 과태료 부과기준

구분	1차 위반	2차 위반
과태료 금액	150만 원	300만 원

02 학교폭력예방 및 대책에 관한 법률

1) 제정 배경

1990년대 중후반부터 우리나라에서도 학교폭력이 심각한 사회문제로 부각되었다. 정부를 비롯하여 이를 근절하기 위한 각계의 다양한 노력이 있었고, 2004년에는 학교폭력에 관한 특별법으로서 「학교폭력예방 및 대책에 관한 법률」(이하 '학교폭력예방법')이 제정되었다. 법이 시행되기 이전에는 범죄 관련 통계에서 학교폭력을 독립된 항목으로 처리하지 않고 "소년범죄"로 일괄 기록했기 때문에 학교폭력실태를 별도로 파악하기엔 현실적인 어려움이 있었다. 소년범죄와 더불어 청소년비행, 청소년폭력이라는 용어나 개념도 학교폭력과 같은 의미로 사용되는 경향이 있었다. 이는 현재까지도 일부 지속되고 있는 현상으로서 이러한 용어와 개념의 혼재와 혼용은 학교폭력문제와 관련한 정확한 실태 파악을 어렵게 하는 요인 중 하나이다(김진이, 2014). 즉, 교육과 치료를 통한 학교폭력의 근본적 예방과 피해자 보호 등 학교폭력에 적절하게 대응하기 위해서는 별도의 제도적 장치가 필요하다는 것이었다. 이에 「학교폭력예방법」이 탄생하였다.

법 제정 이후로는 경찰이 적극적으로 학교폭력에 대응하는 자세를 취했으며 사회적으로도 학교폭력문제 해결에 있어서의 경찰의 역할에 많은 기대가 있었다. 학교폭력문제에 대한 경찰 차원의 적극적인 개입의 결과로 얻어진 것은 학교폭력 발생 및 피해신고 건수의 증가였다. 이는 학교폭력이 더 이상 개인의 문제나 학교 내부의 문제인 것이 아니라 명백한 사회문제라는 사실을 학교구성원, 나아가 사회구성원 모두가 공감하게 되었기 때문이라고 평가되었다(경찰청, 2010).

이 법은 2008년의 전면개정은 물론이고, 여러 차례에 걸친 일부개정의 경우에도 그 변화의 과정을 일일이 나열하기 어려울 만큼 상당히 많은 수의 조문을 변경하거나 내용을 추가하여 왔다. 무엇보다 상당히 여러 차례에 걸쳐 많은 내용이 수정되었다. 또한 그 내용 변화와 관련해서는 학교폭력의 유형을 점차 확대하면서 법률의 적용 대상 역시 지속적으로 확장하는 방향으로 개정하였다는 점, 가해학생과 관련해서는 제재조치를 강화하면서도 동시에 치료적 관점의 접근도 도모하고 있으며, 피해학생에 대한 보호조치의 내용도 계속해서 확대 · 보완하고 있다는 점, 학교폭력에 대응하기 위한 추진체계를 정비하고, 학교폭력의 예방 및 대책과 관련하여 교원에 대한 징계 및 인센티브를 강화하였다는 점을 특징으로 들 수 있다(전종익 · 정상우, 2013).

「학교폭력예방법」의 목적 중의 하나가 피해학생의 보호이기 때문에 피해학생의 보호와 관련된 규정을 두고 있다. 「학교폭력예방법」은 대구 중학생 자살사건 이후 2012년도에만 2회에 걸쳐 대폭 개정하면서 피해학생의 보호와 관련된 내용을 보완하였다. 2012년 1월의 개정내용은 피해학생의 치료를 위한 요양비뿐만 아니라 심리상담 · 조언 및 일시보호에 소요되는 비용까지 가해학생의 보호자가 부담하도록 하였다. 같은 해 3월에는 학교폭력 피해학생을 두텁게 보호하고 치유 부담을 완화하기 위하여 학교폭력의 범위를 학생 간에 발생한 사건에서 '학생을 대상으로 발생한 사건'으로 확대하여 학교 밖 청소년 등에 의한 학교폭력도 지원을 받을 수 있게 하였다. 또한 피해학생의 보호를 위하여 피해학생에 대한 조치 유형 중에 '전학권고' 규정을 삭제하였다(이영돈, 2012).

학교폭력을 정의함에 있어서 참고할 만한 내용은 「가정폭력범죄의 처벌 등에 관한 특례법」에서 찾아볼 수 있다. 1998년 제정된 「가정폭력범죄의 처벌 등에 관한 특례법」의 제정 이유와 유사하다. 가정폭력을 가정구성원 사이의 신체적 · 정신적 또는 재산상 피해를 수반하는 행위로 정의하였고, 가정폭력 가해자와 피해자 모두 가정구성원이라는 공통성을 가질 것을 요구하며, 가정구성원의 개념 또한 분명히 제시하고 있다. 이 법에서는 가정을 집이나 주택 같은 물리적 장소로 제한하고 있지 않다. 가정구성원 간에 발생한 폭력이라면 그 행위가 실제로 일어난 장소가 어디건 간에 가정폭력으로 본다는 의미를 담고 있는 것이다(김진이, 2014).

학교폭력 예방은 무엇보다 「헌법」상 국가에 부여된 청소년 보호의무로부터 도출되는 국가의 과제라고 할 수 있다(김형섭, 2013).

2) 구성 및 주요 내용

이 법은 부칙을 제외하고 전체 23조로 구성되었다. 법의 목적, 정의, 해석 · 적용의 주의의무, 국가 및 지방자치단체의 책무, 다른 법률과의 관계 등을 다루고 있다. 또한 학교폭력의 예방 및 대책에 관한 정책 목표와 방향을 설정하기 위한 기본계획 수립, 법의 효과적인 운영체제를 위한 위원회 설치와 기능, 구성, 운영 등에 관한 사항을 다루고 있다.

또한 전담부서의 설치와 역할 및 운영을 위한 사항들을 다루고, 학교폭력 예방과 피해학생 보호를 위한 사항 그리고 가해학생 조치 등에 관한 사항들을 주요 내용으로 하고 있다. 특히 피해학생에 대한 보호와 가해학생에 대한 조치는 〈표 11-2〉와 같다.

표 11-2 피해학생 및 가해학생 보호 및 조치

구분	피해학생에 대한 보호	가해학생에 대한 조치
조항	제16조	제17조
주요 내용	1. 학내외 전문가에 의한 심리상담 및 조언 2. 일시보호 3. 치료 및 치료를 위한 요양 4. 학급교체 5. 삭제 6. 그 밖에 피해학생의 보호를 위하여 필요한 조치	1. 피해학생에 대한 서면사과 2. 피해학생 및 신고 · 고발 학생에 대한 접촉, 협박 및 보복행위의 금지 3. 학교에서의 봉사 4. 사회봉사 5. 학내외 전문가에 의한 특별 교육이수 또는 심리치료 6. 출석정지 7. 학급교체 8. 전학 9. 퇴학처분

(1) 목적과 이념

학교폭력의 예방과 대책에 필요한 사항을 규정함으로써 피해학생의 보호, 가해학생의 선도 · 교육 및 피해학생과 가해학생 간의 분쟁조정을 통하여 학생의 인권을 보호하고 학생을 건전한 사회구성원으로 육성함을 목적으로 한다. 학교폭력 예방은 청소년의 인격성장권 보호를 핵심으로 하는 국가의 청소년 보호의무의 이행, 「헌법」 제31조에 의해 부여받은 포괄적인 교육제도 형성 및 운영 권한과 의무의 이행, 그리고 제3자에 의한 신체적 · 정신적 · 재산적 침해로부터 국민의 기본권을 보호해야 할 기본권 보호의무의 이행으로 평가될 수 있으며, 사후적 대책보다는 교육적인 측면에 중점을 둔 사전예방의 필요성이 더욱 강하게 요청되는 과제이다(홍석한, 2016).

(2) 주요 제도: 피해학생 지원을 위한 전문상담교사

학교폭력은 학교급별이나 각 학교 사정에 따라 다르게 나타나는 양상이 있다. 따라서 학교폭력에 대한 접근법은 개별화되어야 한다. 이를 위해서 교육부는 「초 · 중등 교육법」 제19조 2의 규정에 따라 전문상담교사를 배치하고 있으며 Wee 프로젝트를 통해 학교폭력에 대응하고 있다. 이는 다양한 양상의 학생문제 대처 및 전문적인 상담을 통한 학교폭력예방 등을 위한 실효성을 담보하고, 전문적인 상담을 담당할 교원의 배치를 지향하기 위함이다. 그러나 학교폭력예방과 대책을 위해 국가정책으로 시행되고 있는 전문상담교사의 전면적 배치는 정책 측면에서도 쉬운 일은 아니다(김현주 · 김춘희 · 손은령, 2018).

그럼에도 불구하고 청소년들이 접하는 사회와 학교 교육 환경이 빠르게 변화함에 따라 학교에서 상담을 실시하는 전문상담교사의 배치 필요성이 증가하고 있다(박근영 · 임은미, 2014).

전문상담교사제도는 학교폭력을 사전에 예방하고, 청소년들의 다양한 문제에 능동적으로 대처하며, 담임교사 중심의 학교 상담체계의 문제를 극복하고, 학교상담과 생활지도의 효율성을 높이기 위해 시작되었다(김운종, 2005). 전문상담교사가 교육현장에 배치됨으로써 청소년들의 상담 서비스에 대한 접근성이 높아지고, 청소년의 성장과 발달을 지원하는 것에 있어 상담이 중요한 역할을 할 수 있는 기반이

형성되었다.

전문상담교사의 역할은 여러 가지가 있는데, 첫째, 학교생활 부적응, 폭력, 진로 지도 등에 대한 상담 및 심성교육 등을 실시하고, 교원·학부모교육 등을 담당한다. 즉, 학습문제상담, 학교생활상담, 진로상담, 비행행동상담, 대인관계·성·이성관계·부모 및 가족상담을 한다. 둘째, 학생들의 학교부적응 지도를 통한 사회적 일탈의 방지를 위해서는 자살 및 학업중단의 예방활동을 전개한다. 셋째, 다양한 학교부적응 학생의 지도를 위해 기초학습부진 학생·귀국 학생 및 북한이탈 학생·통합학급 학생을 지도한다. 넷째, 가정, 학교, 지역사회의 유기적인 연계를 통한 상담과 지도를 하는데, 이때 지역 청소년상담원, 복지관, 지방자치단체 등과의 유기적인 지도가 필요하고, 전문적이고 다양한 상담활동을 전개하며, 온·오프라인 진로상담 및 각종 지원 서비스를 제공한다. 마지막으로 교육복지 증진활동을 통한 건전한 인성을 형성하고 보호활동을 전개하는데, 소외학생·학비감면 지원을 받는 학생 및 급식비 지원을 받는 학생을 관리한다(김학일, 2004).

그러나 전문상담교사의 배치가 더디게 진행되어 전문상담교사 배치로 인한 혜택이 모든 학생에게 고르게 돌아가고 있지 않고 있고, 전문상담교사제도가 시행된 지 15년이 넘은 지금까지도 이들의 직무와 역할에 대한 명확한 가이드라인이 없는 것도 문제이다(이지원·오인수, 2016).

상담과 관련하여 피해학생에 대한 보호를 위해 제16조 내용을 살펴보면 다음과 같다. 학교 내외 전문가에 대한 심리상담 및 조언, 일시보호, 치료 및 치료를 위한 요양에 대해서 교육감이 정한 전문심리상담기관에서 심리상담 및 조언을 받는 데 드는 비용 2년(보상심사위원회 심의로 1년 범위에서 연장 가능), 교육감이 정한 기관에서 일시보호를 받는 데 드는 비용 30일, 그리고 상담 등에 사용되는 비용은 가해학생의 보호자가 부담하여야 한다. 다만, 피해학생의 신속한 치료를 위하여 학교의 장 또는 피해학생의 보호자가 원하는 경우에는 학교안전공제회 또는 시·도교육청이 부담하고, 이에 대한 구상권을 행사할 수 있다(「학교폭력예방법」 제16조제6항).

03 진로교육법

1) 제정 배경

우리나라에서 청소년은 고등학교를 졸업할 때까지도 자신의 적성을 발견할 기회를 갖지 못하거나, 직업세계에 대한 충분한 이해 없이 진로를 결정하는 경우가 많다(문성호 · 박승곤 · 윤동엽 · 정지윤, 2016). 청소년기 발달단계에서 중요한 과업 중 하나가 스스로 장기적인 진로목표를 계획하고 달성을 경험하는 것이다.

진로교육은 예전 교육부의 직업교육정책과 내에서 한 명의 연구사가 담당하는 업무 중의 하나로서 국가 차원의 정책적 지원이 제한적이었다. 그러나 진로교육에 대한 관심과 역할 확대에 따라 2011년에 교육부 진로교육정책과라는 별도의 과 단위가 신설되었고, 정부출연연구소로 1999년에 한국직업능력개발원에 진로정보센터가 개소되었다. 이후 진로정보센터는 진로정보, 진로심리검사, 학교진로교육프로그램 등 각종 진로 콘텐츠와 프로그램을 개발, 보급하였다. 진로교육법안은 2012년 5월 4일에 정부제출 입법으로 '진로교육진흥법'이라는 법명으로 입법예고가 되었으나 무산되었다.

진로교육을 통해 개인 능력을 육성하고자 교육부와 진로교육 관련 연구자, 학교교사를 중심으로 진로교육에 관한 개별입법의 필요성을 지속적으로 제기하였고, 마침내 의원발의로 진로교육법안이 2013년 1월 10일 국회에 제출되었다(장현진, 2016). 진로교육법안에 대한 해당 상임위인 국회 교육문화체육관광위원회의 검토보고, 공청회, 심사보고 및 국회 법제사법위원회의 체계자구검토보고 등의 우여곡절 끝에 2015년 6월 22일 「진로교육법」이 공포되어 12월 23일부터 시행되었다.

현행 「진로교육법」은 제정 당시 공청회 등에서 제기되었듯이, 교육 관련 타법 등과의 형평성에 문제가 있고 충돌 가능성이 있다. 관련 교육법에 대부분 포함되어 있고, 보다 체계적인 면은 해당 교육법 개정 또는 정책 시행을 통해서 실시될 수 있는데도 불구하고 불필요한 충돌성이 있는 이 법을 과연 입법해야 하는가에 대한 근원적 문제가 제기되기도 하였다. 학교의 학생을 대상으로 한 진로교육이 중요하다는

것에는 이견이 있을 수 없지만, 별도의 입법화에 대해서는 문제가 따를 수 있다는 점에서였다. 특히 세계에서 유일하게 덴마크만이 가진 법을 입법해서 학교 진로교육의 상징성을 강조하고자 한다는 의미는 충족되나, 기존 진로교육 관련법에 대한 재정적 지원과 중복 지원, 법 적용의 차이와 한계가 발생할 수 있었다. 또한 모호한 내용과 법체계도 논란의 여지가 있었다. 즉, 법은 인간행동의 제한을 강제하기 때문에 입법에서 중요한 기준은 법체계의 정당성과 명확성이어야 하는데, 그런 점이 부족하다는 지적이다. 예를 들어, 제1조 목적에서 적시되었듯이, 이 법은 학생들에게 진로교육 기회를 제공하고, 학생의 소질과 적성을 최대한 실현하는 것으로서 형식교육기관인 학교의 학생만을 대상으로 실시된다는 배타성이 강하다. 물론 제5조제2항에 "장애인, 북한이탈주민, 저소득층 가정의 학생 및 학교 밖 청소년 등 사회적 배려대상자를 위한 진로교육 시책을 국가가 마련해야 한다."라고 되어 있지만, 실제 진로교육의 입법목적은 학교의 학생을 주 대상으로 한다는 점이다. 공기관인 학교의 정상화와 학교 진로교육을 위해서 이 법을 입안하였다면 법명부터 '학교진로교육법'으로 개정해야 한다는 의견도 있다(최영준, 2016).

그러나 「진로교육법」은 학생의 기본권으로서의 진로교육을 받을 권리와 지속가능한 진로교육 운영 및 지원을 위한 법적인 근거를 마련하였다는 점과, 학생의 진로개발을 지원하는 단편적인 의미를 넘어서 학생의 교육을 위해 학교뿐만 아니라 지역사회, 산업체, 지방자치단체 등 다양한 사회영역과 구성원들이 함께 노력해야 함을 강조하고 있다는 점에서 의의가 있다(진미석, 2015). 즉, 「진로교육법」은 학교교육 전반의 개선을 가져올 수 있는 종합적 변화의 구심점이 된다는 점에서 큰 의미가 있다(박정근, 2017).

특히 진로지도 및 진로교육은 청소년활동과 관련지어 설명할 수 있다. 즉, 청소년 진로활동은 공식교육과 학교 밖 교육을 분절해서 진행하는 것이 아니라 그 전체적인 내용을 포괄하며 교육의 근본 가치를 현실화할 수 있는 비형식 교육의 지향 가치에 대해서도 주목할 수 있다(정건희, 2014).

2) 구성 및 주요 내용

「진로교육법」은 4장 23조로 구성되었다. 제1장은 목적, 정의, 다른 법률과의 관계, 진로교육의 기본방향, 국가 및 지방자치단체의 책무, 진로교육 현황조사, 직무상 알게 된 사실의 누설 금지에 관한 사항을 다루고 있다. 제2장은 진로교육의 목표와 성취기준, 진로전담교사, 진로심리검사, 진로상담, 진로체험 교육과정 편성 · 운영, 진로교육 집중학년 · 학기제와 관련된 사항을 담고 있다. 제3장은 대학의 진로교육을 규정하고 있고, 제4장은 진로교육 지원에 대해서 국가진로교육센터, 지역진로교육센터, 지역진로교육협의회, 진로체험 지원, 교육기부 진로체험기관 인증, 협력체계 구축, 보호자 등의 참여, 진로교육 콘텐츠, 시 · 도교육청 진로교육평가를 주요 내용으로 하고 있다.

(1) 목적과 이념

이 법은 학생에게 다양한 진로교육 기회를 제공함으로써 변화하는 직업세계에 능동적으로 대처하고, 학생의 소질과 적성을 최대한 실현하여 국민의 행복한 삶과 경제 · 사회 발전에 기여함을 목적으로 한다. 「진로교육법」은 사회의 변화에 따라 평생직장의 시대가 저물어 가고 청년뿐 아니라 노년층의 취업문제가 대두되고 있는 시대적 배경을 바탕으로 "빠르게 변화하는 세상에 대응하여 자신의 일과 삶을 개척할 수 있는 '힘'을 길러 주고자" 제안되었다(진미석, 2015). 또한 "변화하는 직업세계에 능동적으로 대처하고 학생의 소질과 적성을 최대한 실현"하여 "국민의 행복한 삶과 경제 · 사회 발전에 기여"하는 궁극적 목적을 달성하기 위함이라는 점이 명시되어 있다(이승미, 2017).

(2) 주요 제도: 자유학기제

2016년부터 우리나라의 모든 중학교에서 자유학기제를 전면 실시하고 있다. 자유학기제는 중학교의 모든 과정 중 한 학기 동안 학생들이 시험에 대한 부담으로부터 벗어나 꿈과 끼를 찾을 수 있도록 토론 · 실습을 통해 학생들이 참여하도록 수업을 개선하고, 진로탐색활동 등의 다양한 체험활동이 가능하도록 교육과정을 유

연하게 운영하는 제도이다(교육부, 2015). 자유학기제는 아일랜드의 '전환학년제(Transition Year: TY)'를 모태로 하였는데, 중학교 과정을 마친 학생들이 고등학교 과정에 들어가기 전에 1년 동안 시험의 부담 없이 학교 내외에서 진행되는 체험활동을 통해 학생들의 인성적 · 사회적 · 교육적 · 직업적 측면 발달을 목적으로 진행되는 수업 방식이다(이기봉, 2013). 그러나 우리나라에서는 고등학교보다는 중학교에서 실시하되 자유학기제를 진로와 연계하였는데, 이는 미래의 고민 중 가장 큰 부분으로 진로의 불확실성을 꼽고 있다는 점을 바탕으로 그간의 진로교육과 경험이 피상적이고 전문적이지 못하였다는 점을 개선해 보고자 하는 새로운 시도라고 할 수 있다(권일남, 2015).

자유학기제의 목적은 학생들이 학업 스트레스에서 벗어나 스스로 꿈을 찾고 진로에 대하여 탐색하며 체험의 기회를 제공하는 데 목적이 있다. 자유학기제의 활성화를 통해서 자신의 적성과 진로를 탐색하며 학교생활 만족감과 구성원 간에 친밀감을 높여 행복교육의 실현을 추구하고자 한다.

자유학기제도는 교과목활동과 자유학기활동으로 구분되는데, 자유학기활동 중 교과목과 연결된 다양한 직업군을 경험한다. 일반학기와 자유학기에 있어서 가장 큰 변화는 교과 중심의 수동적 학습에서 벗어나 학생에게 선택권을 제공하는 능동적 학습으로 바뀐 것이다(신민지 · 이창무, 2019). 자유학기제의 추진방향은 학교 교육과정의 자율성을 확대하고 학생이 참여하는 학생 중심 교육과정을 운영하는 데 중점을 두고 있다. 일반학기와 자유학기의 차이는 다음 〈표 11-3〉과 같다.

표 11-3 일반학기와 자유학기제 비교

구분	일반학기	자유학기
교육과정	• 고정적, 폐쇄적 • 교과중심의 공통과정 운영	• 탄력적, 개방적 • 교과과정+자율과정
수업방식	• 타인 주입식 학습 • 학생 수동형, 주입식 · 강의식	• 자기주도적 학습(능동적) • 학생 능동형, 활동형, 참여형
학습방식	• 학기당 지필고사 2회 (고입 내신 반영)	• 과정평가 · 수행평가 (고입 내신 미반영)

*출처: 교육부(2015).

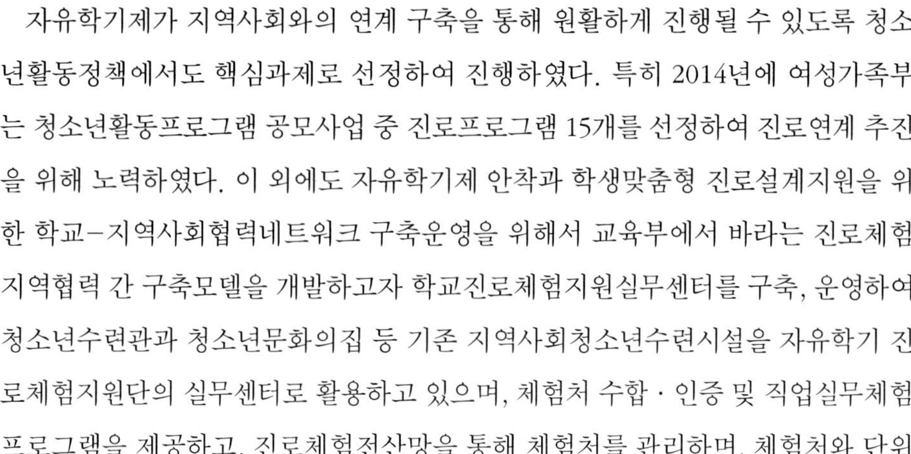

자유학기제가 지역사회와의 연계 구축을 통해 원활하게 진행될 수 있도록 청소년활동정책에서도 핵심과제로 선정하여 진행하였다. 특히 2014년에 여성가족부는 청소년활동프로그램 공모사업 중 진로프로그램 15개를 선정하여 진로연계 추진을 위해 노력하였다. 이 외에도 자유학기제 안착과 학생맞춤형 진로설계지원을 위한 학교-지역사회협력네트워크 구축운영을 위해서 교육부에서 바라는 진로체험 지역협력 간 구축모델을 개발하고자 학교진로체험지원실무센터를 구축, 운영하여 청소년수련관과 청소년문화의집 등 기존 지역사회청소년수련시설을 자유학기 진로체험지원단의 실무센터로 활용하고 있으며, 체험처 수합 · 인증 및 직업실무체험 프로그램을 제공하고, 진로체험전산망을 통해 체험처를 관리하며, 체험처와 단위학교를 연결시키는 역할을 수행하고 있다(권일남, 2015).

04 학교 밖 청소년 지원에 관한 법률

1) 제정 배경

「헌법」 제31조 제1항에서는 "모든 국민은 능력에 따라 균등하게 교육을 받을 권리를 가진다."고 명시하여 모든 국민의 교육받을 권리를 인정하고 있다. 「청소년복지 지원법」에서도 청소년의 권리 중에서 「헌법」상 기본권이자 인권인 '교육받을 권리'에 많은 초점을 두고 있다. '세계인권선언' 제26조제1항에서도 "모든 사람은 교육을 받을 권리를 가진다."라고 명시하고 있으며, 이러한 교육권은 '경제적 · 사회적 · 문화적 권리에 관한 국제규약' 제13조와 '아동권리협약' 제28조 등 주요 국제인권협약에서도 명시되어 있다. 헌법재판소는 교육을 받을 권리에 대하여 "우리 헌법이 지향하는 문화국가 · 민주복지국가의 이념을 실현하는 방법의 기초이며, 다른 기본권의 기초가 되는 기본권"이라고 보고 있다(김태이, 2019).

2014년 5월 28일 「학교 밖 청소년 지원에 관한 법률」(법률 제12700호)(이하 '학교 밖 청소년 지원법')이 제정되기 전까지 법령상 학교 밖 청소년의 예방 및 지원에 관한 단일의 법령은 존재하지 않았다. 다만 학교 밖 청소년의 권리에 대한 관심은 「학교

밖 청소년 지원에 관한 법률」(시행, 2015. 5. 29.)」 내용에서 발견된다. 「학교 밖 청소년 지원법」 제3조제1항에서는 국가와 지방자치단체 책무의 첫 번째로, "학교 밖 청소년에 대한 사회적 차별 및 편견을 예방하고 학교 밖 청소년을 존중하고 이해할 수 있도록 조사 · 연구 · 교육 및 홍보 등 필요한 조치를 하여야 한다."라고 한다(김선녀, 2019).

청소년들이 학업을 중단하고 학교 밖 청소년이 되는 가장 큰 요인은 크게 3가지로 나누어 볼 수 있다. 첫째, 개인적 요인이다. 불안감, 우울, 공격성, 낮은 자아개념과 자아존중감, 낮은 성취동기, 학습장애, 노동 참여, 반사회적 성격, 낮은 대인관계 기술, 미성숙, 정서적 불안정, 충동장애 등을 들 수 있다(김영희, 2014; 유진이, 2009: 이자영 외, 2010).

둘째, 가정적 요인이다. 가족 간의 갈등, 가족의 낮은 정서적 지지, 학업에 관한 무관심, 부정적인 양육 태도와 방식, 자녀에 대한 낮은 기대, 무관심, 가족구성원의 결손 등을 들 수 있다(강석영 외, 2009; 구자경, 2003; 성윤숙, 2005).

셋째, 사회적 요인이다. 사회의 분위기, 학교주변 환경의 불결, 청소년에 대한 사회의 몰이해, 학교에서의 소외, 낮은 학교생활 만족도와 교사와의 관계의 낮은 인식도 등을 들 수 있다(금명자, 2008; 오혜영 외, 2011; 최상근, 2010).

학업중단의 요인을 사전에 예방하는 방법도 중요하지만 학교라는 제도의 틀에서 적응하지 못하는 청소년들을 지원하기 위한 대책이 필요하다. 즉, 청소년들의 학업중단은 이들에게 교육의 기회를 상실케 하여, 이 시기에 필요한 진로개발과 선택, 다양한 생활기술의 발달 등 발달과업 성취를 어렵게 하는 것은 물론 장기적으로는 안정적인 생활을 유지하는 데 장애요인이 될 직접적인 원인이 될 수 있기 때문이다. 실제로 중학교나 고등학교를 졸업하지 못한 상태에서 학업을 중단하는 청소년들은 다양한 문제행동을 일으킬 가능성이 높고, 성인이 되어서도 자신이 원하는 진로를 개발하지 못하여 실업자가 될 가능성이 매우 높은 것이 현실이다.

이러한 측면에서 제정된 이 법률의 지원대상은 「초 · 중등교육법」에 따른 교육과정을 중단 또는 미취학한 9세에서 24세 청소년이다. 이 법령은 학업중단 청소년의 발굴 및 연계를 위해 각급 학교의 장이 소속 학교 학생의 학업중단 시 학교 밖 청소년 지원 프로그램을 안내하고 지원센터로 연계하도록 의무화하고 있다. 따라서 우리 사회는 청소년이 가지고 있는 권리와 국가의 청소년에 대한 의무 관계 안에서 학교 밖 청소년이라는 포괄적 쟁점을 바라보아야 하며, 학교 밖 청소년을 단순히 시혜적 복지의 대상으로 취급하지 말고 동일한 청소년 권리 대상자로 보아야 할 것이다(김선녀, 2019).

2) 구성 및 주요 내용

이 법은 전체 21조로 구성되었다. 제1조에서 제6조까지는 목적, 정의, 국가와 지방자치단체의 책무, 다른 법률과의 관계, 학교 밖 청소년 지원계획, 실태조사에 관한 사항으로 다루고 있다. 제7조에서 제19조까지는 학교 밖 청소년 지원체제와 주요업무와 관련한 사항, 즉 학교 밖 청소년 지원위원회, 상담 및 교육지원, 직업 및 취업지원, 자립지원, 지원센터 등에 관한 내용이다. 제20조와 제21조는 벌칙과 과태료에 대한 사항으로 비밀유지 의무를 위반했을 때 벌칙과 유사명칭의 사용 금지에 대한 과태료에 대한 내용이다.

(1) 목적과 이념

「학교 밖 청소년 지원에 관한 법률」은 「청소년 기본법」 제49조제4항에 따라 학교 밖 청소년 지원에 관한 사항을 규정함으로써 학교 밖 청소년이 건강한 사회구성원으로 성장할 수 있도록 함을 목적으로 한다. 기존의 「청소년복지 지원법」에서 근거를 마련하고 있던 학교 밖 청소년 지원에 관한 내용을 구체화하며, 본격적으로 그 지원체계를 갖추도록 하였다. '능동적 자아실현의 주체'로서의 청소년에 대한 이러한 인식을 볼 때, 이 법은 물질적 지원을 하는 것 이상으로 학교 밖 청소년의 권리를 향상시키는 데 기여한다.

(2) 주요 제도: 학교 밖 청소년 지원센터

학업 중단을 예방하고 학교 밖 청소년 지원을 위해 다양한 사업과 대책을 마련하기 위하여 2015년부터 202개소에 '학교 밖 청소년 지원센터(꿈드림)'를 설치하여 운영하고 있다. 학교 밖 청소년 지원센터(이하 '지원센터')의 목적은 학교 밖 청소년의 특

성과 욕구를 파악하여 상담, 교육, 직업체험 및 취업지원 등을 제공하여, 학교 밖 청소년들이 건강한 사회구성원으로 성장할 수 있도록 지원하는 것이다. 학업중단 숙려대상 등 잠재적 학교 밖 청소년을 포함하고, 9~24세의 학교 밖 청소년이 이용대상이다. 학교 밖 청소년 지원센터는 시·군·구 단위까지 학교 밖 청소년 지원센터를 지정하여 1:1 전문상담부터 학업·취업 지원과 사후관리까지 제공한다. 학교 밖 청소년 지원센터는 청소년상담복지센터를 중심으로 설치되었다(여성가족부, 2015).

학교 밖 청소년 발견 즉시 진로설정부터 목표달성 후 사후관리까지 빈틈없이 지원을 하는데, 학업지원, 취업지원, 건강지원에 대한 구체적인 내용은 〈표 11-4〉와 같다.

표 11-4 학교 밖 청소년 지원

구분	지원 내용	주요 내용
학업지원	학습동아리, 멘토링, 검정고시, 대학입시설명회 등 학력취득 및 상급학교 진학 지원	학습지원, 정서지원 등 꿈드림멘토단, 대입설명회 개최
취업지원	적성검사, 직업탐색, 직업체험을 거쳐 명확한 진로설정 후 직업역량강화 프로그램, 내일이룸학교 등 연계 취업지원	직업역량강화 프로그램 9개소 운영, 내일이룸학교 17개소 운영
건강지원	건강검진 및 주거지원 등을 통해 학교 밖 청소년의 건강한 성장발달 지원	건강검진 실시

*출처: 여성가족부(2020).

학교 밖 청소년 지원사업은 여성가족부를 비롯하여 교육부, 법무부, 고용노동부, 보건복지부 등에서 제공되고 있다(서영우·홍영균, 2017). 학교 밖 청소년 지원사업은 2007년에 한국청소년상담원에서 청소년 자립준비 아카데미인 두드림존 프로젝트가 시범운영되면서 시작되었다. 기존 12개소에서 2010년에 30개소로 두드림존 운영기관이 지속적으로 확대되었다. 또한 2011년에는 취약계층 청소년 자립지원사업으로 변경되어 16개 지방자치단체 36개소로 확대되었으며, 해밀사업이 시행되기도 하였다. 2013년에는 학업중단청소년 자립 및 학습지원사업으로 변경되고 두드림과 해밀이 통합되면서 광역시 16개소와 기초단체 34개소에서 총 50개소의 기관

이 운영되었다. 그리고 2015년부터 학교 밖 청소년 지원사업이 학교 밖 청소년 지원센터를 중심으로 시행되고 있다(박승곤 · 김수정, 2017).

그러나 학교 밖 청소년들을 위한 진로 정보와 상담이 턱없이 부족한 상황이다. 학교 밖 청소년들 또한 우리 사회의 구성원이므로 이들을 지원하기 위한 전문 인력 발굴과 보강이 필요하고, 센터의 일차적 서비스 대상인 학교 밖 청소년들의 집중적 조사와 발굴이 필요하다.

요약

1. 「아동복지법」의 제정 목적은 아동이 건강하게 출생하여 행복하고 안전하게 자랄 수 있도록 아동의 복지를 보장하는 것이다. 1961년 전쟁고아를 비롯한 요보호아동을 구제하기 위한 일종의 보호법으로서 「아동복리법」이 제정되었다.

2. 「학교폭력예방 및 대책에 관한 법률」은 학교폭력의 예방과 대책에 필요한 사항을 규정함으로써 피해학생의 보호, 가해학생의 선도 · 교육 및 피해학생과 가해학생 간의 분쟁조정을 통하여 학생의 인권을 보호하고 학생을 건전한 사회구성원으로 육성함을 목적으로 한다. 2004년에는 학교폭력에 관한 특별법으로 제정되었다.

3. 「진로교육법」은 학생에게 다양한 진로교육 기회를 제공함으로써 변화하는 직업세계에 능동적으로 대처하고 학생의 소질과 적성을 최대한 실현하여 국민의 행복한 삶과 경제 사회 발전에 기여함을 목적으로 한다. 2015년 6월에 「진로교육법」이 공포되어 12월 23일부터 시행되었다.

4. 「학교 밖 청소년 지원에 관한 법률」은 「청소년 기본법」 제49조제4항에 따라 학교 밖 청소년 지원에 관한 사항을 규정함으로써 학교 밖 청소년이 건강한 사회구성원으로 성장할 수 있도록 함을 목적으로 한다. 2014년 5월에 제정되었고, 청소년의 권리 중에서 「헌법」상 기본권이자 인권인 '교육받을 권리'에 많은 초점을 두고 있다.

참고문헌

강석영 · 양은주 · 이자영(2009). **잠재적 학업중단 청소년을 위한 개입프로그램 개발**. 서울: 한국청소년상담원.

경찰청(2010). **경찰백서**. 서울: 경찰청.

교육부(2015). **중학교 자유학기제 시행 계획 확정 발표**. 세종: 교육부.

구자경(2003). 청소년의 심리사회적 특성이 학교 자퇴 생각에 미치는 영향. **청소년학연구**, 10(3), 309-330.

권일남(2015). 자유학기제 청소년 진로체험이 진로탐색과 진로직업역량에 미치는 영향 연구. **청소년시설환경**, 13(1), 17-26.

금명자(2008). 우리나라 학업중단 청소년에 대한 이해. **한국심리학회지: 사회문제**, 14(1), 299-317.

김만두(1992). **사회복지법제론**. 서울: 홍익제.

김선녀(2019). 학교 밖 청소년 지원 조례제정 및 개정 현황과 개선방향: 2019년 조례제정 및 개정된 지방자치단체를 중심으로. **사회복지법제연구**, 10(3), 173-195.

김영희(2014). 학업중단을 경험한 청소년의 심리사회적 적응과정. 제주대학교 대학원 박사학위논문.

김운종(2005). 정책해설-전문상담 순회교사 선발. **교육마당**, 21(5), 60-62.

김진이(2014). 학교폭력 예방 및 대처 관련법의 사회복지적 성격고찰. 서남대학교 대학원 박사학위논문.

김태이(2019). 학교 밖 청소년 관리정책 연구. 중앙대학교 행정대학원 석사학위논문.

김학일(2004). 학교상담 활성화를 위한 전문상담교사의 역할. **상담과 지도**, 39, 1-9.

김현주 · 김춘희 · 손은령(2018). 학교폭력과 전문상담교사 현황과 대책에 관한 연구. **학습자중심교과교육연구**, 18(18), 379-405.

김형섭(2013). 학교폭력예방을 위한 법제 연구: 경찰의 대응방안과 헌법정책을 중심으로. 영남대학교 대학원 박사학위논문.

문성호 · 박승곤 · 윤동엽 · 정지윤(2016). 청소년진로활동의 실태와 프로그램 분석. **청소년학연구**, 23(4), 319-343.

문영희(2011). 아동학대방지와 학대피해아동의 보호방안에 관한 연구. 동국대학교 대학원 박사학위논문.

박근영 · 임은미(2014). 전문상담교사의 소진경험에 대한 개념도 연구. 중등교육연구, 62(1), 171-198.

박승곤 · 김수정(2017). 학교밖청소년지원센터 운영에 관한 종사자의 경험 분석. 청소년학연구, 24(4), 233-257.

박정근(2017). 진로교육법 제정 2년, 성과와 과제: 진로교육법의 주요 내용을 중심으로. 한국진로교육학회 학술대회지, 77-94.

서영우 · 홍영균(2017). 청소년 진로 지원을 위한 학교밖청소년지원센터의 운영방안 연구. 다문화아동청소년연구, 2(2), 25-58.

성윤숙(2005). 학교중도탈락 청소년의 중퇴과정과 적응에 관한 탐색. 한국청소년연구, 16(2), 295-343.

신민지 · 이창무(2019). 중학교 자유학기제도를 통한 산업보안 진로교육 활성화 방안에 관한 연구. 시큐리티 연구, 59, 133-159.

여성가족부(2015). 2015년도 청소년사업안내. 서울: 여성가족부.

여성가족부(2020). 2019 청소년백서.

오혜영 · 지승희 · 박현진(2011). 학업중단에서 학업복귀까지의 경험에 관한 연구. 청소년상담연구, 19(2), 125-154.

유진이(2009). 중도탈락 청소년의 심리적 지도방안. 청소년학연구, 16(11), 229-257.

이승미(2017). 교과 교육과정 관련 법규 개설의 한계와 개선 방향 논의: 공교육정상화법, 인성교육진흥법, 진로교육법을 중심으로. 학습자중심교과교육연구, 17(5), 111-134.

이영돈(2012). 학교폭력 피해학생의 보호에 관한 법제도적 고찰. 법교육연구, 7(2), 117-149.

이자영 · 강석영 · 김한주 · 이유영 · 양은주(2010). 학업중단 위기청소년이 지각한 학업중단의 위험 및 보호요인 탐색: 개념도 연구법 의 활용. 청소년상담연구, 18(2), 225-241.

이지원 · 오인수(2016). 전문상담교사의 전문성 발달 경험에 대한 현상학적 연구. 상담학연구, 17(4), 351-372.

장현진(2016). 진로교육법 제정과 진로교육의 미래. THE HRD REVIEW, 19(1), 66-80.

전종익 · 정상우(2013). 학교폭력 예방 및 대책에 관한 법률 개선 방안 연구: 교육과 예방 및 회복 기능을 중심으로. 교육법학연구, 25(1), 205-229.

정건희(2014). 지역사회 중심의 청소년진로활동 지원. 시민청소년학연구, 5(1), 1-35.

진미석(2015). 진로교육법 제정의 의미와 과제. The HRD Review, 18(4), 8-27.

최상근(2010). 학업중단 위기 학생의 실태 분석 및 지원방안. 서울: 한국교육개발원.

최윤영(2013). 아동복지법제의 개선에 관한 연구: 권리와 전달체계를 중심으로. 이화여자대

학교 대학원 박사학위논문.

허남순 · 문선화 · 정영순 · 김현용 · 김미혜 · 이배근 · 배태순 · 조홍식 · 황성철 · 김재엽 (2002). 한국의 아동복지법. 서울: 소화.

제12장

청소년육성제도의 과제와 발전방향

학습개요

앞서 제1장부터 제11장에 이르기까지 청소년육성제도의 이해부터 시작하여 정책의 역사, 청소년 행정과 재무행정, 「청소년 기본법」을 비롯한 각종 법률에 이르기까지 청소년육성제도의 주요 내용을 살펴보았다. 이 장에서는 지금까지 살펴본 내용에 기초하여, 인구절벽, 제4차 산업혁명, 스마트기기를 기반으로 하는 새로운 인류의 등장 등 육성제도가 변해야만 하는 이유가 되는 제반 환경의 변화와 기존의 청소년육성제도가 가지는 한계 그리고 그 한계를 극복하기 위한 개선방향에 대해 살펴본다.

01 청소년 성장환경의 변화

청소년정책을 가장 단순하게 표현하면 '청소년에 대한 국가의 정책'이라 하였다. 또한 정책을 "공공기관이 바람직하다고 판단하는 사회적 목표를 세우고 이를 달성하는 데 필요한 공공적 수단을 확보하여 이를 해당하는 대상을 향하여 적용해 나가는 활동을 할 수 있도록 권위를 가지고 결정한 기본방침"(한국청소년개발원, 2003)으로 정의한다면 청소년을 둘러싼 환경의 변화는 필연적으로 정책, 제도의 변화를 요구한다. 청소년정책의 사회적 목표는 결국 청소년의 건강한 성장 도모에 있다고 할 수 있다. 청소년의 성장은 단순히 의 · 식 · 주를 제공하여 생존의 욕구를 해결해 주는 원초적인 것에서 끝나지 않는다. 사회구성원으로서 편안함을 느끼는 것을 시작으로 궁극적으로 자아실현을 위해 노력할 수 있도록 해야 한다. 직업을 가지고 사회생활을 영위할 수 있도록 하는 것만이 아니라 그 직업, 직장 내에서 어떤 관계를 맺고, 어떻게 헌신하고 존중받으며 삶을 꾸려 나갈지에 대한 고민이 함께하도록 해야 한다. 인터넷과 스마트폰이 없던 시대의 교육, 활동과 전 세계가 연결된 시대의 교육과 활동이 같을 수 없다는 것을 자각한다면 스마트폰이 없던 시대의 교육환경을 그리워할 것이 아니라 스마트폰이 더 많이 일반화된 새로운 환경에서 무엇을 할 것인지를 당연히 고민해야 한다. 김민(2020)은 최근의 청소년 환경의 변화를 인구사회학적으로 저출산 고령화에 따른 '인구절벽의 시대', 과학기술적으로 '제4차 산업혁명', 정치사회적으로 2016년 촛불집회라는 특수한 '참여경험을 통한 발언권의 확대', 사회문화적으로 '계층 · 세대 · 성 갈등'이라는 주요 단어로 정리하여 제시하였다. 이 책에서는 여기에 더하여 사회구조의 변화, 새로운 인류의 출현이라는 관점을 추가하여 살펴보고자 한다.

1) 인구절벽의 시대와 청소년 역량 개발의 중요성

인구절벽(demographic cliff)은 미국의 경제학자 해리 덴트(Harry Dent)가 『The Demographic Cliff』(2014)에서 제시한 개념으로 생산가능 인구(15~64세)의 비율이 급속도로 줄어드는 현상을 말한다(네이버지식백과, 2020). 협의로는 소비를 가장 많이 하는 40대 중후반 인구가 줄어 대대적인 소비위축 현상이 발생하는 것을 말하며, 인구절벽 현상이 발생하면 생산과 소비가 주는 등 경제활동이 위축돼 심각한 경제위기가 발생할 수 있다. 한편, '한 지역의 20~39세 여성 인구수를 해당 지역의 65세 이상 고령 인구수로 나눈 값'을 소멸위험지수라고 하며, 그 값이 0.5 미만이면 소멸위험지역으로 정의된다.[1] 2020년 9월 현재 소멸위험지역으로 분류된 기초자치단체는 105개이며, 이 중 소멸고위험지역은 총 23곳으로 나타나고 있다.[2] 우리나라의 청소년(9~24세) 인구는 1960년 796만여 명에서 지속적으로 증가하여 1980년에는 1,401만 명까지 증가하였다. 이후 출산율의 감소로 청소년 인구도 점차 줄어들게 되면서 2000년에는 1,150만 명, 2019년에는 876만여 명까지 감소하였으며, 2060년에는 446만 명까지 감소할 것으로 전망된다. 청소년 인구의 구성비는 1960년에 전체 인구의 31.8%에서 1980년에 36.8%까지 계속 증가하다 감소세로 전환되어 2000년에는 24.5%, 2019년에는 17.0%까지 낮아졌고, 이후에도 비중은 지속적으로 감소하여 2030년에는 12.6%, 2060년에는 10.4%까지 줄어들 것으로 전망된다.

청소년 인구의 감소는 결국 국가의 경제활동 인구[3]와 생산가능 인구[4]의 감소로 이어져 국가차원에서는 경쟁력의 약화를 초래하고 청소년 개인 차원에서는 미래 부담의 증가로 이어진다(김민, 2020). 현재의 청소년정책은 다분히 현재 청소년 인구의 유지라는 기본적 전제를 가지고 있다. 그러나 이 전제가 무너진다면 청소년정책의 기본적 관점의 변화를 심각하게 고민해야 한다.

---

1) 매일경제용어사전 https://terms.naver.com/entry.nhn?docId=3582626&cid=43659&categoryId=43659

2) 한국경제 https://hankyung.com/society/article/202010074392i (2020. 12. 9. 검색.)

3) 만 15세 이상의 인구 가운데 노동 능력 및 노동 의사를 가지고 있는 인구. 취업자와 실업자를 모두 포함한다.

4) 생산 활동이 가능한 15~64세에 해당하는 인구. 경제활동 인구와 비경제활동 인구로 나뉜다.

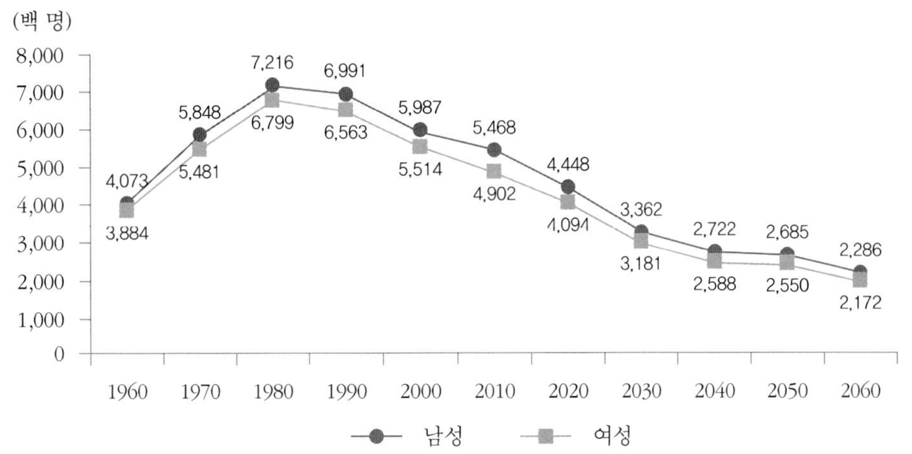

[그림 12-1] 9~24세 청소년 인구 전망

*출처: 여성가족부(2019).

2) 제4차 산업혁명과 사회구조의 변화

'제4차 산업혁명'이라는 용어는 2016년 6월 스위스에서 열린 다보스 포럼(Davos Forum)에서 포럼 의장이었던 클라우스 슈밥(Klaus Schwab)이 처음으로 사용하면서 이슈화됐다. 이는 인공지능(AI), 사물인터넷(IoT), 로봇기술, 드론, 자율주행차, 가상현실(VR) 등이 주도하는 차세대 산업혁명을 말한다. 당시 슈밥 의장은 "이전의 제1, 2, 3차 산업혁명이 전 세계적 환경을 혁명적으로 바꿔 놓은 것처럼 4차 산업혁명이 전 세계 질서를 새롭게 만드는 동인이 될 것"이라고 밝힌 바 있다.[5]

제4차 산업혁명은 ① 1784년 영국에서 시작된 증기기관과 기계화로 대표되는 제1차 산업혁명, ② 1870년 전기를 이용한 대량생산이 본격화된 제2차 산업혁명, ③ 1969년 인터넷이 이끈 컴퓨터 정보화 및 자동화 생산시스템이 주도한 제3차 산업혁명에 이어 ④ 로봇이나 인공지능(AI)을 통해 실제와 가상이 통합돼 사물을 자동적·지능적으로 제어할 수 있는 가상 물리 시스템의 구축이 기대되는 산업상의 변

5) pmg 지식엔진연구소. 시사상식사전(https://terms.naver.com/entry.nhn?docId=3340145&cid=43667&categoryId=43667).

6) pmg 지식엔진연구소. 시사상식사전(https://terms.naver.com/entry.nhn?docId=3377297&cid=43667&cat-egoryId=43667).

화를 일컫는다.[6] 앞서 3차에 걸친 산업혁명이 그러했듯이 제4차 산업혁명 또한 인류의 삶에 엄청나게 큰 변화를 예고하고 있다. 산업구조와 일자리의 혁명적 변화, 학교교육 기능의 변화 등 미래사회의 불확실성이 커지고(슈밥, 2016: 김민, 2020에서 재인용) 인재에 대한 개념과 욕구가 달라지며 인재 육성의 방법과 철학에도 변화가 감지된다. 이미 과거 생산기업 중심의 기업순위가 플랫폼 중심으로 재편되었고, 사람이 없는 스마트 팩토리(무인 공장), 종업원이 없는 무인 상점, 운전자가 없는 자율주행차를 선보이고 있다. 2020년 초부터 확산된 코로나-19 팬데믹으로 대면교육과 활동에서 비대면 교육과 활동으로 그 영역 전환이 시도되고 있으며, 이와 관련된 산업과 서비스의 개발이 급증하고 있다. 이에 따른 청소년 관련 해결과제도 점차 점증하고 있는데, 스마트기기 과의존과 과몰입, 개인정보의 노출, SNS를 기반으로 하는 각종 범죄의 증가, 공동체에 대한 의식과 기본적인 사회적 가치에 대한 몰이해 등이 그것이다. 변화는 늘 있어 왔고 거부할 수 없는 흐름이라고 본다면 변화를 주도할 것이냐 아니면 변화에 매몰될 것이냐의 선택만이 남아 있다고 보인다. 인간의 편의와 효율을 극대화하는 제4차 산업혁명 등의 변화 앞에서 어떻게 장점을 살리고 단점을 극복해 나갈지에 대한 고민이 필요한 시점이다.

3) 새로운 관점을 가진 신인류의 등장

2015년 3월, 영국의 대표 경제잡지 『이코노미스트(The Economist)』는 「스마트폰의 행성(Planet of the Phones)」이라는 표지 기사에서 "포노 사피엔스(phono-sapiens)의 시대가 도래했다."라는 이야기를 한다. 포노 사피엔스란 '지혜가 있는 인간'이라는 의미의 호모 사피엔스에 빗대어 '(지혜가 있는) 폰을 사용하는 인간'이라는 의미를 담고 있다(최재붕, 2019). 스마트기기를 마치 태어날 때 가지고 나온 신체의 일부처럼 생각하는 인류, 일상의 거의 모든 일을 스마트기기에 의존하는 인류, 이를 통해 인류 문명의 혁명적 변화를 이뤄 가는 인류가 바로 포노 사피엔스이다. 이들 앞에 펼쳐질, 그리고 이들이 만들어 갈 세상은 어떤 모습일까? 2020년을 지나는 대한민국의 청소년들은 여기에 아주 특별한 것 두서너 가지가 더 가미된 독특한 경험을 하고 있다. 첫째는 2016년의 촛불혁명이다. 물론 그 이전부터 청소년의 사회참여

에 대한 열망과 시도, 노력은 지속되고 있었지만, 그 폭발적인 분출이 있었던 것은 2016년의 경험이다.

성인에 종속된 세대, 아주 작은 부분에서 필요에 의해서만 선택과 자율을 경험하던 앞 세대에 비해 이 세대는 스스로가 담론을 만들고 이를 대중에게 전하는 참된 의미의 참여를 경험하며 청소년기를 보낸다. 여기에 더하여 2020년 1월 개정된 「공직선거법」은 선거권을 18세로 낮춤으로써 청소년의 지위를 법적 지위가 부여된 시민으로 격상시켰다. 또 하나 이들에게 나타나는 특이점은 과거 세대가 흔히 선진국이라 일컫던 나라들에 대한 열등감이 거의 없다는 것이다. 기성세대는 대한민국을 후진국이나 개발도상국 또는 아직은 발전하고 있는 나라 정도로 교육받으며 자라 왔지만, 지금의 청소년들은 오히려 한국을 '앞서가는 나라' '이끄는 나라' '안전하고 깨끗한 나라'로 인식하고 있다는 점이다. 그 기점은 2002년 월드컵이었고, 그 절정은 7인조 보이그룹 방탄소년단(BTS)의 활약과 역설적이게도 세계를 공포로 몰아넣은 2020년 코로나-19 팬데믹이었다. K-방역, K-컬쳐, K-푸드, K-드라마 등 Korea의 K를 붙인 신조어들이 생겨 나는 요즘, 이런 평가가 과장된 것만은 아니라는 생각이다. 새로운 세대에는 새로운 생각이 필요하다. 하물며 그들을 신인류라고 부르기까지 하는데 이들을 과거의 틀에 묶어 둘 일은 더욱 아니다. 우리는 이미 시대의 흐름에 뒤처져 실패를 경험한 과거가 있다. 과거로부터 배우지 못한다면 미래는 없다.

4) 계층과 세대, 성 갈등의 분출

2019년과 2020년을 가르는 중요한 논제 중 하나는 이른바 공정과 정의였다. 공공부문 비정규직 노동자의 정규직화의 과정에서 나타난 잡음, 엄마 찬스(chance) 혹은 부모 찬스라는 은어로 불리는 진학과 취업에서의 불공정, 고위층 자녀의 일탈과 범죄 및 이에 대한 상대적으로 낮은 처벌 등 옳지는 않지만 그동안 암묵적으로 수용할 수밖에 없었던 수많은 사안이 공론의 장으로 떠올랐다. 매주 발표되는 대통령과 정당에 대한 세대별 지지율, 유튜브 등 온라인 공간에서의 선택적이고 편향적인 정보 습득, 온라인의 익명성에 기대어 쏟아 내는 배설 수준의 담론들은 세대 간, 성별 간,

계층 간의 갈등을 증폭시키고 있다. 전 국민의 90% 이상이 스마트폰을 소유[7]하고 있고, 중학생의 95.9%, 고등학생의 95.2%, 초등학교 고학년의 81.2%가 스마트폰을 보유[8]하고 있는 상황에서 이러한 스마트기기를 통한 정보의 편향적 습득은 갈등의 중요 원인이 될 수 있다.

갈등에 대한 대응은 갈등 이후의 대증적(對症的) 개입보다는 사전 예방과 조정능력이 매우 중요하며 갈등의 장면에서 사실 여부를 막론하고 스스로 피해자라고 인식하는 당사자에게는 대증적인 개입의 효과는 매우 제한적이다(김민, 2020). 청소년들이 다양한 사회갈등의 장면에서 피해자, 가해자, 방관자 등 수동적 입장을 취하는 것에서 벗어나 적극적인 중재자, 조정자의 역할을 수행할 기회를 얻어야 한다.

02 기존 청소년육성제도(정책)의 한계

1) 정책의 형성과정에서 나타나는 한계

정책의 형성에 대한 견해는 여러 가지가 있으나 통상 의제의 설정, 정책의 결정, 정책의 집행, 정책 평가의 단계를 거치는 것으로 본다. 청소년정책도 큰 틀에서 이러한 절차를 거쳐 결정되고 집행된다. 지금까지 전개된 많은 청소년정책은 사건과 사고를 그 수립배경으로 하고 있으며, 그 의제의 설정과정도 사회적인 합의보다는 특정 부처나 집단의 제안이 별도의 수정 없이 받아들여지는 경우가 많았다. 또한 정책은 다양한 정책형성이론의 관점에서 살펴보아도 상대적으로 소외될 가능성이 많아 보인다. 구체적으로, 첫째, 미리 정해진 정부의 제도적 기구와 절차가 정책의 핵심이라는 제도주의 관점에서 청소년정책을 힘주어 강조할 마땅한 기구와 절차가 부족하다. 잔여모델의 입장에서 일부 취약계층 청소년을 위한 정책기능이 작동하는 것처럼 보이지만 이것 역시 임시방편에 그치는 경우가 많다. 둘째, 정책과정모델

7) 중앙일보(2020. 1. 31.). https://news.joins.com/article/23694304

8) 연합뉴스(2019. 10. 13.). https://www.yna.co.kr/view/AKR20191011023600017

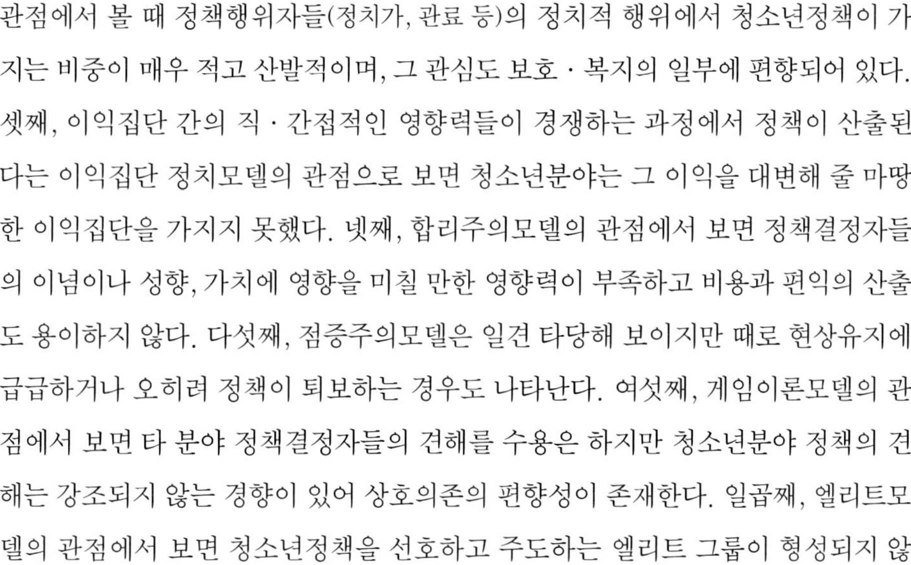

관점에서 볼 때 정책행위자들(정치가, 관료 등)의 정치적 행위에서 청소년정책이 가지는 비중이 매우 적고 산발적이며, 그 관심도 보호·복지의 일부에 편향되어 있다. 셋째, 이익집단 간의 직·간접적인 영향력들이 경쟁하는 과정에서 정책이 산출된다는 이익집단 정치모델의 관점으로 보면 청소년분야는 그 이익을 대변해 줄 마땅한 이익집단을 가지지 못했다. 넷째, 합리주의모델의 관점에서 보면 정책결정자들의 이념이나 성향, 가치에 영향을 미칠 만한 영향력이 부족하고 비용과 편익의 산출도 용이하지 않다. 다섯째, 점증주의모델은 일견 타당해 보이지만 때로 현상유지에 급급하거나 오히려 정책이 퇴보하는 경우도 나타난다. 여섯째, 게임이론모델의 관점에서 보면 타 분야 정책결정자들의 견해를 수용은 하지만 청소년분야 정책의 견해는 강조되지 않는 경향이 있어 상호의존의 편향성이 존재한다. 일곱째, 엘리트모델의 관점에서 보면 청소년정책을 선호하고 주도하는 엘리트 그룹이 형성되지 않고 있다는 한계가 있다.

2) 청소년정책 추진 인프라의 한계

정부의 각 부처별로 추진되던 청소년정책은 1964년 청소년보호대책위원회가 생기면서 부처차원의 조정이 시작되었고, 정부차원의 조정은 1977년 청소년대책위원회의 출범으로부터 시작되었다. 1983년 문교부에 청소년과가 생겨났고, 1988년에는 그 업무가 체육부의 청소년국으로 이관 및 확장되었다. 1991년에는 최초로 정부부처의 이름에 '청소년'이 들어간 체육청소년부가 만들어지고 청소년정책조정실에서 그 업무를 담당하게 되었으며, 그 이후에도 문화관광부, 국가청소년위원회, 보건복지가족부 등 여러 부처를 거쳐 현재의 여성가족부 청소년가족정책실이 그 업무를 담당하게 되기까지 잦은 변경을 반복하고 있다. 담당부처의 잦은 변경은 결국 분야의 정체성을 모호하게 하고 체계적인 경험과 지식의 축적을 방해한다. 앞서 정책형성과정에서의 한계에서 짚어 본 것처럼 한 분야의 의견과 철학을 대변할 조직과 기구를 갖추지 못한다면 해당 분야의 정책은 늘 우선순위에서 밀리기 마련이다.

가장 이상적인 청소년정책의 추진 체계는 교육을 비롯한 청소년과 관련된 모든 정책을 포함하여 구성되는 것이 되겠지만, 사실 이는 현실적으로 불가능에 가깝다.

오히려 청소년정책이 교육정책이나 문화정책의 한 부분으로 편입되어 버릴 가능성까지 있다. 현재의 청소년정책의 전달체계는 대체로 여성가족부의 담당부서, 각 시 · 도 및 시 · 군 · 구의 담당부서, 한국청소년활동진흥원, 한국청소년상담복지개발원, 청소년시설 · 기관 · 단체가 서로 정보와 영향을 주고받는 것으로 구성되어 있다. 각 전달체계가 주어진 과제를 달성하기 위해 나름대로 노력을 경주하고 있으나 각 전달체계 모두가 한계를 가진다. 여성가족부는 명칭에서 드러나듯 청소년업무의 주무부처이면서도 청소년업무가 오히려 소외된 느낌을 준다. 전체 예산의 59%를 가족정책에, 17%를 권익보호와 여성업무에 사용하고 있으며 청소년예산은 21%에 그치고 있다. 그나마 그 대부분도 청소년의 건강한 성장지원보다는 보호와 복지에 치중하고 있다. 2020년 업무계획을 보아도 평등, 안전, 돌봄을 중심으로 나열되고 있으며 청소년 관련부분은 사회안전망 강화, 성범죄 대응강화에 그치고 있다.

한편, 한국청소년활동진흥원은 청소년활동, 복지, 보호에 관한 종합적 안내 및 서비스 제공을 목적으로 설립되어 있으나 이를 수행하기에는 턱없이 부족한 예산과 인력으로 운영되고 있다. 지방청소년활동진흥센터의 설립과 운영도 각 시 · 도별로 제각각이다. 더구나 국가가 설치한 국립청소년수련시설의 운영은 국가가 지원하는 예산보다 자체수익사업을 통해 충당하여야 할 예산이 더 많다.

시 · 도와 시 · 군 · 구는 청소년정책을 전담할 인력을 가지고 있지 못하고 있는 상황이 정책의 연속성, 실효성, 실천가능성을 현저히 낮추고 있다. 청소년육성 전담공무원을 둘 수 있으나(「청소년 기본법」 제25조) 실제 이를 도입한 지방자치단체는 매우 적은 실정이다.

청소년정책 전달체계의 마지막에 있는 청소년기관, 시설, 단체 역시 한계를 가지고 있다. 공공건립, 민간건립, 지방자치단체 직접운영, 재단설립 위탁, 청소년단체 위탁, 민간 직접운영 등 설립도 운영도 제각각이다. 정부와 지방자치단체는 설립된 수련시설의 운영 효율성을 위하여 위탁 운영할 수 있도록 하는 법률(「청소년활동 진흥법」 제16조)에 근거하여 청소년단체 등에 그 운영을 위탁하여 왔다. 최근 들어 지역별로 청소년육성을 목적으로 하는 재단을 설립하거나 시설관리공단 등 산하 기관으로 하여금 수련시설을 운영하도록 하는 경우가 늘어나고 있으나 여전히 민간위탁이 많은 비중을 차지하고 있다. 특히 숙박 등을 주 수입원으로 하는 청소년수련원, 유스호스텔은 대부분 민간이 운영하는 시설일 뿐 아니라 위기에 매우 취약한 구조를 가지고 있다. 세월호 참사나 해병대캠프 사고 등은 자연권 시설[9)]에만 그 영향을 미쳤으나 2020년 코로나-19 팬데믹과 같은 국가 감염병의 확산은 생활권 시설에도 그 영향을 미쳤으며, 특히 재정적으로 취약하고 국가나 지방자치단체로부터 지원이 매우 적은 지방의 청소년시설에 재앙적인 영향을 미쳤다. 이는 청소년의 건강한 성장에 꼭 필요한 청소년활동의 위축과 청소년지도자의 삶을 피폐하게 만드는 요인으로 작용할 가능성이 매우 크므로 고민과 대책이 필요하다.

또 한 가지 반드시 살펴야 할 부분은 예산과 관련된 부분이다. 청소년정책 추진 예산의 열악함은 어제 오늘의 일이 아니다. 2019년 여성가족부 예산을 살펴보면 국가재정의 0.056%에 지나지 않는 2,653억 원으로, 교육부 예산 75조 원(김정율, 2019)과 비교하면 처참한 수준이다. 예산과 별도로 청소년육성기금의 경우 2005년 국가청소년위원회의 출범 이후 자체사업을 기금 예산으로 추진하면서 기금 조성액보다 지출액이 커지는 현상이 매년 지속되어 현재는 기금으로 쌓이기보다 수입과 지출이 거의 동일한 정도로 겨우 명맥만 유지하고 있다.

3) 청소년정책 대상과 영역의 한계

대상과 영역의 관점에서도 기존 청소년정책의 한계는 나타난다. 우선, 대상의 관점에서 살펴보면, 청소년육성제도는 청소년을 대상으로 하며 그 범위는 9세부터 24세까지를 아우른다. 한편, 2020년 8월 시행된 「청년기본법」은 그 대상을 19세 이상 34세 이하로 두고 있으며, 2020년 10월부터 시행되는 「아동복지법」은 그 대상을 18세 미만으로 정하고 있다. 사실 기존의 청소년육성정책이 19세 이상의 후기 청소년들에 대한 고려나 지원이 거의 없었던 것이 사실이다. 세계적인 추세를 보더라도 아동정책을 보건복지업무를 주관하는 부처에서 담당하고 청소년정책은 문화, 예술, 스포

9) 기존의 「청소년 기본법」에서 청소년수련시설을 구분하는 기준이었으며, 숙박기능을 포함하는 청소년수련원과 유스호스텔을 자연권수련시설로, 숙박기능이 없는 청소년수련관과 청소년문화의집을 생활권수련시설로 구분하였다. 이는 2005년 「청소년활동 진흥법」의 제정과 함께 청소년수련시설로 통합되었다.

츠를 담당하는 부서나 교육업무를 담당하는 부서에서 담당하는 것으로 이원화된 경우는 있으나 청소년에서 청년만을 분리해서 조직과 법률, 전달체계를 꾸리는 일은 매우 드물다. 오히려 생애주기적 접근에 따라 아동과 청소년, 청년을 포괄하는 정책으로 나아가고 있다(한국청소년단체협의회, 2017). 정책의 목표는 대상에 따라 달라진다. 포괄적으로 여러 연령대를 포함하는 정책은 정책의 일관성과 생애주기 관점에서의 안정적인 이행을 도모할 수 있으나 적시성과 효과성이 낮을 수 있다. 한편, 제한적인 특정 연령대만을 포함하는 정책은 적시성과 효과성을 도모할 수 있으나 일관성과 연계성에는 문제가 있을 수 있다. 비록 각 법률과 제도가 각 연령을 대상으로 정한 이유가 분명히 있으나 중복에 따른 혼란과 효율에 대한 논란에 대해서는 심도 있는 고민이 필요한 시점이다.

기존 청소년육성제도의 한계 중 두 번째는 영역에 대한 부분이다. 이 책에서는 청소년정책과 제도를 청소년육성에 관한 것으로 한정하여 논하였으나, 이는 논의의 편의를 위한 방편이었을 뿐 실제 청소년정책은 청소년을 대상으로 하는 모든 정책이 되어야 마땅할 것이다. 청소년정책은 학교를 중심으로 기능하는 교육정책, 우리가 다루었던 청소년육성정책, 일터를 중심으로 기능하는 고용정책, 소외된 계층을 대상으로 하는 보호정책 등 제반 정책을 아우르는 큰 틀에서 논의되어야 한다. 교육정책이 학교 밖으로 나와야 하고, 육성정책이 학교 안으로도 들어올 수 있어야 하며, 고용정책은 직업 찾기라는 한계를 벗어나야 한다. 보호와 관련된 정책의 역할은 매우 중요하나 그것만이 청소년정책의 근간이 되어서는 안 된다고 본다. 영역의 문제는 곧 전달체계의 문제로 나타난다. 지역사회로 내려갈수록 독자적인 기능과 역할을 수행하는 기관들이 매우 많이 존재함을 알 수 있다(김정율, 2019). 청소년수련관(센터), 건강가정지원센터, 다문화가족지원센터, 이주배경청소년센터, 청소년상담복지센터, 학교밖청소년지원센터, 진로직업체험지원센터, 지역아동센터, 청소년쉼터, 청소년활동진흥센터 등 비슷한 대상을 수요자로 하는 수많은 기관이 존재한다. 청소년 인구가 많고 성장하는 지역이라면 큰 문제가 없을 수도 있으나 청소년이 많지 않은 지방의 소도시에는 오히려 서비스가 도달되지 않는 문제가 발생한다. 지역 간 불균형 해소의 차원에서라도 기관 간 영역의 조정, 통합, 교류는 반드시 필요하다고 본다.

4) 청소년의 삶에 기여하지 못하는 청소년정책

2019년 한국청소년정책연구원의 청소년정책 재구조화방안 연구에 따르면 청소년정책기본계획에 대한 전문가들의 인지율은 91.9%인 반면, 청소년들은 37.2%만이 알고 있다고 응답하였으며, 청소년정책이 청소년들의 삶에 기여하고 있는지를 묻는 질문에는 '그렇다'고 응답한 청소년의 비율이 50%를 넘지 못하는 것으로 나타났다(한국청소년정책연구원, 2019b). 청소년들의 참여와 권리보장에 대해서는 부정적인 응답이 51.8%, 청소년들의 균형 있는 성장에 필요한 활동에 대한 충분한 참여기회를 묻는 질문에는 무려 72.1%가 '그렇지 않다'고 응답하고 있다. 청소년활동정보서비스는 e청소년에 대한 인지도는 35.2%, 청소년자원봉사활동 DOVOL에 대한 인지도는 24.1%, 국제청소년성취포상제는 9.7%, 청소년자기도전포상제는 10.6%, 청소년수련활동인증제 30.0%, 자유학기제 연계 프로그램 35.7% 등 청소년정책의 전달수단으로 동원된 제도와 프로그램에 대한 인지도가 매우 낮은 것으로 나타나고 있다. 청소년의 삶에 영향을 미치는 정책과 제도, 프로그램도 부족할 뿐 아니라 그나마 제공하고 있는 것들마저도 충분히 알려지지 않고 있는 상황이다.

5) 개별법률이 가지는 한계

「청소년 기본법」을 비롯한 관계 법률은 각각의 제정 혹은 개정 이유를 따라 제정되고 개정되어 현재에 이르고 있다. 2019년 진행된 미래지향적 청소년 관련법 정비 방안(한국청소년정책연구원, 2019a)의 견해를 따르면 「청소년 기본법」은, ① 국가정책의 방향제시와 추진의 관점이 잘 담겨 있는지, ② 제도 및 정책의 체계화와 종합화가 잘 이루어지고 있는지, ③ 행정에 대한 통제기능을 담고 있는지, ④ 정책의 계속성과 일관성을 확보할 수 있는지, ⑤ 국민에 대한 전달기능을 제시하고 있는지, ⑥ 지방자치단체의 역할과 기능, 그 역할이 제대로 작동되지 않을 경우 법과 제도를 통해 압력과 통제를 가할 수단을 가지는지의 6가지 관점에서 정비가 필요함을 역설하고 있다. 더불어 인권의 개념도 「아동복지법」이 지향하는 생존권, 보호권 차원에서의 인권이라는 관점과는 다르게 현재의 여건을 바탕으로 자신의 미래를 긍정적으로

이해하고 조율하며 사회참여를 적극 추동하게 하는 발달권과 참여권에 기초한 확산적 비전을 제시하는 차원으로 접근할 것을 제시하고 있다.

같은 연구에서 제시한 「청소년활동 진흥법」의 한계를 살펴보면, ① 청소년활동을 보장하기 위한 내용은 명시되어 있으나 이를 위해 국가가 무엇을 어떻게 지원해 줄 것인가에 대한 근거조항이 미흡한 점, ② 청소년수련활동인증제를 도입하여 프로그램의 질적 향상을 도모하기 위한 인증절차, 방법 등에 관한 내용은 명시되어 있으나 사후관리 등에 대한 내용이 미흡한 점, ③ 청소년교류 및 문화활동을 청소년활동의 범주로 규정하고 있으나 이러한 활동에 참여하는 청소년을 어떻게 지원 · 관리하고 시설과 단체에서 수용할 것인가에 대한 내용이 누락된 점, ④ 수련시설의 설치는 의무조항으로 나타나고 있으나 운영에 필요한 예산 지원은 권고사항으로 제시하여 시설의 고유목적사업의 지속성에 어려움을 초래하고 있는 점 등으로 나타나고 있다.

03 청소년육성제도의 개선방향

청소년육성제도 혹은 정책이 포함하는 내용이 적지 않고 각각의 영역에 영향을 받는 당사자나 집단, 조직이 매우 방대하기 때문에 그 개선방향을 제시하는 것도 쉽지 않은 일이다. 여기서는 개별 정책이나 법률에 대한 세세한 개선방향을 다루기보다는 개괄적이고 종합적인 관점에서 논해 보고자 한다.

1) 환경의 변화에 능동적으로 대처

인구절벽, 제4차 산업혁명의 도래와 사회구조의 변화, 스마트기기를 무기로 삼는 신인류의 등장, 계층 · 세대 · 성별에 따른 갈등의 분출, 코로나-19로 촉발된 감염병에 대한 우려 등 현재를 둘러싼 과제들 하나하나가 모두 혁명적인 변화를 요구한다. 우리나라뿐 아니라 세계의 모든 국가들이 이러한 변화에 적응하고자 노력하며 이를 바탕으로 국가의 번영과 장기적인 안정을 구가하고자 노력한다. 국가에게도 개인에게도 변화에 발 빠르게 대응하는 것은 생존을 위해 매우 중요한 요소이다. 이윤추구를 목적으로 하는 개별 기업들은 이러한 변화에 대한 대응이 매우 신속하고 직접적이나 정부를 비롯한 공공의 영역은 변화를 읽고 이에 반응하는 데 상대적으로 둔감하고 느리다. 이러한 특성들은 공공의 영역에서 만들어지는 정책이 시대를 예측하거나 앞서지 못하고 이미 발생된 사건이나 현상의 뒤를 쫓아서 대증적(對症的) 처방을 내어놓는 것에 그치는 병폐를 만든다.

학교와 공교육의 붕괴를 말하기 시작한 지 이미 십수 년이 흘렀지만 교육정책은 그 방법만을 조금씩 달리하고 있을 뿐 여전히 대학입시만을 중요시하는 문제점을 안고 있다. 마치 18세기 어른들이 19세기 교재를 가지고 21세기 청소년을 가르치겠다고 하는 것과 별다르지 않다. 학교교육이 감당하지 못하는 영역에서 청소년의 전인적 성장을 지원하고자 하는 청소년육성정책 또한 계속하여 시행착오는 겪고 있지만 큰 변화를 일으키지 못하고 있다. 미래사회에서 요구하는 인재는 풍부한 지식과 정보를 암기하고 있는 사람이 아니라 새로운 상황에서 적응을 잘하고, 창의적으로 사고하고 생산하며, 다양한 분야의 사람들과 협업할 수 있는 바람직한 인성을 갖춘 인재이며, 미래 사회에서 중요한 것은 적응력(adaptability), 복원력과 기개(resilience and grit), 지속적으로 배우려는 사고방식(mind set of continuous learning)이라고 한다(조난심, 2017). 이러한 역량을 키우는 것은 현재의 교육시스템에서는 어렵다. 학교에서 의무적으로 가르쳐야 할 국가교육과정은 대강화 · 축소화되어야 할 것이고 지역이나 학교 밖의 자원을 활용하는 자율적인 과정들이 대폭 확대되어야 한다. 교과를 가르치되 기존의 방법과 내용에 머무르는 것이 아니라 복잡하고 다층적인 문제들을 타인들과 협업하면서 집단지성을 발휘하여 해결하는 PBL[10)]과 같이 교육의 과정이 곧 학습이 될 수 있도록 하는 노력이 필요하다. 이러한 변화는 학교라는 공간, 교사라는 전문가의 힘만으로는 결코 이루어질 수 없다.

학교에서 매우 중요시하는 교육과정이라는 영어 단어 '커리큘럼(curriculum)'의 어원은 라틴어 'currere(쿠레레)'에서 왔다고 한다. 이 'currere'는 "말이 달리는 경주

10) Project Based Learning의 줄임말. 학습자에게 실질적인 문제를 제시하고 이를 공동으로 해결하는 과정을 통해 스스로 학습이 이루어지게 하는 학습자 중심의 학습을 의미함.

로"를 의미한다. 경주로만을 반복해서 달리는 말은 너른 초원을 만나면 제 스스로 길을 찾을 수 없다. 민감한 정치적 · 사회적 문제들로부터 청소년을 분리하고 차단하는 것은 더 이상 해결책이 되지 못한다. 입학해서 졸업할 때까지 정해져 있는 교육 코스를 예외 없이 달리는 것이 과거의 교육과정이라고 한다면 미래의 교육은 학생들의 수요를 기반으로 하는 '주문형 교육과정'이 되어야 할 것이며(조난심, 2017), 그 과정에는 주변의 일들을 대면하고 고민하고 토론하며 방관자가 아닌 참여자, 당사자가 되는 경험들이 포함되어야 한다. 여기에서 청소년육성정책과의 연결고리를 만들어야 한다. 변화는 수시로 일어난다. 오늘 일어난 변화가 일 년 뒤에는 이미 일상이 될 수도 있다. 스마트기기로 무장한 신인류 청소년을 둘러싼 제 환경 간의 유기적인 협조와 공동 노력만이 이 변화로부터의 충격을 최소화할 수 있을 것이다.

2) 기존 청소년육성제도의 한계 극복을 위한 노력

기존의 청소년육성정책과 제도가 청소년과 우리 사회에 기여한 바가 적지 않음에도 그 정책과 제도를 볼 때 한계가 먼저 보이는 것은 청소년육성에 대한 중요성을 그만큼 크게 인식하고 있기 때문일 것이다. 기존 정책과 제도가 가지는 문제점으로 형성과정에서의 문제, 추진 인프라의 문제, 대상과 영역의 한계, 청소년의 삶에 기여하지 못하는 한계, 개별법률이 가지는 한계를 논하였다. 그렇다면 이를 어떻게 극복할 것인가? 모든 문제를 한꺼번에 해결할 혹은 극복할 비책은 존재하지 않는다. 그러나 혁명에 준하는 변화를 고민하지 않고서는 결국 지금처럼 효과도 미미하고 가시적이지도 않은 현상유지에 그치고 말 것이다.

정책을 여러 이익집단 간의 정치적 역량 다툼의 산물이라고 하였다. 기존 제도의 한계 극복을 위한 노력은, 첫째, 정치적인 힘을 키우고 청소년영역의 이익을 대변할 구심체를 만드는 것에서 시작되어야 한다고 생각한다. 앞에서 여러 번 지적했지만 청소년정책은 사건, 사고를 좇아서 만들어지거나 일부 정치가나 학자의 순간적인 견해를 그 배경으로 하는 경우가 많았다. 물론 현재도 한국청소년단체협의회나 한국청소년수련시설협회가 일정부분 그 역할을 수행하고 있으나 그 영향력이 크다고 볼 수는 없다. 이는 기본적으로 두 단체에 가입된 단체나 기관으로 숫자가 제한적이고 예산이 예속된 관계로 정부의 간섭으로부터 자유롭지 못한 구조를 가지고 있는 것이 원인일 수 있다. 2020년 창립된 한국청소년지도사협회와 같은 조직을 중심으로 협력과 견제를 통해 그 영향력을 키울 수 있어야 한다.

둘째, 법령의 정비와 전달체계의 안정화, 구체화에 힘써야 한다. 궁극적으로 「청소년 기본법」에 청소년과 관련된 제 영역(교육, 활동, 보호, 복지)을 모두 포함하는 체제를 이루는 것이 바람직할 수 있으나, 이는 현재 완고한 영역을 구축한 각 분야 모두에게 혼란과 변화를 요구하는 큰 과업이 될 것이므로 쉽게 논할 주제는 아니다. 큰 그림으로 염두에 두되 우선은 범위를 좁혀 청소년 관련법과 청소년정책의 전달체계에 국한해서 이야기하고자 한다. 현재 임의규정으로 되어 있는 청소년육성 전담공무원제의 의무화 방안, 한국청소년활동진흥원과 지방청소년활동진흥센터, 한국청소년상담복지개발원과 지방청소년상담복지개발원의 역할과 기능 및 운영체계의 표준화, 청소년시설의 지역 간 편차 해소를 위한 방안, 청소년지도사와 청소년상담사 등 청소년지도자의 처우개선과 지위향상에 관한 내용의 추가, 청소년지도자를 대상으로 하는 협회에 대한 지원방안 등이 포함되어야 한다.

셋째, 청소년과 청소년정책에 대한 새로운 패러다임의 도입을 위해 노력해야 한다. 이는 앞에서 다루었던 커리큘럼의 한계를 벗어나는 것과 유사한 개념이다. 청소년정책이 청소년의 삶에 기여하지 못하는 것으로 인식되는 것은 청소년정책이 실제 청소년들의 삶의 궤적에서 벗어나 있거나 그들의 관심영역 밖에서 존재하기 때문이라고 본다. 청소년지도와 청소년육성의 관점에서 매우 중요하다고 주장하여 준비한 많은 정책과 사업들이 청소년 당사자의 관점에서는 그다지 흥미롭지 않을 수도 있다는 생각을 가져야 한다. 국제청소년성취포상제는 전 세계 130여 개 나라에서 이루어지는 대표적인 청소년활동이다. 그러나 프로그램의 효용성과는 별도로 국내에서는 아주 극소수의 일부만이 찾는 소외된 프로그램인 것이 현실이다. 포상의 결과도 마땅히 활용할 곳이 없다. 청소년수련활동인증제는 안전하고 질 높은 프로그램을 제공한다는 좋은 의도에서 시작되었지만 인증을 받기 위한 형식적인 요건의 충족에만 급급할 뿐 인증여부는 청소년들이 프로그램을 선택하는 데 어떠한 영향도 미치지 못한다. 청소년정책, 사업, 프로그램이라는 것들이 기관과 지도자의 얼굴을 빛나게 하기 위해 존재하고 있는 것은 아닌지 되돌아볼 필요가 있다. 흔히 청소년

활동의 3요소를 청소년시설과 청소년프로그램과 청소년지도자라고 한다. 이제 여기에 청소년 당사자를 포함시켜야 한다. 흔히 연구라 하면 학위를 가지거나 한 분야에서 오래도록 경험을 쌓은 전문가만이 가능한 것으로 생각하기 쉬우나, 10대가 직접 당사자 관점에서 청소년에 대하여 조사하고 그 결과를 통해 사회적 지식을 만드는 시도가 있었다. 이른바 10대 연구소가 추진한 연구가 그것으로, 10대 연구소는 서울시립청소년직업체험센터(하자센터)에서 2019년 2월부터 11월까지 운영되었다. 이들이 연구했던 주제는 '우리는 왜 학원을 계속 다닐까?' '청소년은 왜 우울하다고 말 못할까?' '10대 페미니스트로 산다는 것은?' 등이었으며(한국청소년정책연구원, 2019b) 어려운 통계의 방법이나 기교가 사용되지 않았음에도 그 어떤 연구보다 청소년의 삶과 고민을 잘 반영하였다. 청소년은 이미 청소년지도자가 없어도, 청소년시설이 아니어도, 프로그램이 없어도 그들만의 청소년활동을 준비하고 운영하고 평가해 나가고 있다. 이것이 청소년정책이 새로운 패러다임을 가져야 하는 가장 직접적인 이유이다.

요약

1. 청소년의 성장환경은 급격하게 변하고 있으며, 이는 인구사회학적으로 저출산 고령화에 따른 인구절벽의 시대, 과학기술적으로 제4차 산업혁명의 도래, 정치사회학적으로 촛불집회 등 특수한 사회참여경험을 통한 발언권의 확대, 사회문화적으로 계층 · 성 · 세대의 갈등, 스마트기기를 바탕으로 하는 새로운 인류의 출현 등으로 표현할 수 있다.

2. 청소년 인구의 감소는 결국 국가 경제활동 인구와 생산가능 인구의 감소로 이어져 국가차원에서의 경쟁력 약화와 개인차원에서의 미래 부담의 증가로 이어진다.

3. 제4차 산업혁명은 인재에 대한 개념과 요구를 변화시켰으며, 산업구조와 일자리, 학교교육기능, 인재 육성의 방법과 철학에도 변화를 요구하고 있다.

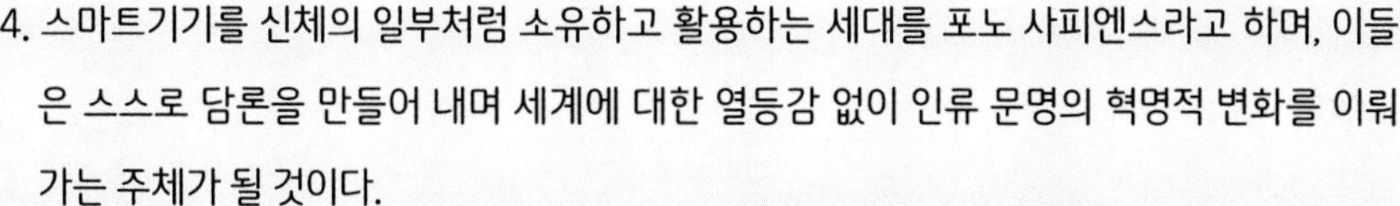

4. 스마트기기를 신체의 일부처럼 소유하고 활용하는 세대를 포노 사피엔스라고 하며, 이들은 스스로 담론을 만들어 내며 세계에 대한 열등감 없이 인류 문명의 혁명적 변화를 이뤄 가는 주체가 될 것이다.

5. 스마트폰, 인터넷, SNS 등 정보통신과 소통수단의 발달은 사회적 담론의 확대라는 긍정적 효과와 정보의 선택적 · 편향적 취득과 이에 따른 사회갈등의 확대라는 부정의 효과를 동시에 가지고 있다. 청소년들에게 적극적인 중재자, 조정자의 역할을 수행할 경험을 제공하여야 한다.

6. 기존의 청소년정책은 정책의 형성과정, 추진 인프라와 전달체계, 대상과 영역에 각각 한계를 가지고 있으며, 청소년의 삶에 기여하지 못하고 있다는 평가를 받고 있다.

7. 청소년 정책과 제도는 변화하는 환경에 능동적으로 대처하여야 하며, 기존의 제도와 정책이 가지는 한계를 극복하기 위해 노력하여야 한다. 교육정책과의 접점을 찾아야 하며, 관련 법과 전달체계의 구체화 · 안정화를 위한 노력을 경주해야 한다.

8. 정책은 다양한 이익집단 간의 정치력 경쟁의 산물이다. 청소년분야를 대표할 혹은 대신하여 정치력을 발휘할 수단을 찾아야 하며, 청소년지도사협회, 청소년상담사협회 등이 그 대안이 될 수 있다.

9. 청소년과 청소년활동, 청소년정책에 대한 새로운 패러다임의 도입이 필요하다. 청소년은 이미 자기 삶의 당사자로서 활동하고 있으며, 그들의 삶에 영향을 미치는 정책은 결국 그들의 직접적인 참여를 기반으로 만들어져야 한다.

참고문헌

김민(2020). 청소년 기본법 개정 필요와 방향. 제31회 청소년정책포럼. 청소년정책 관련 법제도 개선 방향 자료집. 한국청소년정책연구원.

김정율(2019). 국가청소년정책의 발전적 이해와 방향성. 오늘의 청소년 2019년 하반기호. 서울: 한국청소년단체협의회.

여성가족부(2019). 2019 청소년백서. 서울: 여성가족부.

이유진 · 김영한 · 윤옥경 · 임하린(2018). 인구절벽 현상과 청소년정책의 과제. 한국청소년정책연구원 연구보고서, 1-222.

조난심(2017). 제4차 산업혁명과 교육. 교육비평, 39, 330-347.

최재붕(2019). 스마트폰이 낳은 신인류 포노 사피엔스. 서울: 샘앤파커스.

한국청소년단체협의회(2017). 오늘의 청소년 2016년 겨울호. 서울: 한국청소년단체협의회.

한국청소년개발원(2003). 청소년정책론. 서울: 교육과학사.

한국청소년정책연구원(2019a). 미래지향적 청소년 관련 법 정비 방안.

한국청소년정책연구원(2019b). 청소년참여 연구사업 운영을 통한 청소년활동 활성화 및 역량 증진방안 연구: 10대 연구소 연구사업 운영보고.

해리 덴트(2015). 2018 인구 절벽이 온다(The Demographic Cliff). 서울: 청림출판.

찾아보기

인명

내용

저자 소개

배정수(Jungsu Bai)

아산시 청소년교육문화센터 관장(교육학박사, 청소년학전공)

한국청소년지도사협회장

청소년지도사 1급

저서 및 논문 『청소년지도방법론』(공저, 교육과학사, 2019)

「의사결정나무 분석기법을 활용한 고등학생 진로결정수준 결정요인 우선순위 탐구」(2015) 등

노자은(Jaeun Roh)

(재)군포시청소년재단 교육지원센터 팀장(사회복지학 박사, 청소년전공)

청소년지도사 2급, 사회복지사 2급

전 (재)경기도가족여성연구원 청소년정책분야 초빙연구위원

저서 및 논문 『청소년문화』(공저, 학지사, 2020)

「A Study on the Establishment of Safe Work Environment for Young Workers」(2018) 등

이혜경(Hyekyong Lee)

경민대학교 효충사관과 교수(사회복지학박사, 청소년전공)

청소년지도사 1급, 사회복지사 1급

전 김포시청소년육성재단 파트장

저서 및 논문 『청소년활동론』(공저, 학지사, 2019)

「전문대졸 직업적응을 위한 직업인성 척도개발 및 적용 연구」(2020) 등

청소년학총서 ⑥

청소년육성제도론

The Law, Administration and Institution for Youth Policy

2021년 2월 28일 1판 1쇄 발행
2022년 8월 10일 1판 2쇄 발행

지은이 • (사)청소년과 미래
배정수 · 노자은 · 이혜경

펴낸이 • 김진환
펴낸곳 • ㈜학지사
04031 서울특별시 마포구 양화로 15길 20 마인드월드빌딩
대표전화 • 02-330-5114 팩스 • 02-324-2345
등록번호 • 제313-2006-000265호

홈페이지 • http://www.hakjisa.co.kr
페이스북 • https://www.facebook.com/hakjisa

ISBN 978-89-997-2305-6 93370

정가 17,000원